Minerva Shobo Librairie

新・教育制度論

［第2版］

教育制度を考える15の論点

KOZUMA Shinjiro

高妻紳二郎

［編著］

ミネルヴァ書房

はじめに

現実に起きた戦争，新型コロナウイルスのパンデミック，先行きが読めない世界情勢のなかで，常に流れ込んでくる情報の真偽を私たち自身で確かめることが極めて大切な時代になった。コロナ禍の影響もあって日本の経済状況は混とんとし，自分自身の未来予想図さえ描きにくい時代が続いている。しかし，確かなデータさえあれば近未来を予想することは可能だ。たとえば，日本の総人口は2008年の約1億2800万人をピークとして，今日では少子高齢化が急速に進んでいることは周知のことである。内閣府の高齢社会白書（令和4年版）によると，1950年の65歳以上人口は5％に過ぎなかったのが2022年では29.1％に達し，世界で断然トップの高齢社会となった。日本人の平均年齢は47.7歳で，国民のほぼ半数が50歳を超えるのは目前である。また，2060年までのあいだに，実に3000万人以上が自然減少するという。この数字は，現在人口上位の3都府県である東京都，神奈川県，大阪府の人口を合わせた数に相当する。ちなみに九州地方，中国四国地方の人口は合計しても約2,500万人に過ぎない。つまり，40年後の日本地図の西半分のほとんどに人が住んでいないことと同じ，というとイメージしやすいだろう。そのような「人口急減社会」のなかで，様々な試練が待ち受ける未来を生きぬくことになる児童生徒を，私たち――教師や親，地域住民はどう導くことが望ましいのだろうか。

本書は大学や短大で教職課程を履修している学生を対象に，教員免許法に定める「教育の基礎理論に関する科目―教育に関する社会的，制度的又は経営的事項」を学習するためのテキストとして「わかりやすく」を念頭に，基本的データを数多く収録して編集されたものである。これから教師の道を歩むことになる読者には，自分の学校教育経験や友人や知人，身の回りの人たちの教育経験に基づいた知識にとどまらず，上に例示した日本の現状のひとつである人口急減のリアルと，目の前の子どもたちへの指導を無関係なものとして捉えるのではなく，しっかりと認識して向き合ってほしいと思う。そのために本書は，教育の状況を制度的視点から，よりわかりやすく分析するための15の論点を設定した。「教育制度」に関わって原理的・歴史的理解を深めることはもちろん，教職課程に学ぶ学生諸氏の制度的関心に寄り添いながら，それぞれの論点の表面的理解にとどまらず，「なぜそうなっているのか」「どうなろうとしているのか」についての深い思考を促したい。その手掛かりとなるのが，本書を構成している次の論点である。① 現代の教育制度改革動向，② 学校の制度，③ 教職員の制度，④ 教員養成の制度，⑤ 教員研修の制度，⑥ 教育行政の制度，⑦ 教員の福利厚生制度，⑧ 学校経営の制度，⑨ 教員評価の制度，⑩ 学校給食の制度，⑪ 教科書の制度，⑫ 危機管理の制度，⑬ 奨学金の制度，⑭ 学校関係者による学校支援の制度，⑮ 入試制度。いずれも教職教養として知っておいてもらいたい内容であると同時に，自身の意見を持っておいてほしい内容である。この中には奨学金の制度や入試制度など，昨今の政治情勢に左右され，現在改革進行中の制度も含まれている。ぜひこうしたリアルの動向にも目を向けていただき，自身の教育観の醸成につなげてもらいたい。

この15の論点はいずれも教育のしくみを考える際に避けては通れない項目である。もちろん，生涯学習や社会教育，就学前教育等これら以外にも多くの視点があげられるだろう。本書は読者に今般の教育事情を理解してもらうために，これら柱を立てていない項目についてもコラムや学習の課題として可能な限り取り上げている。各章の執筆は教員養成や教育学研究の最前線で奮闘している若手から中堅の大学教員が担当し，バラエティに富んだ視点から現在の教育制度に光を当てている。本書が提供する視座やコラムから，読者の教育アンテナの感度を上げることに寄与できれば幸いである。

2022年10月

編者　髙妻紳二郎

新・教育制度論　第2版　目　次

第1章

教育制度の基本と改革動向

――日本と世界の教育の動き――

1872（明治５）年の学制公布から，日本の近代学校制度は150年を迎えた。読者諸氏はそれを短いと思うだろうか，それともそんなに長いのかと思うだろうか。本章ではこの150年を超える歴史をもつ日本の「教育制度とは何か」について基本的な理解をしておこう。そもそも「制度」とは国家が国民の多様な活動に一定の規準を与え，公正・公平かつ効率的な営みを展開することができるようにととのえられた仕組みのことを指す。教育という営みは歴史的に私的な活動から始まったという背景をもっているが（自発的活動：ボランタリズム，あるいは自由放任：レッセ・フェールという），世界各国が18～19世紀の産業革命期を経験し，徐々に国家基盤作りの必要がその時々の為政者に理解されるようになると，その基盤としての教育制度の構築がみられるようになる。こうして19世紀半ばから多くの国でこうした公教育が誕生し，制度的な発展をそれぞれに遂げてくるのである。以下，教育制度の基本的原理を整理したのち，今日までどのような構想で制度が構築され，社会の変化に伴ってどのような変貌を遂げてきたのか，あるいは遂げつつあるのかに触れ，最後に世界の主要国における教育制度改革動向についても紹介しよう。

1　日本の教育制度を支える基本原理

現在の日本の教育状況に目を向けると，ポストコロナや with コロナによる新しい生活様式への適応等から，未知の未来に足を踏み入れている。並行して地震や大雨等の大きな自然災害からの復旧・復興，エネルギー確保も身近な課題として意識せざるを得なくなった。また，近隣の国々の教育内容や教育観の違いからくる溝も深い。今日の世界政治情勢も揺れ，大きな変容も予想されるなか，教育をささえる仕組み（＝制度）をどう考えればいいのだろうか。

遠隔教育（オンライン教育）の急進展，情報機器・端末の活用，大学入試制度の改革，教員の働き方改革，規制緩和や分権化が進んだのちの格差拡大とその埋め合わせ，教育に熱心な家庭とネグレクトに近い家庭が混在する児童生徒，大小問わず発達上の特性を持つ児童生徒を同じ教室で教える教員に求められる高い期待値と望ましい資質・能力の養成等，教育制度に関わる課題は山積している。政策的には中央教育審議会答申「『令和の日本型学校教育』の構築を目指して～全ての子供たちの可能性を引き出す，個別最適な学びと，協働的な学びの実現～」（2021年１月26日）が出され，いわゆる「Society5.0時代」と新型コロナウイルスパンデミック等を受けての「予測困難な時代」への突入を受けて，私たちが経験し慣れ親しんできた様々な教育制度が，急激な人口減少の進行と個人の付加価値を指向するこれからの時代，そして大きく変容しつつある世界情勢にかんがみても，果たして不変なものとして維持され続けるのか不確かなものとなっている。

さて，教育制度を改革するとは，ある一定の教育理念に基づいて，現在の教育の状況を見直して課題を解決する，あるいは教育の進め方を改めようとするプロセスであるといえる。この意味において日本の教育の歴史は常に制度改革の連続であったといってよい。ここで教育制度の流れを若干記しておこう。前述のように不透明さがぬぐえない今日の教育制度であるものの，冒頭に触れたように1872（明治５）年の学制（学事奨励ニ関スル被仰出書：学制序文）の発布によって近代公教育制度が構想され，２度の世界大戦を経た後，1947（昭和22）年の日本国憲法，教育基本法の制定をもって，今日の教育制度を支える新しい理念としての教育の機会均等，義務性，中立性が高らかにうたわれることになった。明治初期と終戦直後の制度改革はそれぞれ第一・第二の教育改革と通称されるが，いずれも特殊な社会情勢であって，前者では富国強兵，殖産興業といったスローガンに代表されるように国家としての近代化，後者では地方分権と民主化の推進という明確な国家目標があった。社会の変化にあわせて制度を改変するというのではなく，教育改革によって社会の変化をリードしていこうとする機運にあふれるものであったのだ。強力なリーダーシップの不在や教育改革への国民的な盛り上がりに乏しい今日の日本の状況と極めて対照的であることがわかる。以下，本章では，不易な制度理念として，教育の機会均等，義務性，中立性について整理しておこう。

（1）教育の機会均等

教育を受ける機会は広く国民全体に対して開かれているべきであり，社会的・経済的地位などの諸条件によって教育を受ける権利が左右されるべきではないとする教育制度上の原則である。その理念は，私たち国民が「ひとしく，その能力に応ずる教育を受ける機会」を享受するとともに「人種，信条，性別，社会的身分，経済的地位又は門地によって，教育上差別されない」（教育基本法第4条1項）と規定されている。それを保障するために，「能力があるにもかかわらず，経済的理由によって修学困難な者に対して，奨学の方法を講じなければならない」（同条2項）ことが国及び地方公共団体に求められ，経済的に恵まれないことを理由とする国民のなかの不平等は，国庫負担による義務教育の無償制度と奨学金制度の充実，たとえば日本学生支援機構の活動の拡充などによって解消することが意図されているものの，現実には課題も多い（第13章参照）。

（2）義 務 性

わが国では，私たち国民の教育を受ける権利を基礎としつつ，すべての国民に教育を受ける機会が保障されなければならないことを憲法で定めている。具体的には6歳から15歳までの一定の期間，全ての子どもたちが教育を受けることが保障されることを目的として，保護者が子どもたちを学校に就学させる義務（**就学義務**）が法令によって定められているわけである。日本国憲法第26条において「すべて国民は，法律の定めるところにより，その保護する子女に普通教育を受けさせる義務を負ふ。義務教育は，これを無償とする」と定め，教育基本法第5条で普通教育の義務と授業料の不徴収について規定している（**義務教育の無償性**）。

保護者が負う「就学義務」とは別に，都道府県や市町村には学校の設置を義務づけ（「**学校設置義務**」），地方公共団体には教育の機会均等を保障するためのさまざまな「就学援助義務」が課せられている。これは，保護者が子どもを就学させるにあたって必要とされる経済的な条件を軽減し，かつ均等化することを意図した制度的な保障であるといえ，その中身は義務教育の「無償義務」と「就学援助義務」に分類され，義務教育制度の根本となる原則である。

その他「**避止**（ひし）**義務**」といって，9年の義務教育期間にある子どもの就学を妨げるような使用は禁止されており，原則として満15歳に満たない児童を労働者として使用できないこととなっていることにも留意しておきたい。

（3）中 立 性

「人格の完成」（教育基本法第1条）を目的として行われる教育においては，その内容や進め方が中立で公正であることは極めて重要な理念である。今日の日本における教育の中立性といったとき，「**政治的中立性**」と「**宗教的中立性**」をまずもって理解しておく必要がある。教育基本法第14条第1項で「良識ある公民として必要な政治的教養は，教育上尊重されなければならない」と規定したうえで第2項「法律に定める学校は，特定の政党を支持し，又はこれに反対するための政治教育その他政治的活動をしてはならない」と定めている。これは公教育としての学校教育活動が一党一派の思想に偏向することがあってはならないことを規定しているのである。引き続き教育基本法第15条では憲法第20条第3項の規定を受け，「宗教に関する寛容の態度，宗教に関する一般的な教養及び宗教の社会生活における地位は，教育上尊重されなければならない」とし，同上第2項において「国及び地方公共団体が設置する学校は，特定の宗教のための宗教教育その他宗教的活動をしてはならない」としている。これは憲法の政教分離の規定を受けて，国公立学校における宗教教育の限界（特定の宗教のための宗教教育ないし宗教的活動の禁止）が示されているものである。学校法人が設置する私立学校は学校教育法施行規則第50条「私立の小学校の教育課程を編成する場合は，（中略）宗教を加えることができる。この場合においては，宗教をもって前項の道徳に替えることができる。」の規定によって担保されている。

2　教育制度改革の論点

（1）教育制度改革の理念

広く学校教育の拡充整備を提言し，第三の教育改革と言われた1970年代（昭和46年中教審答申「今後における学校教育の総合的な拡充整備のための基本的な施策について」通称：ヨンロク答申）から，「我が国における社会の変化及び文化の発展に対応する教育の実現を期して各般にわたる施策に関し必要な改革を図るための基本的方策について」という包括的な諮問を受けての1980年代中盤の議論（昭和60～62年にかけての４次にわたる臨教審答申）では，それぞれの時代が要請する制度改革が提言され，そのほとんどが実施されてきた。その後「詰め込み競争」批判解消のために「ゆとり教育」が打ち出されたり，その反動で「授業時間の増加」が実施されたりする等，教育政策そのものに「揺れ」がみられる。教育行政・制度の視点で「平成時代30年間」を顧みれば，教育に係る国の権限縮小，施策実施に関する厳しい事前規制から事後確認への移行等に特徴がみられ，少なくとも教育現場においてはその度に政策意図の確認や対応に奔走している状況にあって，それが教員の多忙化の一因になってきたことにも留意しておきたい。

（2）教育制度改革の流れと基本的考え方

上記の臨教審以降の半世紀近くを振り返れば，「規制緩和」や「自由化」，「市場原理（競争原理）の導入」というキーワードに象徴されるように，財界からの要請に基づく今般の行政改革の一環として教育改革に着手されたという経緯も指摘し得る。これらの動向の基本的立場は「新自由主義（neo-liberal-ism)」と呼ばれる国家観であった。新自由主義は，個人や組織の自由を促進することで競争的な市場を作り上げることを構想し，国家経済を活性化させようとするものである。教育においても学校間の競争を通して，質の高い教育サービスを提供することに主眼を置こうとする原理である。たとえば通学区域の自由化もしくは拡大，校長の権限強化などをねらいとして，地域住民や保護者が設立できるアメリカのチャーター・スクールをモデルとした日本型コミュニティ・スクールの構想と導入，学校選択制度の一部導入，私立学校設置の緩和などがその路線に沿った制度改革として分類される。しかし現実には，学習意欲や動機づけの差によって教育格差が拡大している実態もある。この現実的課題のひとつに「education more education（意欲がある学習者であればあるほどさらに意欲が高まり，そうでない人との格差が拡大すること）」があげられるが，その傾向はいっそう強まった。成績をあげる，学歴を獲得するといったように，外部から個人のやる気を刺激する誘因（インセンティブ）への反応の違いが教育における不平等，さらにはその帰結としての社会における不平等を拡大する「インセンティブ・ディバイド」（苅谷剛彦『階層化日本と教育危機――不平等再生産から意欲格差社会へ』有信堂，2001年，219頁）の問題はますます深刻化しているのである。その背景には，子どもたちのなかに「勉強離れ」傾向が強くなり「今の生活を楽しもう」とする層が増えてきたことがあげられる。「学力の向上」といったスローガンにかかわらず，子どもたちの学習意欲が減退していることは，社会階層の相違による様々な格差の拡大が進んでいることを意味している。

加えて，新型コロナパンデミックを経験し，GIGA［Global and Innovation Gateway for All］スクール構想（児童生徒１人１台の学習用端末やクラウド活用を踏まえたネットワーク環境の整備を行い，個別に最適化された教育の実現を目指すもの）が中央省庁の枠を超えて一気に拡がったり，経済協力開発機構（OECD）が実施している国際学力到達度調査（PISA）の結果を受けて教育課程が改訂されたりといったように，旧来の教育界の壁を超えての取組が強力に展開されるようになっているのが今日の教育制度改革の特徴である。改革のたびに主張されてきた「一人ひとりの個性と多様性の尊重」「子供の興味・関心の尊重と自己肯定感の向上」など，異論をさしはさむ余地のない教育理念が実質的に教育制度上に実現できるのか，その効果を検証しながら，私たち一人ひとりの教育観をアップデートしていかねばならない。

3　世界主要国における教育制度改革動向

世界各国においても教育制度改革が政策上の重要な争点となっており，教育の枠組みや内容の見直しを含め，質的な変貌を遂げつつある。そのどれもが従来の教育行政・制度の在り方を根本的に問い直す大きな改革であるといえ，それぞれの国が教育の価値観を転換しつつあるといってもよい。「自由か統制か」，「多様化か共通化か」，「平等主義か競争主義か」，「効率優先か公平優先か」といった古くて新しいテーマが学校教育の今後を考える際にも重要な鍵となっているのは各国共通の課題である。以下，本節では世界主要国における最近の教育改革の動向を概説する。

アメリカでは1983年，児童・生徒の深刻な学力低下を直視した『危機に立つ国家（*A Nation at Risk*）』が大きな反響を巻き起こした。以降，教育は連邦レベルでの主要な政策課題として位置付けられ，1991年には『2000年のアメリカ――教育戦略』の提言に基づき全国共通の教育スタンダードの設定等，児童生徒の学力向上が強く図られた。こうした動きは2003年の「どの子も置き去りにしない法［落ちこぼれゼロ法］（No Child Left Behind Act：通称 NCLB 法）」に引き継がれ，経済的に厳しい層や英語を母語としない層などを含め，政府が児童生徒の学力格差を是正するために本腰で乗り出してきた。2009年の「頂点への競争（Race to the Top）」教育改革法により，巨額の教育予算が全米の州に向けてコンペ的競争資金として提供するという画期的な施策が実施された。さらに2015年に「全ての生徒が成功する法（Every Student Succeeds Act：通称 ESSA）」が成立し，初等中等教育における恵まれない地域や就学前教育等への財政支援が打ち出された。現在まで劇的な成果は見られないものの，アメリカの教育をひとつのモデルとして位置づけてきたわが国の教育制度の在り方を考える際に，アメリカの教育は検証すべき事例となる。これらの改革動向の他にも，保護者や教員，地域における各種団体が州や学区の認可を受けて公費で維持されるチャーター・スクールと呼ばれる初等中等学校の拡大や，巨額の予算を投じたバウチャー制度（学校教育を受ける対価として州や学区から交付された証票：[バウチャー] を保護者が学校へ提出することによって学校の自由選択が保障されるというしくみ）の下での学校選択制度が推進されている。しかし依然として人種・民族間の経済や文化上の複雑な社会的要因が是正されないまま今日にいたっていることやドロップアウト，犯罪，非行など学校が日々直面している課題も少なくなく，これらにいかに対応するかが大きな課題である。

イギリスでは1980年代に低迷していた経済状況――イギリス病――克服政策のひとつとして教育に強力な競争原理が導入された。サッチャー政権下で1988年に成立した「教育改革法」は戦後最大の教育改革といわれ，全国共通カリキュラムの導入，国庫補助学校の創設，全国共通テストの実施など学校間競争による教育の活性化をねらいとする大きな制度改革を経験してきた。今日では，保守党と労働党の２大政党を中心とする数度の政権交代を経験し，成果主義による教育水準の向上が目指され，民間セクターが教育に参入するなど大きな改革が現在進行形である。こうした動きは自治体の所管を離れたアカデミーやフリースクールと呼ばれる新しいタイプの学校の急増にみられ，地域による自主的社会運営が促進されつつあるなどイギリスの教育制度改革は着実に進行している。また，ティーチング・アシスタント（TA）等の学校サポートスタッフが充実している学校も多く，日本の教員の働き方改革にも多くのヒントを与えてくれる国のひとつである。

ニュージーランドでは政府主導で省庁を超えて学校を支援する体制が目指されていて，児童生徒の学習達成度の向上や学習環境の改善に力が入れられている。コロナ禍における学校支援が強力に推進された特筆すべき国である。また，先住民の教育も主要な柱とされ，行き届いた教育支援の制度が強く意識されているという意味において注目すべき国であるといえよう。

中央集権型の教育行政制度が確立している**フランス**では教育法典に基づき，「義務教育は一人ひとりの児童生徒に知識，コンピテンシー，教養の基礎修得に必要な手段を保証すること」とされ，人間の尊厳，自由，平等，寛容等の「共和国の価値」が重要な教育理念である。伝統的に進路指導・生徒指導が重視されており，教員と専門職員（チーム）との協同が推進されるなど，新しい時代に向けての取組が継続的に展開されている注目すべき国である。

また，1990年10月に統一された**ドイツ**では連邦制国家体制を維持しつつ，教育は基本的に各16州の権限とされている。これを特有の「文化高権」という。近年では2001年の「PISA ショック」を引き金に子どもの学力問題が大きな注目を集めた。教員，保護者，児童生徒の学校の域決定に参加する学校会議（Schulkonferenz）の制度のもと，授業や成績評価，学校の基本方針，校長の人事等について三者に審議，提案できる権限が与えられている。国レベルにおいては各州の文部大臣会議が制度や政策の調整を図ったうえで連邦全体の「教育の質の保証」を成果主義として政策を構築するというシステムを指向している。

人口が14億を超え，広大で多様な社会を背景にもつ**中国**においては，教育を経済発展のための重要なテーマとして位置づけ，1980年代から基礎教育の普及と高等教育水準の向上を柱とする改革が常に行われてきた。中国ではよく知られているように，９月10日を「教師の日」とし，教師の社会的地位はおおむね高く，教員の待遇改善（住宅整備等も含む）も図られているなど，都市部において教職は人気の職種となっているようだ。ただし，都市部と農村部の格差是正や多数民族からなる国家構成等，教育の普及を阻害する要因は今なお多く存在すると同時に，都市部においては受験競争の激化がみられる等，市場原理や能力主義が浸透した教育の功罪が大きな課題となっている。

世界でもトップレベルの教育水準と国民の教育熱がそれを支えているといわれる**韓国**では，日本と同じく学校の設置管理は地方自治体の所管事項であって，義務教育段階では統一された基準に沿って教育が実施されている。教師は教科指導と生徒指導にあたることとされ，伝統文化の維持，継承も学校の重要な役割ととらえられている。なお，有名大学進学を目指した熾烈な受験競争がみられ，日本の大学入学共通テストに相当する「修学能力試験」の苛烈さと受験シーズンにある受験生優先の社会現象は驚きをもって紹介されることも多い。

以上のようにごく概略ではあるが，世界の主要国においても継続的に教育改革に取り組まれていることが見て取れる。もとより，それぞれの国の教育理念は児童生徒の個性の尊重を重視する立場から，個の学力向上を意図したものまで多様化しているが，それまで教育行政機関が有していた権限を個々の学校に委譲し自律を促す方策がとられていることや，日本でのコミュニティ・スク一ルの拡大に象徴されるように保護者や地域住民の代表が学校経営に参加できる制度的措置がとられるなど，「共育」実現に向けての改革が当面の課題であると言える。この他にも，ICT 機器の利活用，災害に強い教育施設設備の整備，学校の役割の再確認，教職員の働き方や定数配置の問題などを含め教育制度再設定に向けての過渡期にあることは間違いない。これらの今日的動向が今後どのように展開していくかが注目される。

発展学習に向けてのレポート課題

(1) 最近の教育時事（ニュース）のなかから，自分のアンテナが反応したトピックを取り上げて深掘りしてみよう。
(2)「世界の義務教育制度」のワードで検索し，文部科学省資料にある各国の教育制度の特徴をまとめてみよう。

（髙妻紳二郎）

コラム　世界と日本の価値観のちがい

世界の約100か国を対象として1981年からほぼ5年毎に実施されている「世界価値観調査」という世界最大規模の意識調査がある。直近の2020年調査によれば，85%の日本人が日本人であることに誇りを持っているが，世界を身近に感じていない人も83%いた。つまり，新型コロナウイルスのパンデミックやウクライナでの戦争が起きるまで，多くの日本人にとって「世界」を身近に意識することはほとんどなかったのだ。

以下，30年間の同調査から，日本人の価値観の特徴をいくつか紹介しよう。

1．「余暇」を重視していて「仕事」の重要度は低い
2．「同性愛」への受容度は，ヨーロッパなどの先進国に次ぐ高い水準
3．重視するのは「安全」＞「自由」＞「平等」
4．マスメディアを信頼している
5．「政治」の重要度は高いが話題にしない。「国家」に安全を求めるが「権威」を嫌う
6．「環境保護」と「経済成長」のどちらが大切か逡巡する人が多い
7．「家族」が重要だ，両親の長期介護への義務感は低い
8．子どもに身につけさせたい性質は「決断力」「想像力・創作力」

これらの特徴から，日本人には次のような傾向性があることが示唆される。すなわち，政府や行政，マスメディアからもたらされる情報を受け入れながら，自分の生活を何よりも優先すること。安全確保や生活に困った時には国や大きな組織を頼るが命令や服従を嫌うこと。「環境保護」と「経済成長」の選択にはおおいに迷い，自分ではなかなか決断できないためにせめて子どもたちには決断力を身につけさせたいと思っていること等。このようにデータを読むとこれからの日本の教育のかたちが大きく変わらざるを得ないことが理解できるだろう。「働くことが大切でなくなる」と考え，「ネット・SNS」を使いこなし，「周囲の人々を巻き込む形での面倒な事を避ける」といった思考・行動様式を持つ若者世代から下の世代へ，私たちは教育にどうコミットしていけばいいのだろうか，しっかりと考えたいところだ。

（髙妻紳二郎）

第２章

学校の制度

——学校はどのように発展し，今どうなっているのか——

本章では，学校制度について解説する。学校と一言でいっても，教育段階や設置主体等，制度的に多様な学校が存在する。そこで，まず学校の種類について，定義や分類を手がかりとしながら明確にする。次に，学校を設置する主体に着目して，それぞれの学校の特徴を探り，特に私立学校の特色について説明を加える。これら現代学校制度の概要をつかんだうえで，学校制度の歴史的発展のプロセスを確認する。学校がどのように誕生したのか，そして学校体系がどのように構築されたのかについて，西洋教育史の観点から，学校の起源と学校体系を学ぶこととする。最後に，これからの学校制度改革の論点を検討する。

1　予備校は学校か——学校の定義と種類

本書を手に取っているみなさんは，これまでにいくつの学校に通っただろうか。小学校と中学校は義務教育であり，特別な事情がない限り，すべての人が通っただろう。また，高校に通っていた人も多いだろう。では，幼稚園はどうだろうか。大学受験の浪人時代に予備校に通った人，自動車免許を取るために自動車学校に通った人もいるかもしれない。

こう考えると，多くの人がいろいろな学校に通ったことになるが，そもそもそれらすべて学校といえるのだろうか。小・中・高校が学校というのは，誰も異論はないだろうが，予備校はどうだろうか。自動車学校は学校だろうか。ここでは教育制度という側面から，学校の定義と種類を考えてみよう。

表２-１　一条校の数の推移

	2018年	2019年	2020年	2021年	2022年
幼稚園	10,474	10,070	9,698	9,418	9,121
小学校	19,892	19,738	19,525	19,336	19,161
中学校	10,270	10,222	10,142	10,076	10,012
義務教育学校	82	94	126	151	178
高等学校	4,897	4,887	4,874	4,856	4,824
中等教育学校	53	54	56	56	57
特別支援学校	1,141	1,146	1,149	1,160	1,171
高等専門学校	57	57	57	57	57
短期大学	331	326	323	315	309
大学	782	786	795	803	807

（出典）　学校基本調査令和４年度（速報）結果の概要
（https://www.mext.go.jp/b_menu/toukei/chousa01/kihon/kekka/k_detail/1419591_00007.htm, 2022/9/28）より筆者作成。

（1）一条校

教育の重要法規の一つである学校教育法をみると，第１条に「この法律で，学校とは，幼稚園，小学校，中学校，義務教育学校，高等学校，中等教育学校，特別支援学校，大学及び高等専門学校とする」と規定されている（大学には，短期大学及び大学院を含む）。これらの学校は，「一条校」と呼ばれる。教育基本法においては，「法律に定める学校」という言葉が登場するが，これは一条校を指す。つまり，教育法制度上，学校とは一条校を意味するわけである。

では，一条校の現状を確認しておこう。それぞれの学校数の推移は，表２-１のようになっている。まず，幼稚園・小学校・中学校・高等学校の数が減少傾向にあることがわかる。特に義務教育段階では，学校の統合または廃校が進められており，それが数字に表れている。幼稚園の数が減少している背景には，少子化に加え，共働き家庭の増加により，保育所に入所する子どもが増えていることも関係している。

他方で，義務教育学校の数は増加傾向にある。2016（平成28）年に制度化された小中一貫の義務教育学校数は，過去５年間で倍増している。その背景には，教育効果（いじめや不登校の解消，学習の一貫性等）を期待した政策的な動きや，少子化による学校統合の動きなどがある。

また大学の数も増加傾向にある。これは，４年制大学への進学率の増加，ならびに高等教育に対する多様なニーズの高まりといったことが要因としてあげられよう。ただし，大学数が多すぎるという議論もあり，入学定員を満たすことのできない大学も存在している。

さらに特別支援学校も増加傾向にある。特別支援学校は，それまでの盲学校，聾学校，養護学校を統合する形で，2007（平成19）年に登場した学校である。その数が増えている背景の一つには，発達障害を含めた障害のある児童生徒全体への理解が進み，特別支援教育の考え方に基づく障害に応じたきめ細やかな指導へのニーズが高まっていることがあげられる。

（2）専修学校・各種学校

大学受験のための予備校が法制度上，学校ではないことは理解できただろう。では一体，どう位置づけられる教育機関なのか。もちろん，予備校の種類は多様であるため，すべてを同じに位置づけることはできないが，予備校は学校教育法で規定されている専修学校や各種学校に該当することがある。

専修学校とは，職業上もしくは実際の生活において必要な能力を育成したり，教養を向上させたりすることを目的とした，都道府県から認可された教育機関である。高等学校卒業後の進路先として，大学や就職の他にいわゆる「専門学校」があるが，そのほとんどはこの専修学校（専門課程）である。その他にも，中学校卒業後の進路の一つとしてある「高等専修学校」も専修学校（高等課程）の一つである。上述した予備校（特に浪人生向けの学科）は，一般課程の専修学校とされることがある。

各種学校は，一条校と専修学校を除く，学校教育に類する教育を行う機関であり，都道府県から認可を受けたものである。各種学校に該当する機関としては，予備校や自動車学校の他に，インターナショナル・スクール及び外国人学校，留学生向けの日本語学校等がある。

さて，専修学校と各種学校の現状を確認しておこう。2021（令和３）年現在，専修学校の数は3,049校であり，各種学校の数は1,046校となっている。それぞれ過去５年間の数と比較すると減少傾向にある。ただし，専修学校の場合，生徒数は大きく減少しているわけではない。図２－１は，高等教育機関への進路

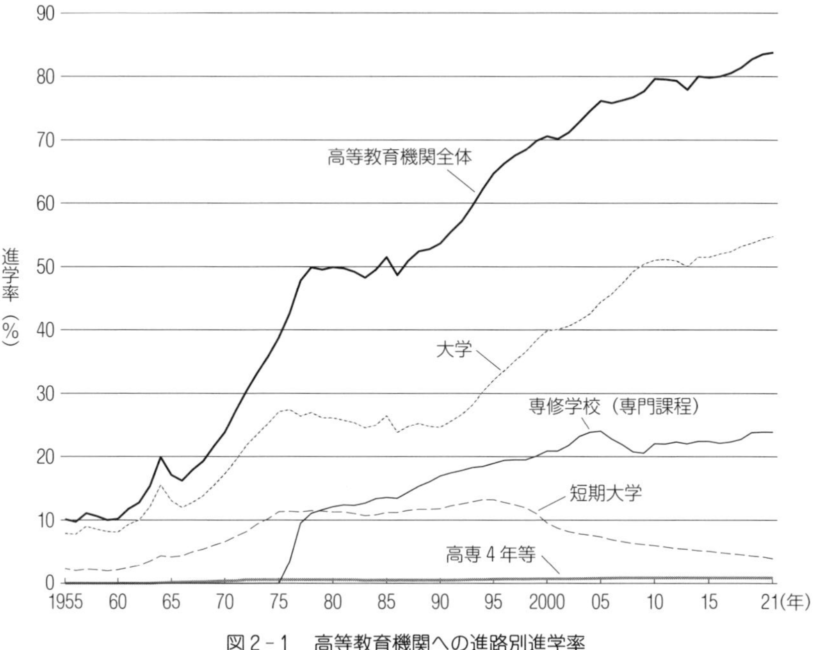

図2-1　高等教育機関への進路別進学率

（注）高等教育機関入学者とは，大学学部・短期大学本科入学者数（過年度高卒者等を含む），高等専門学校第4学年在学者，専修学校（専門課程）入学者である。入学者には，高等学校または中等教育学校卒業後1年以上経過した後に入学した者（過年度高卒者）等を含む。
また，それぞれの進学率は入学者を3年前の中学校卒業者及び中等教育学校前期課程修了者数で除した比率である。

（出典）学校基本調査令和4年度（速報）結果の概要（https://www.mext.go.jp/b_menu/toukei/chousa01/kihon/kekka/k_detail/1419591_00007.htm, 2022/9/28）より筆者作成。

別進学率を表しているものであるが，専修学校（専門課程）への進学率は，1999（平成11）年以降，20%台を維持している。特に，2020（令和2）年と2021（令和3）年には24.0%と，過去最高の進学率となっている。

2　誰が学校を設置するのか——学校の設置者

学校教育法第2条によると，国，地方公共団体，及び学校法人の三者が学校（一条校）を設置することができる。専修学校と各種学校については，経済的基盤や学校運営に関する知識等の一定の条件を満たせば，株式会社や個人も設置できることになっている。ここでは一条校に限定する形で，学校の設置に関する制度を概説していく。また，本章全体においても，学校とは一条校を指すものと位置づけて，論を進めていくことにしよう。

（1）学校設置者の種類

学校を設置できる国，地方公共団体，学校法人は，それぞれ国立学校，公立学校，私立学校を設置している。国立学校とは，国立大学法人または独立行政法人国立高等専門学校機構が設置した学校を意味する。2004（平成16）年にすべての国立大学が国立大学法人化したことにより，その附属校であった国立の幼・小・中・高・特別支援学校もすべて国立大学法人が管理運営することになった。また，従来の国立高等専門学校も，2006（平成18）年に一本化され，すべて独立行政法人国立高等専門学校機構が管理運営することになっている。公立学校とは，都道府県および市町村が設置した学校を指す。また，国立大学法人と同様に公立大学法人が管理運営している大学も，公立学校とされる。私立学校の設置者は学校法人となるが，例外も存在する。私立幼稚園については，個人や宗教法人，社会福祉法人の設置が認められている。また，特区制度（構造改革特別区域制度）に基づいて，株式会社や NPO 法人が設置した学校も私立学校とされている。

では，学校設置者別に学校の現状を確認しよう（表2-2参照)。全体的な傾向として，幼稚園を除き学校段階が上がるにつれて，私立学校の占める割合が高くなっている。小学校と中学校については市町村に学校設置義務が課されているため，私立学校の量的必要性は高くない。しかしながら，高等学校および大学は，誰にも設置義務が課されていない。もちろん，公教育の機会を保障する観点から，国や地方公共団体が学校を用意しておく必要がある。ただ，わが国の場合，高等学校にしても大学にしても進学率が急速に発展していくなかで，国・公立学校のみではその需要に追いつかなかったという事情がある。

（2）私立学校の特色

表2-2をみると，私立学校がわが国の公教育に果たしている役割の大きさを

表2-2　設置主体別学校数と在学者数（2022年度）

	学校数			在学者数		
	国立	公立	私立	国立	公立	私立
幼稚園	49 (0.5%)	2,920 (32.0%)	6,152 (67.4%)	4,751 (0.5%)	110,766 (12.0%)	807,572 (87.5%)
小学校	67 (0.3%)	18,851 (98.4%)	243 (1.3%)	36,041 (0.6%)	6,035,387 (98.1%)	79,882 (1.3%)
中学校	68 (0.7%)	9,164 (91.5%)	780 (7.8%)	27,168 (0.8%)	2,931,721 (91.5%)	246,337 (7.7%)
義務教育学校	5 (2.8%)	172 (96.6%)	1 (0.6%)	3,782 (5.6%)	63,789 (94.1%)	228 (0.3%)
高等学校	15 (0.3%)	3,489 (72.3%)	1,320 (27.4%)	8,172 (0.3%)	1,933,573 (65.4%)	1,015,164 (34.3%)
中等教育学校	4 (7.0%)	35 (61.4%)	18 (31.6%)	2,876 (8.6%)	23,411 (70.2%)	7,080 (21.2%)
特別支援学校	45 (3.8%)	1,111 (94.9%)	15 (1.3%)	2,902 (2.0%)	144,856 (97.5%)	875 (0.6%)
高等専門学校	51 (89.5%)	3 (5.3%)	3 (5.3%)	51,234 (90.3%)	3,780 (6.7%)	1,740 (3.1%)
短期大学	0	14 (4.5%)	295 (95.5%)	0	5,110 (5.4%)	89,603 (94.6%)
大学	86 (10.7%)	101 (12.5%)	620 (76.8%)	596,174 (20.3%)	163,097 (5.6%)	2,171,692 (74.1%)

（注）実数の下の割合は，それぞれの学校全体に占める割合を表している。
（出典）学校基本調査令和4年度（速報）結果の概要（https://www.mext.go.jp/b_menu/toukei/chousa01/kihon/kekka/k_detail/1419591_00007.htm, 2022/9/28）より筆者作成。

確認できよう。そこで，ここでは私立学校の特色について，少し詳しく論じたい。そもそも，私立学校の特色とは何だろうか。施設が充実している，部活動が強い，受験対策に力を入れている等。こうした私立学校の特色の背景には，私立学校法第1条に明示されている，私立学校の自主性と公共性という特性がある。

自主性については，国立・公立学校では認められていないことも認められている点がある。いくつか具体的な内容を例示しよう。まず，私立学校は，義務教育段階である小学校・中学校であっても，授業料を徴収することができるようになっている。また，教育基本法第15条において定められている宗教的中立性は第1章でみたように，私立学校は適用外である。私立学校には，キリスト教系や仏教系といった学校があることからわかるように，学校内で宗教教育をすることが認められているのだ。

こうした教育内容に加えて，私立学校という組織に対する自主性も確保されている。たとえば，私立学校を管理・監督する所轄庁（大学と高等専門学校は文部科学大臣，それ以外は都道府県知事）の権限が，国・公立学校の所轄庁に比べて，弱められている。また，私立学校を設置する学校法人には，教育活動に支障が出ない限りにおいて，収益事業を行うことができるようになっている。

一方で，私立学校は公教育の一翼を担うものであるため，公共性を担保する仕組みも整備されている。具体的には，学校法人しか学校を設置できないため，学校法人制度に他の法人とは異なる規制をかけることで，公共性を担保している。たとえば，学校法人を運営する役員が特定の親族によって占められないようにしたり，学校運営に関しての諮問機関を設けたりといったことである。

3　いつから学校が存在しているのか——学校の起源と学校系統

さて，これまでわが国の学校制度の現状について，法制度とデータを通して解説してきた。学校制度を学ぶ上で，次に考えなければならないのは，どのような展開を経て，今の学校制度になったのかという歴史である。本章では特に2つの点に着目する。一つは，そもそも学校はどうやって誕生したのかという学校の起源であり，もう一つは「小学校—中学校—高等学校」といった一連の学校がどのように確立していったのかという学校系統である。

（1）学校の起源

一般的に，学校の起源は，文明が誕生した数千年前の古代エジプトやギリシアといった時代まで遡る。この際，学校の誕生に寄与した社会の変化を理解する必要がある。一つは，生産活動の変化（狩猟文化から農耕文化へ）によって，文化財が高度化・複雑化した結果，知識や技術の伝達を日常生活とは別の場所で行う必要がでてきたことである。もう一つは，知識や技術を伝達するために文字が発明されたが，その習得には組織的な教育の場が必要となったことである。

学校誕生を取り巻く社会変化は，学校を意味する英語の school の語源，すなわち余暇や閑暇を意味するギリシア語の「スコーレ」を踏まえると，より理解が深まる。この余暇というのは，生産活動から解放された余暇の場所を意味する。そして，生産活動を免除され，余暇を有する特権階級・支配階層の者が学ぶ場を意味する。この時の学校には，文化財の伝達と文字の学習を通して，支配階層を再生産する保守的機能が付与されていたわけである。

次に，現代の学校制度との連続性という観点から，学校の起源を考えてみたい。そのためには，ヨーロッパにおける大学の成立に着目する必要がある。それは，現代の学校制度が，大学から始まったことを意味する。

現在の大学につながる世界最古の大学は，イタリアのボローニャ大学であり，1088年に創立された。その後，大学はヨーロッパを中心に浸透していく。この時代の大学の性質は，学校と同様に，言葉の起源から読み取ることができる。大学を表す英語の university は，ラテン語の universitas を語源としており，同業者組合（ギルド）を意味する。それは，学問や知識を学ぼうとする教師や学生が都市に集まり，組合として自然発生的に大学が誕生したことを表している。そのため，歴史を有するヨーロッパの大学は，今でも都市の中に大学が溶け込んだような風景を見せる（図２-２参照）。中世における大学は，その後，ローマ教皇の庇護を受けて発展した。大学では，神学，法学，医学といった専門職業人の養成が行われていたが，キリスト教の影響により古典古代の文献の解釈学が中心的な教育内容となっていた。

図２-２　オランダのユトレヒト大学本部棟

ユトレヒト大学は，1636年に創立した大学である。写真の大学本部棟は，街の中心である大聖堂教会に隣接しており，街に大学が溶け込んでいる様子をうかがうことができる。

（出典）筆者撮影。

（２）学校系統の成立と学校体系

では，大学誕生後，どのような学校系統ができていったのだろうか。

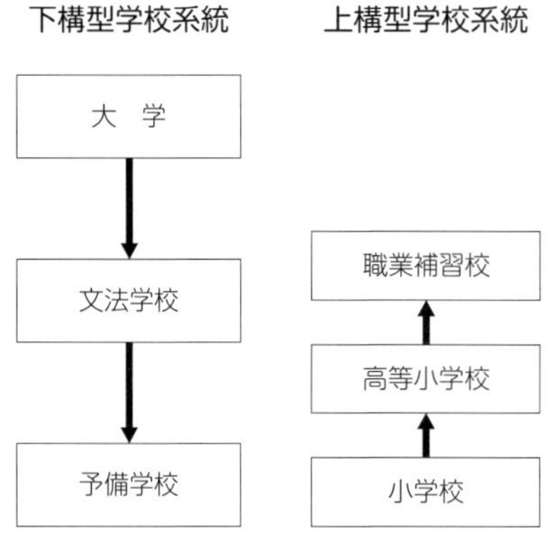

図2－3　学校系統の成り立ち
（出典）教育制度研究会（2008：37）より筆者作成。

中世の大学では，キリスト教の影響もあり，教授言語としてラテン語が利用された。もちろんラテン語は，日常生活において利用される言語ではなかった。そのため，大学に入るためには，ラテン語の習得が必要不可欠となる。そこで，ラテン語の文法等を教える大学入学準備機関として，「文法学校」と呼ばれる学校が誕生することになった。さらにその文法学校に入るための学校というように，学校が上から下へ構築されていった。こうした流れで誕生したのが**下構型学校系統**である（図2－3参照）。この場合，そもそも大学に入学できるのは，一部のエリートだけであったため，その意味において，エリート養成の系統だと位置づけられる。

一方で，エリート養成とは異なるもう一つの学校系統が，その後成立する。それが，**上構型学校系統**と呼ばれるものであり，庶民の学校の系統である。庶民の学校は，12～13世紀からの商業活動の隆盛に伴って読み書きや計算能力が庶民にも必要となったこと，そして16世紀のマルティン・ルター（Martin Luther）の宗教改革によって庶民が母国語で聖書を読む必要性が説かれたこと，といった社会的情勢を背景に登場した。その後，17世紀以降に国家主義的な殖産興業政策が推進されると，母国語に加えて，工学や技術といったより高度な内容を教える学校が，庶民のための学校の上に設置されるようになった。このように学校が下から上に向かって構築された流れが，上構型学校系統である（図2－3参照）。

さて，こうして成立した二つの学校系統であるが，その後，教育段階の整備とともに，体系化されていった。まず，下構型と上構型の二つがそのままの形で整備されていく。というのも，前者はエリート養成の学校系統であり，後者は庶民のための学校系統であって，両者が交わることは，ヨーロッパの階級社会においては考えられなかった。結果，エリートの系統と庶民の系統の二つが並存する形で学校体系が整備された。これを**複線型学校体系**と呼ぶ。

しかし，複線型学校体系では，二つの系統の交わりがないゆえに，学校が社会階級を再生産する装置になるという問題を抱えた。そこで，初等教育段階での統合を求める学校統一運動が，19世紀末から20世紀にかけて起こり，**分岐型学校体系**が誕生する。これは，小学校段階は共通にし，その後の中等教育段階を分岐するシステムである。

この分岐型学校体系では，小学校卒業段階で自分の将来の選択をしなければならなかった。なぜなら，大学に入学するには大学入学準備を施す学校に進学する必要があり，それ以外の学校の生徒が大学に進学することは，難しかったからである。こうした進路選択は，小学生という発達段階を考えると，非常に困難なものである。社会経験の少ない小学生の選択の多くは，結果として家庭の社会的・経済的地位に大きな影響を受けることになる。

そこで，三つめの学校体系である**単線型学校体系**が，第二次大戦前後になって登場する。単線型学校体系では，中等教育段階の学校もすべて統合され，どの中等教育の学校に進んでも，高等教育機関に進学できるようになった。この単線型学校体系の先駆となったのが，アメリカであった。アメリカでは，ヨーロッパのような社会階級が明確に存在しておらず，教育機会の平等を求める機運もあり，19世紀末からこの単線型学校体系を確立させていた。

現在，多くの国では，単線型学校体系となっている。日本も，戦前までは複線型学校体系であったが，戦後になってアメリカの影響もあり，単線型学校体系へと転換している（図２-４）。しかし，ヨーロッパの国の学校体系図をみると，制度上は単線型となっているものの，過去の複線型や分岐型の跡がみられる。たとえば，階級社会の性格が残るイギリスでは，エリート校である独立学校のパブリック・スクールにつながる系統が残っている（図２-５）。また，ドイツでは，中等教育段階の学校を共通にすべく創設された「総合制学校」の量的割合が低く，今でも中等教育段階の学校が三つに分岐されるという特徴がある（図２-６）。ただし，ドイツの場合，それぞれの中等教育学校間の行き来が可能となっており，その点では，柔軟性を有する分岐型といえる。

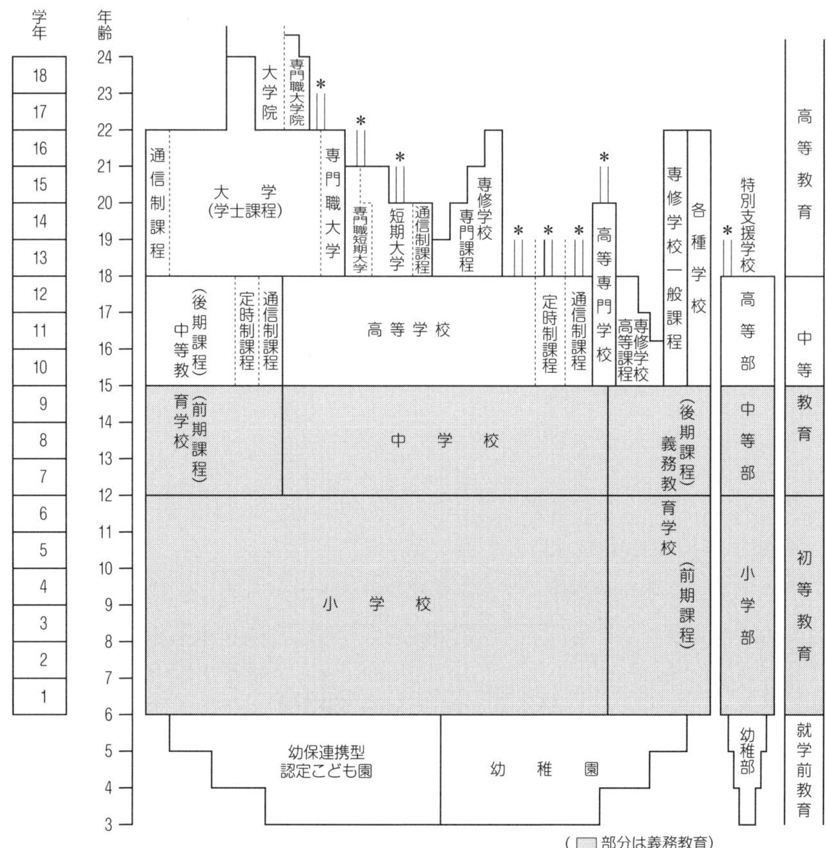

図２－４　日本の学校体系図

（注）　１．＊印は専攻科を示す。

２．高等学校，中等教育学校後期課程，大学，短期大学，特別支援学校高等部には修業年限１年以上の別科を置くことができる。

３．幼保連携型認定こども園は，学校かつ児童福祉施設であり０～２歳児も入園することができる。

４．専修学校の一般課程と各種学校については年齢や入学資格を一律に定めていない。

（出典）　文部科学省（2021）より。

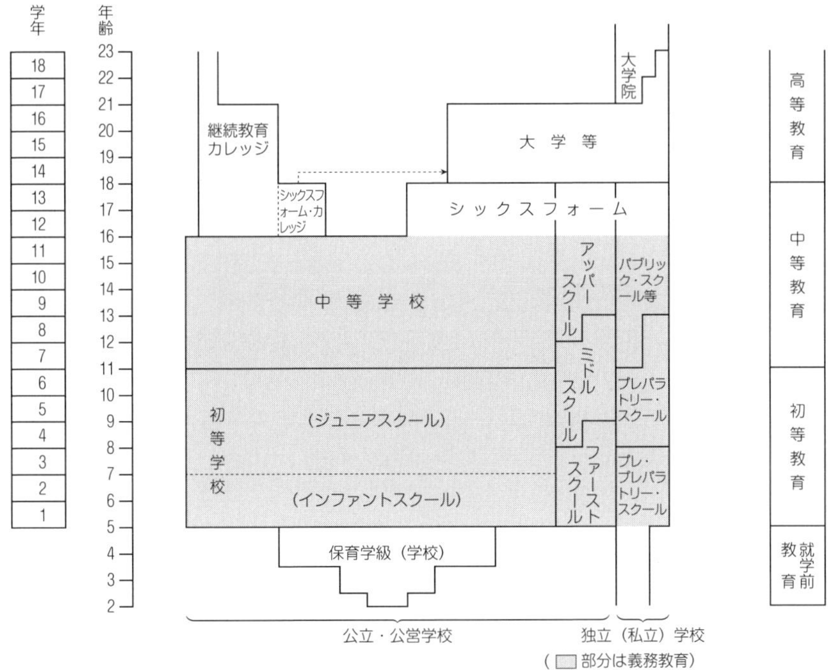

図2-5　イギリスの学校体系図

（出典）文部科学省（2021）より。

4　誰のための学校制度か——学校制度改革の論点

これまで述べてきたように，学校をめぐる制度は，その時の社会的環境に大きく影響を受けるものである。それは，学校そのものが社会のなかで深く根づいているからだとも説明できる。しかし現代社会の特徴は，科学技術の進展やグローバリゼーションの展開といったように，その変化が速くかつ激しいことにある。そうした状況では，画一的な学校制度ではなく，柔軟性を有した学校制度のあり方を考える必要がある。

たとえば，学校体系における接続（articulation）をめぐる問題は，教育制度論として古くから議論されている。特に近年では，小学校に上がってから集団

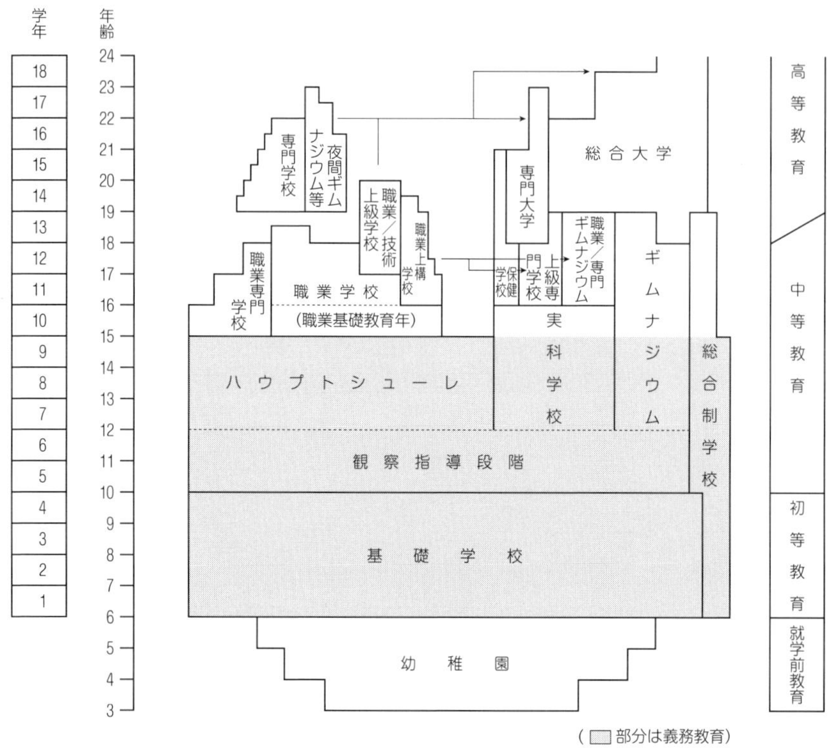

図2-6　ドイツの学校体系図

（出典）文部科学省（2021）より。

行動についていけなかったり，授業に集中できなかったりする小1プロブレムや，中学校に進学してから教科担任制や部活動といった仕組みに戸惑いを感じる中1ギャップという問題がクローズアップされている。こうした状況に対して，幼稚園と小学校の連携を深める幼小連携や，先述した小中一貫および中高一貫の実践が進められている。また，4年制大学への進学率が50％を超えているなかで，高等学校と大学をどう接続させるのかという高大接続・連携も，学校制度の柔軟性という観点から重要な議論となる。

こうした改革の議論において，学校制度の柔軟性は誰のためにあるのかを明確にしておく必要がある。それは，子どもにとって柔軟であるかという点である。改革された学校制度は子どもの学習を保障しているのか，子どもの発達を保障しているのか。単に社会に対応するために学校制度を柔軟にするのではなく，そうした時代を生きる子どもにとって柔軟な学校制度のあり方を考えなければならない。

発展学習に向けてのレポート課題

① わが国の学校制度がどのように発展してきたのか，その歴史を調べよう。
② 高等学校と大学の連携活動について，具体的な事例を調べよう。

参考文献

上原貞雄・三好信浩（1992）『教育原論』福村出版.
岡本徹・佐々木司編著（2009）『新しい時代の教育制度と経営』ミネルヴァ書房.
教育制度研究会（2008）『要説教育制度　新訂第二版』学術図書出版社.
文部科学省（2021）『諸外国の教育統計令和3（2021）年度版』
https://www.mext.go.jp/b_menu/toukei/data/syogaikoku/1415074_00010.htm, 2022/9/28

（佐藤　仁）

コラム　不登校児童生徒の多様な教育機会の確保に向けて

2020（令和２）年度に文部科学省が行った「児童生徒の問題行動・不登校等生徒指導上の諸課題に関する調査」によると，小・中学校の不登校児童生徒の数は196,127人であり，８年連続でその数が増えている。こうした状況に対して，2016（平成28）年に「義務教育の段階における普通教育に相当する教育の機会の確保等に関する法律」が施行され，不登校児童生徒の教育機会を確保することが法的に規定されるようになった。また，2019（令和元）年に文部科学省から出された「不登校児童生徒への支援の在り方について（通知）」では，不登校児童生徒への支援の視点として，「「学校に登校する」という結果のみを目標にするのではなく，児童生徒が自らの進路を主体的に捉えて，社会的に自立することを目指す」ことが示され，学校復帰を目指した従来の支援からの転換が求められている。

不登校児童生徒の教育機会の確保という観点からは，「教育支援センター，不登校特例校，フリースクールなどの民間施設，ICT を活用した学習支援など」が挙げられている。たとえば，教育支援センター（適応指導教室）は，不登校児童生徒の集団生活への適応や，基礎学力の補充，生活習慣の改善等を行うために，都道府県または市町村によって設置されている。自治体の教育センター等の学校以外の場所や，学校の余裕教室等が活用され，約63%（2017年）の自治体で設置されている。また，不登校特例校は，不登校児童生徒の事情に合わせて，特別の教育課程を編成したり，柔軟な指導をしたりできる学校であり，通常と同じ卒業資格を得ることができる。2022年現在，全国で21校設置されており，文部科学省はさらなる設置を促進している。

その他にも，民間のフリースクールと学校が連携・協働して児童生徒を支援することや，ICT やオンラインを活用して家にいながらも学校の授業や活動に参加できるようにすること等も進められている。さらに，不登校により学校での学びを十分に進めることができなかった者に対しては，夜間中学での学びを促進する等，様々な教育機会の確保に向けた取り組みが進められている。

（佐藤　仁）

第3章

教職員の制度

――教職員の職務内容と守るべき義務――

「教育は人なり」といわれる。学校教育の成否は教職員にかかっているといっても過言ではない。現在,「確かな学力」と「豊かな心」,「健やかな体」などの「生きる力」の育成や,いじめ,不登校など学校教育をめぐるさまざまな課題への対応などの面で,優れた資質能力を備えた魅力ある教職員の確保が,ますます重要となっている。

本章は教職員に関わる諸制度について学ぶ。みなさんが,幼児,児童,生徒だった頃「先生」と呼んでいた人たちは,いかなる職務に従事していたのだろうか。そこで,学校の教職員にどのような種類があり,いかなる役割を担っているのか,そして,教職員が守るべき義務は何か,義務に違反した場合にどのような罰が科せられるのかなどについて学ぶ。本章の内容は,将来教師として現場で働く際に前提となるべき内容である。しっかり学習してほしい。

1　教職員の種類と職務

学校には,一定の資格を有する「校長及び相当数の教員を置かなければならない」ことが規定されている(学校教育法第7条)。各学校におかれる教職員の種類は,校種別に,学校教育法第27条(幼稚園),第37条(小学校,中学校は第49条の準用規定),第60条(高等学校),第69条(中等教育学校),などで定められている。

小学校を例にあげると,学校教育法第37条は,「校長,教頭,教諭,養護教諭及び事務職員」(第1項)の配置を義務づけ,「副校長,主幹教諭,指導教諭,栄養教諭その他必要な職員を置くことができる」(同条第2項)と規定している。

その他必要な職員には，助教諭，養護助教諭，講師，学校用務員，給食調理員，警備員などがあげられる。

校長は「校務をつかさどり，所属職員を監督する」（同条第４項）と規定されている。すなわち，校長は，学校の管理職として，「校務掌理権」と「服務監督権」が賦与されている。ここで「校務」とは，教育課程編成や教職員の配置，児童・生徒の入学や卒業の認定，学校施設設備の修繕，管理など，学校運営上必要ないっさいの仕事であり，校長は，その「校務」について最終的な権限と責任を負っているのである。さらに，教職員の「服務監督者」として，学校に勤務するすべての教職員に対して職務上および身分上の監督権を有している。

副校長は，「校長を助け，命を受けて校務をつかさどる」（同条第５項）と規定され，校長の補佐権が与えられるとともに，校長から命を受けた範囲内で，校務の一部を自らの権限で処理することが認められている。また，「校長に事故があるときはその職務を代理し，校長が欠けたときはその職務を行う」（同条第６項）として，校長の代理・代行の役割が規定されている。

教頭は，「校長（副校長を置く小学校にあつては，校長及び副校長）を助け，校務を整理し，及び必要に応じ児童の教育をつかさどる」（同条第７項）として，職務として，①校長や副校長の補佐，②校務の整理，③児童・生徒の教育があげられている。さらに，「校長（副校長を置く小学校にあつては，校長及び副校長）に事故があるときは校長の職務を代理し，校長（副校長を置く小学校にあつては，校長及び副校長）が欠けたときは校長の職務を行う」（同条第８項）とされている。

副校長と教頭の職務の関係については，副校長は，校長と教頭の間に置かれ，教頭の上司と位置づけられ，職務上も，副校長が「命を受けて校務をつかさどる」とあり，「校務を整理する」教頭と比べても大きな権限を有しているといえる。副校長は設置が任意なのに対し，教頭は原則必置である。なお，副校長が置かれる場合には，教頭は置かないことができる。

主幹教諭は，「校長（副校長を置く小学校にあつては，校長及び副校長）及び教頭を助け，命を受けて校務の一部を整理し，並びに児童の教育をつかさどる」（同条第９項）とされ，校長の命を受けて，学校の管理運営や教務，保健，生徒指導や進路指導など担当する校務について一定の責任をもって取りまとめ，整理し，他の教諭等に対して指示することとなっている。

指導教諭は，「児童の教育をつかさどり，並びに教諭その他の職員に対して，教育指導の改善及び充実のために必要な指導及び助言を行う」（同条第10項）とされ，児童・生徒に対する教育を担当するとともに，勤務する学校の児童・生徒の実態等を踏まえ，他の教職員に教育指導に関する指導，助言を行う。

教諭は，「児童の教育をつかさどる」（同条第11項）とされている。教諭は，授業を通して，子どもたちに，学力の重要な要素である基礎的・基本的な知識・技能，それらを活用して課題を解決するために必要な思考力・判断力・表現力等を身に付けさせる他，生徒指導や進路指導も行う。また，朝の会やホームルームなどを利用して，学級全体をまとめることも必要である。さらに，部活動の顧問としてその指導等を行うこともある。また，子どもには見えないところでも，校務分掌を担当したり，職員会議に出席し，学校運営に参加することが求められる。

この他，「児童の養護をつかさどる」（同条第12項）**養護教諭**は，児童・生徒の学校生活における疾病の予防や対応，健康診断等を通じて健康の保持増進を職務とし，近年は，「いじめ」や「不登校」など心の問題への対応の面でも注目されている。また，**栄養教諭**は，「児童の栄養の指導及び管理をつかさどる」（同条第13項）とされている。

また，学校は教員以外にも様々なスタッフに支えられている。法定されている主な職種を挙げていくと，「事務をつかさどる」事務職員（同条第14項）や「学校の環境の整備その他の用務に従事する」学校用務員（学校教育法施行規則第65条）が学校の環境整備に従事している。心理や福祉の専門家としては，スクールカウンセラーが，いじめや不登校など，さまざまな問題や悩みを抱える「児童の心理に関する支援に従事」（同条の3）し，スクールソーシャルワーカーが，家庭や学校，地域社会などの環境に働きかけることで「児童の福祉に関する支援に従事」（同条の4）している。また，国のGIGAスクール構想の推進により，1人1台端末や高速大容量の通信環境等が整備されるなかで，「教育活動その他の学校運営における情報通信技術の活用に関する支援に従事する」

ために情報通信技術支援員（同条の5）が，学校図書館の活用が推進されるなか学校司書（学校図書館法第6条）が置かれ，それぞれの授業場面で教員の支援にあたっている。さらに特別支援教育の分野でも，「教育上特別の支援を必要とする児童の学習上又は生活上必要な支援に従事する」特別支援教育支援員（学校教育法施行規則第65条の6）や「日常生活及び社会生活を営むために恒常的に医療的ケアを受けることが不可欠である児童の療養上の世話又は診療の補助に従事する」医療的ケア看護職員が規定されている（同条の2）。さらに，近年の教員の働き改革と関わって，「教員の業務の円滑な実施に必要な支援に従事する」教員業務支援員（通称「スクールサポートスタッフ」）（同条の7）が置かれている。

2　教諭等による充当職

学校の教職員組織には，管理職としての校長，副校長，教頭に加え，管理職を助ける立場から，教務や生徒指導などの担当事項に関する連絡調整および教職員に対する指導・助言を任務とする「主任」や「主事」が置かれる。これらの職は「教諭」などのように独立した職ではなく，学校の校務分掌組織のなかで，指導教諭または教諭等をもって充てる「充当職」である。1975年の学校教育法施行規則の改正で制定されて以降，学校内のミドルリーダー的位置付けがなされてきた。以下，主な「主任」や「主事」を紹介しよう。

教務主任は，校長の監督を受け，時間割の総合的調整，教科書・教材の取扱い等「教育計画の立案その他の教務に関する事項について連絡調整及び指導，助言に当たる。」（学校教育法施行規則第44条第4項）

学年主任は，校長の監督を受け，学年の経営方針の設定，学年行事の計画・実施等「当該学年の教育活動に関する事項について連絡調整及び指導，助言に当たる。」（学校教育法施行規則第44条第5項）すなわち，当該学年の教育活動に関する事項について，当該学年の学級担任及び他の学年主任，教務主任，生徒指導主事等との連絡調整に当たるとともに，当該学年の学級担任に対する指導，助言に当たることになる。

生徒指導主事は，中学校，高等学校，中等教育学校に置かれ，校長の監督を受け，生徒指導計画の立案・実施，生徒指導に関する資料の整備，生徒指導に関する連絡・助言等「生徒指導に関する事項をつかさどり，当該事項について連絡調整及び指導，助言に当たる。」（学校教育法施行規則第70条第４項）

進路指導主事は，中学校，高等学校，中等教育学校に置かれ，校長の監督を受け，進路指導に関する学校の全体計画の立案，進路情報の収集，整理及び生徒の進路相談等「生徒の職業選択の指導その他の進路の指導に関する事項をつかさどり，当該事項について連絡調整及び指導，助言に当たる。」（学校教育法施行規則第71条第３項）

保健主事は，指導教諭，教諭又は養護教諭によって充てられ，「校長の監督を受け，小学校における保健に関する事項の管理に当たる」（学校教育法施行規則第45条第４項）こととされている。1995（平成７）年の学校教育法施行規則の改正以降保健主事が養護教諭をもって充てることができるようになった。

最後に，「主任」等ではないが，「学校図書館の専門的職務」をつかさどる司書教諭も，司書教諭の講習を修了した主幹教諭，指導教諭または教諭をもって充てられる充当職であることを付言しておく（学校図書館法第５条）。

3　「チームとしての学校（チーム学校）」と学校運営

現在，学校では，教育課程の改善等を実現し，複雑化・多様化した課題を解決し，教師が子どもと向き合う時間を確保していけるように，組織や業務の在り方などの見直しが求められている。

2015（平成27）年12月に出された中央教育審議会答申「チームとしての学校の在り方と今後の改善方策について」において，「チームとしての学校」の実現に向けて，３つの視点が示されている。

ひとつめは，専門性に基づくチーム体制の構築である。これからの学校に必要な教職員，スクールカウンセラーやスクールソーシャルワーカーなど，専門能力を有するスタッフ等の配置を進めるとともに，教員が授業等の専門性を高めることができる体制や，専門能力を有している多様なスタッフが自らの専門性を

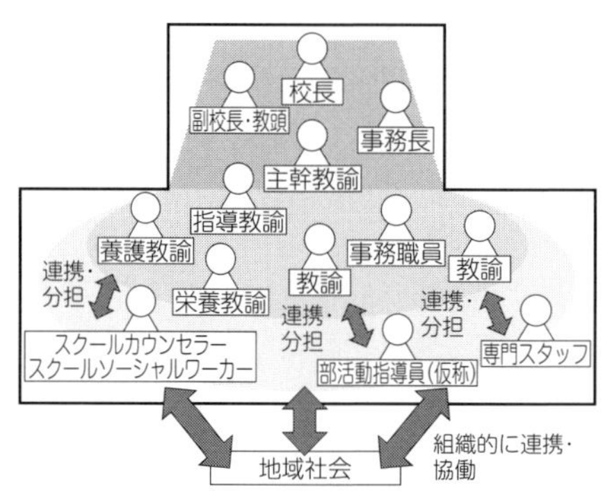

図3-1 「チームとしての学校」イメージ
(出典) 中央教育審議会答申，2015年。

発揮できるような連携，分担の体制を整備することとしている。

ふたつめは，学校のマネジメント機能の強化である。教職員や専門能力スタッフ等の多職種で組織される学校がチームとして機能するよう，校長がリーダーシップを発揮できるような体制の整備や，学校内の校務分掌や委員会等の活動を調整して，学校の教育目標の下に学校全体を動かしていく機能の強化等を進めることが重要であるとしている。

三つ目は，教職員一人一人が力を発揮できる環境の整備である。教職員や専門能力スタッフ等の多職種で組織される学校において，教職員一人一人が力を発揮し，更に伸ばしていけるよう，学校の組織文化も含めて，見直しを検討し，人材育成や業務改善等の取組を進めることを挙げている（図3-1参照）。

また，近年では，教員の過酷な勤務実態が問題になり，教員の働き方改革が進行中である。2019（平成31）年1月に出された中央教育審議会答申「新しい時代の教育に向けた持続可能な学校指導・運営体制の構築のための学校における働き方改革に関する総合的な方策について」においては，今後，学校及び教師が担う業務の明確化・適正化を進めるとともに，これと併せて，適正な労務管理の観点から，学校がこれまで以上に組織として対応していけるように学校の組織体制の在り方を見直すことにより，長時間勤務を是正し，教師が児童生徒としっかりと向き合い，教師本来の業務に専門性を発揮し，やりがいを持って働き続けられる環境を整えていくことが必要であるとしている。

4 教師として守るべき義務（服務）

公立学校の教職員は，「全体の奉仕者」として，地方公務員法等で教職員として守るべき義務が示されている。すなわち，日本国憲法第15条第２項は「すべて公務員は，全体の奉仕者であつて，一部の奉仕者ではない」ことを明記している。この規定を受けて，公務員としての身分を有する学校の教職員は，地方公務員法第30条で，「すべて職員は，全体の奉仕者として公共の利益のために勤務し，且つ，職務の遂行に当つては，全力をあげてこれに専念しなければならない」と規定されている。教員の服務は，大きく，職務上の服務と身分上の服務に分けられる。

宣 誓 書

私は，主権が国民に存することを認める日本国憲法を尊重し，かつ，擁護することを固く誓います。

私は地方自治の本旨を体するとともに公務を民主的かつ能率的に運営すべき責務を深く自覚し，全体の奉仕者として誠実かつ公正に職務を執行することを誓います。

年　　月　　日

氏　名

図３－２　服務の宣誓様式

まず，職務上の服務について説明する。

○**服務の宣誓**：公立学校の教員は，服務の宣誓をすることが義務付けられている（地方公務員法第31条）。たとえば，宮崎県の服務宣誓の様式は，図３－２の通りである。

○**法令等及び上司の職務上の命令に従う義務**：教員は，その職務を遂行する際には，教育基本法や学校教育法などの各種法令や当該都道府県や市町村の条例，地方公共団体の規則及び地方公共団体の機関の定める規程を順守し，さらに，服務監督権を有する教育委員会や上司である校長，副校長，教頭などの職務上の命令に忠実に従わなければならない（地方公務員法第32条）。

○**職務専念義務**：教員は，その勤務時間及び職務上の注意力のすべてをその職責遂行のために用い，当該地方公共団体がなすべき責を有する職務にのみ従事しなければならない（地方公務員法第35条）。

次に，身分上の服務について説明する。

○**信用失墜行為の禁止**：教員は，その職の信用を傷つけ，又は職員の職全体の不名誉となるような行為をしてはならない（地方公務員法第33条）。

○**秘密を守る義務**：教員は，職務上知り得た秘密については，それが個人的な秘密，公的な秘密を問わず，在職中はもちろん，退職後もこれを漏らしてはならない（地方公務員法第34条）。

○**政治的行為の制限**：教員の政治的行為の制限については，教育公務員特例法で職務の特殊性から特に厳しく制限され，地方公務員法第36条の規定にかかわらず，国家公務員の例によるとされ，教員が，政治的目的のために，職名，職権またはその他の公私の影響力を利用すること等が禁じられている（教育公務員特例法第18条等）。なお，小・中学校等の義務教育段階の教員に対しては，義務教育の政治的中立性を確保するために，特定の政党を支持させる等の教育への教唆又はせん動が禁止されている（義務教育諸学校における教育の政治的中立の確保に関する臨時措置法第３条）。

○**争議行為等の禁止**：公立学校の教職員は，地方公共団体の住民全体に奉仕する公務員として，使用者としての住民に対して同盟罷業，怠業その他の争議行為をし，または地方公共団体の機関の活動能率を低下させる怠業的行為をしてはならない（地方公務員法第37条）。

○**営利企業等の従事制限**：地方公務員は，任命権者の許可を受けなければ，営利企業の役員を兼ねること，自ら営利企業を営むこと，または報酬を得て別の事業や事務に従事することはできない（地方公務員法第38条）。ただ，教員は，その能力や専門性を広く社会で活かせるよう，教育公務員特例法で，任命権者が本務の遂行に支障がないと認める場合には，教育に関する他の職を兼ね，または教育に関する他の事業若しくは事務に従事することができると規定されている（教育公務員特例法第17条）。

5　教職員に対する懲戒と分限

公立学校の教員は，服務義務に違反した場合には，義務違反としての制裁として「懲戒」処分が科される。

地方公務員法第29条は，①地方公務員法もしくは教育公務員特例法等法律または地方公共団体の条例・規則・規程に違反した場合（法令義務違反），②

表３-１　懲戒処分の内訳（過去３年間）

年度	懲戒処分				
	免責	停職	減給	戒告	合計
平成30年度	231 (0)	176 (0)	251 (38)	240 (49)	898 (87)
令和元年度	212 (0)	157 (0)	237 (33)	224 (42)	830 (75)
令和２年度	170 (0)	163 (1)	190 (19)	187 (38)	710 (58)

（注）（　）内は，監督責任により懲戒処分等を受けた者の数で外数。
（出典）文部科学省「令和２年度公立学校教職員の人事行政状況調査」

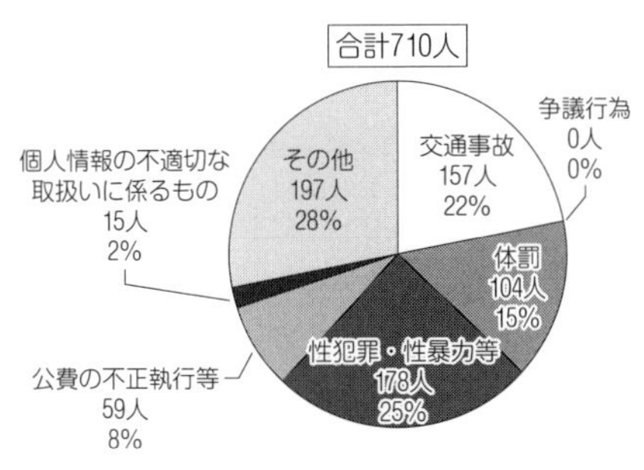

図３-３　懲戒処分の事由別割合（令和２年度）
（出典）文部科学省「令和２年度公立学校教職員の人事行政の状況調査」

職務上の義務に違反し，または職務を怠った場合（職務上の義務違反・職務怠慢），③全体の奉仕者たるにふさわしくない非行のあった場合（信用失墜行為）のいずれかに該当する場合には，これに対し懲戒処分として戒告，減給，停職または免職の処分をすることができると規定している。戒告とは，職員の規律違反の責任を確認するとともに将来を戒める処分であり，減給は職員の給与の一定割合を一定期間減額して支給する処分であり，停職は職員を一定期間職務に従事させない処分である。免職は職員としての身分を失わせる処分であり，最も重い処分である。ちなみに，懲戒免職が科された場合，退職金は支払われない。文部科学省の調査によると懲戒処分等の内訳ならびに事由別割合は表３-１，図３-３の通りになっている。

事由別割合をみると，３番目に多い事由として体罰があげられている。学校教育法第11条は「校長及び教員は，教育上必要があると認めるときは，文部科学大臣の定めるところにより，児童，生徒及び学生に懲戒を加えることができる。ただし，体罰を加えることはできない」として，校長や教員に懲戒権を認めつつ，体罰を厳しく禁止している。

一方，分限処分は，公務能率の維持の見地から職員に対して行われる不利益処分のことである。地方公務員法第28条は，勤務実績が良くない場合や心身の故障のため，職務の遂行に支障があり，またはこれに堪えない場合などその職

表３－２　教育職員に係る分限処分の推移（過去３年間）

年度	降任	免職	休職					降給	合計
				病気休職		起訴休職	その他		
					（うち精神疾患）				
平成30年度	2	7	8,029	7,949	5,212	24	56	0	8,038
令和元年度	0	7	8,242	8,157	5,478	21	64	0	8,249
令和２年度	2	7	7,737	7,635	5,180	34	68	0	7,746

（出典）　文部科学省「令和２年度公立学校教職員の人事行政の状況調査」

表３－３　指導が不適切な教員の認定者数

（単位：人）

認定者総数（①＋②＋③）		①令和２年度に研修を受けた者								②研修受講予定者のうち，認定後，研修を受講することなく別の措置等がなされた者	③令和３年度からの研修の対象者
	うち，令和２年度新規認定者		現場復帰	依願退職	分限免職	分限休職	転任	研修継続	その他		
59	27	37	24	4	0	2	0	7	0	2	20

注１：②は，令和２年度に研修を受ける予定だった者で，認定後，研修を受講することなく別の措置等がなされた者を示す。

注２：「③ 令和３年度からの研修対象者」とは，令和２年度に認定され，令和３年度から初めて研修を受ける予定の者を示す。

（出典）　文部科学省「令和２年度公立学校教職員の人事行政の状況調査」

に必要な適格性を欠く場合等に，本人の意に反して，これを降任し，または免職することができることとし，さらに職員が，心身の故障のため，長期の休養を要する場合や刑事事件に関し起訴された場合には，その意に反してこれを休職することができると規定している。

2020（令和２）年度の分限処分を受けた教職員の内訳は表３－２の通りである。処分を受けた教員のうち，病気を理由として休職処分を受けた者が7,635人と全体の98.7％を占めている。さらに，病気休職者のうち5,180人，つまり67.0％が精神疾患を理由としている。教員には心身の健康，特に精神面での健康の保持・増進が求められる。

また，指導が不適切な教員，いわゆる指導力不足教員が児童・生徒に与える影響は極めて大きく，現在でも重要な課題となっている。教育公務員特例法は，指導力不足教員に対して「その能力，適性等に応じて，当該指導の改善を図るために必要な事項に関する研修」（指導改善研修）の実施を義務付け（第25条の2），「指導の改善が不十分でなお児童等に対する指導を適切に行うことができないと認める教諭等に対して，免職その他の必要な措置を講ずるものとする」（第25条の3）と規定している。表3－3は，2020（令和2）年度に指導力不足教員として認定された教員の人数と，その処遇の内訳である。

発展学習に向けてのレポート課題

① 教諭になると，学校でどのような職務や役割（充当職を含む）を担うことになるのだろうか？　本章の内容をもとに，実際の教員にインタビューし，具体的な職務内容や職務推進の上での配慮事項や苦労についてまとめてみよう。
② 最近の公立学校の教員の懲戒処分の事例について，みなさんが教員になることを希望している都道府県のホームページ等を通じて調べてみよう。

参考文献

赤星晋作編著（2019）『新教職概論 改訂新版』学文社.
岡本徹・佐々木司編著（2009）『新しい時代の教育制度と経営』ミネルヴァ書房.
窪田眞二・澤田千秋著（2022）『学校の法律がこれ1冊でわかる　教育法規便覧 令和4年版』学陽書房.
文部科学省編（2022）『教育委員会月報』（2月号）.
文部科学省（2021）「令和2年度公立学校教職員の人事行政状況調査」.
文部科学省編（2007）『教育三法の改正について』（パンフレット）.
文部科学省編（2009）『魅力ある教員を求めて』（パンフレット）.
文部科学省『教員をめざそう』（パンフレット）.

（住岡敏弘）

コラム　校長先生ってどんな人がなるんだろう？

校長先生といって，みなさんはどのようなイメージをおもちだろうか？　長く学校に勤めてきたベテランの「おじいちゃん先生」といったところだろうか？　ここでは，校長等，学校の管理職の教員の属性や経歴について最近の動向について紹介したい。

まず，「おじいちゃん先生」と書いたが，学校の管理職はやはり男性が多いのが現状である。以下に示したグラフは，「校長等人数に占める女性の割合」である。

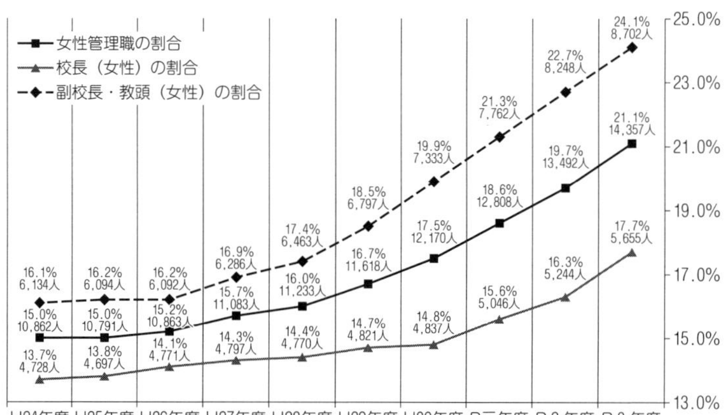

（出典）　文部科学省編『教育委員会月報　2022年２月号』３頁。

ちなみに，第５次男女共同参画基本計画（令和２年12月25日閣議決定）において，成果目標として，初等中等教育機関の副校長・教頭以上に占める女性の割合を令和７年度までに25%，校長を20%とすることとしている。上記グラフでも，女性比率は増加しているが少数に留まっている。今後の動向に注目したい。

一方で，ベテランの「先生」と述べたが，この点については，学校教育法施行規則にもとづき校長や副校長・教頭の資格について，特に教育職員免許状をもっていなくても，10年以上教育に関する職に就いた経験を有していたり，都道府県教育委員会が資質・経験を認めた者を任用できることになっている。この結果，教員出身でない校長，副校長，教頭が誕生している。文部科学省の調べでは，2018（平成30）年４月１日現在，全国で116人の民間人校長と118人の民間人副校長・教頭が教育現場で奮闘中である。

（住岡敏弘）

第4章

教員養成の制度

——教員の免許と養成・採用のしくみ——

皆さんの多くは教員になりたいという思いから，大学等で教職課程を履修し，教員免許状の取得を目指していることだろう。他方，実際に学校現場で教員として働くためには，免許状取得だけでなく，公立ないし私立の教員採用試験に合格する必要がある。それではなぜ我が国では，大学における教員養成が原則となっているのか。また，教員免許状にはいかなる種類があり，それぞれどんな特徴があるのか，採用試験の動向はどうなっているのかについて，まず説明する。他方，後述するように，今日の学校教育では，児童生徒に求められる能力や，対応すべき問題が多様化している。これらに対応するため，教員段階ではどんな資質・能力が求められていて，それと接続する形で，養成段階では，どんな資質・能力を育むべきであるとされているのか。本稿の後半では，教育制度の観点から，制度改革の変遷や国・地方公共団体レベルでの具体的取り組みを紹介する。

1　教員養成の理念と教員免許状

(1) 教員養成の二大原則

我が国の教員養成には2つの原則，すなわち「大学における教員養成」と「開放制の教員養成」がある。1つ目は「大学における教員養成」である。我が国の教員養成は戦前，教員養成を目的とする師範学校等で主に行われてきた。しかし，戦後になると，幅広い視野と高い専門的知識・技能を有する多様な人材を採用する目的で，大学で教員養成がなされるようになった。2つ目は「開放制の教員養成」である。教員養成機能を教員養成大学・学部に限定するのではなく，国公私立の一般大学も含めてその機能を担うようになっている。そのため，大学や学部の種類に関係なく教職課程を履修し教員免許状を取得することが可能となっている。なおこれらの２大原則は1949年施行の教育職員免許法で規定されている。

次に教員免許状であるが，普通免許状，特別免許状，臨時免許状の３種類に分けられる。まず，普通免許状とは，大学等で開講される教職課程を修了すると取得できる免許状である。普通免許状は学校の種類ごとに，幼稚園，小学校，中学校，高等学校，特別支援学校のものがあり，そして教員の種類別に教諭，養護教諭，栄養教諭の免許状がある。普通免許状の有効地域範囲は，全国の都道府県となっており，有効期限は無い。なお普通免許状は更に，専修免許状（大学院修士課程修了程度），一種免許状（大学卒業程度），二種免許状（短期大学卒業程度）で分かれている。

次に，特別免許状とは，優れた知識・経験を有する社会人を教員として登用するために設けられた免許状である。本免許状は，都道府県教育委員会が行う教育職員検定に合格した者に授与される。有効地域範囲は，授与された都道府県限りであり，普通免許状と同じく有効期限は設けられていない。

最後に，臨時免許状とは，「普通免許状を有する者を採用できない場合」の例外的措置として，教育職員検定に合格した者に授与される免許状である。有効地域範囲は授与された都道府県限りであり，有効期間は３年となっている。

（２）教員採用試験の動向

では，教員採用試験の動向はどうなっているだろうか。図４－１は，文部科学省（以下，文科省）が発表している「令和３年度公立学校教員採用選考試験の実施状況について」である。公立学校教員採用試験における全体の競争率（採用倍率）は，2021年には4.4倍となっており，近年は競争率が減少している。その要因の一つとして大量退職等に伴う採用者数の増加が挙げられている。また，教員の勤務時間の増加による「多忙化」によって学生が教職を敬遠する傾向も生じていると考えられる。

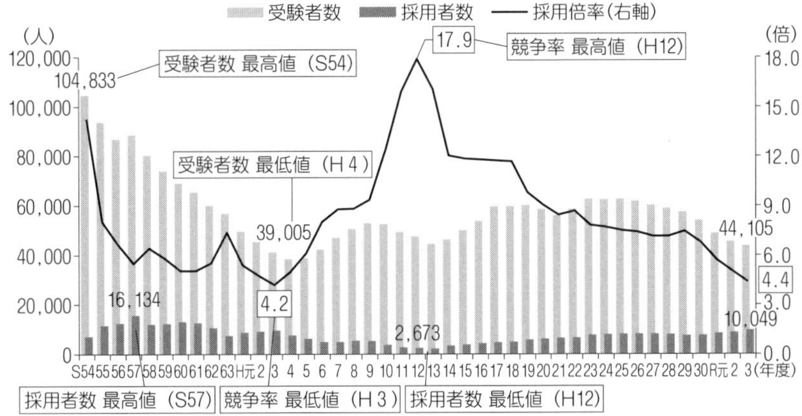

図４－１　令和３年度公立学校教員採用選考試験の実施状況について

（出典）　文科省「令和３年度（令和２年度実施）公立学校教員採用選考試験の実施状況のポイント」

2　2000年代の教員養成改革の変遷

以下，教員養成段階の制度改革という観点から，今日の教員養成の特徴を押さえておこう。まず今日の学校教育で児童生徒が身につけるべき能力は何であるのか確認する。なぜなら，制度改革上で，児童生徒が身につけるべき力がいかに設定されるかによって，教員に求められる力，そして教員養成段階で求められる力の在り方に影響があるためである。

（1）今日の学校教育で重視される力としての「生きる力」

現在の学校教育で育成が目指されている力を捉えるにあたって重要なキーワードは「生きる力」である。「生きる力」は，1996（平成８）年の中教審答申「21世紀を展望した我が国の教育の在り方について」で初めて示され，「確かな学力」「豊かな人間性」「健康・体力」を構成する概念として位置づけられた。その後「生きる力」は2008年に学習指導要領の中でも盛り込まれるようになり，さらに，2020年新学習指導要領では，この概念が精緻化され，「知識及び技能」

「思考力・判断力・表現力」「学びに向かう力・人間性」という3つの力で構成されるものとして位置づけられている。したがって今日の教員に係る制度改革は，「生きる力」を軸に推進されている。以下では，2000年代以降の改革の中でも特に3つに絞ってその内容を紹介する。

（2）2006年中教審答申

1つ目に2006年中教審答申「今後の教員養成・免許制度の在り方」で打ち出された教員養成の在り方をめぐる改革である。同答申は，大学・大学院における教員養成の質を向上させるために，「教職実践演習」の導入，「教職大学院」の設置，現職教員の質保証として「免許更新講習」導入を提案した。

「教職実践演習」に関しては，2008年の教育職員免許法施行規則が改正され制度化された。「教職実践演習」は，これまで学んだ教職科目を振り返り教員に必要な知識技能が身についているのか確認する科目であり，4年次に開講される。本科目は2013年（平成25年度）後期から各大学で現在も開講している。

「教職大学院」に関しては，2007年に施行された専門職大学院設置基準及び学位規則の一部改正する省令に基づき設置された。教職大学院は，より実践的な指導力を備えた新人教員の養成と現職教員を対象にスクールリーダーの養成を主たる目的としており，課程を修了すると普通免許状のうち専修免許状を取得することができる。2022年4月現在，教職大学院は国立で47校，私立で7校の計54校が設置されている。

「免許更新講習」は，2007年の中教審答申で教員免許更新制が提言されたことにより，導入されたものである。教員免許更新制は，教員に必要な資質能力を刷新することを目的に制度化されたが，免許の有効期限が10年間と設定されたことで，30時間以上の免許更新講習を受講しなければ免許が失効する仕組みであった。しかしその後，免許更新講習が，任命権者が実施する研修と重複し教員の負担感を招いていることが度々取り上げられ，教員の負担軽減の観点から教員免許更新制や研修の制度を包括的に検証していく必要性が挙げられた。そして2021年に文科省より，教員免許更新制の「発展的解消」が発表され，2022年7月に教員免許更新制は解消，免許更新講習も廃止された。今後は，教師や学校のニーズや課題に応じて，個別最適で協働的な学びを主体的に行う「新たな教師の学びの姿」を実現しうる研修制度の在り方が検討される予定である。

3　2010年代以降の教員養成改革

（１）2015年中教審答申

2015年には，中教審答申「これからの学校教育を担う教員の資質能力の向上について」が出された。本答申では，近年の教員大量退職・大量採用等の影響によって，先輩教員から若手教員への知識・技能の伝承が不十分になる点を問題視し，継続的な研修を充実させていくための方策の打ち出しの必要性を提起するとともに，アクティブ・ラーニング（主体的・対話的で深い学び）の視点からの授業改善等に必要な力を備えた教員を育成すべき重要性を打ち出し，教員の養成・採用・研修の一体的改革を推し進めるべきとし，その中核として「教員育成指標」を置いた。

①　教員育成指標

「教員育成指標」とは，教員がどんな資質能力を身につけながらキャリアを積んでいけばいいのかを示したもので，都道府県指定都市の教育委員会に設置された教員育成協議会で策定されている。具体例として，福岡市が，2017（平成29）年４月１日に施行された教育公務員特例法の一部改正を受けて策定した「福岡市教育委員会教員育成指標」を紹介しよう。福岡市では，職の専門性から指標を⑴職の専門性，⑵６つのキャリアステージの２側面から，それぞれ設定している。⑴職の専門性については，①教諭・指導教諭・主幹教諭，②養護教諭，③栄養教諭，④管理職（校長・副校長・教頭）の４つに分けている。そしてそれぞれに求められる資質・能力について「教職の素養」と「教職の実践に関するもの」に分けて指標を示している。⑵キャリアステージに関しては，図４-２のように，「養成期」「基礎期」「深化期」「充実期」「発展期」で分けられており，教員の経験や力量に応じて，ステージごとに身につけるべ

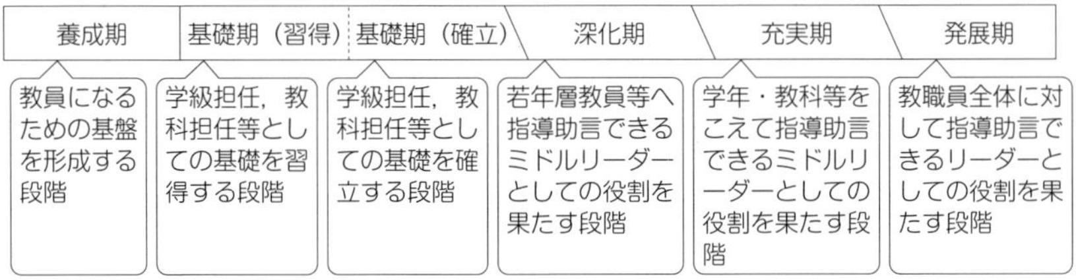

養成期	基礎期（習得）	基礎期（確立）	深化期	充実期	発展期
教員になるための基盤を形成する段階	学級担任，教科担任等としての基礎を習得する段階	学級担任，教科担任等としての基礎を確立する段階	若年層教員等へ指導助言できるミドルリーダーとしての役割を果たす段階	学年・教科等をこえて指導助言できるミドルリーダーとしての役割を果たす段階	教職員全体に対して指導助言できるリーダーとしての役割を果たす段階

図４－２　福岡市教育委員会が策定した６つのキャリアステージ

き資質能力を整理している。「養成期」に求められる力についても，「教職の素養」については，教育的愛情・情熱，向上心・向学心，社会性・協調性，人権認識・人権感覚，法令順守・体罰等の５つの側面から，「教職の実践」に関しては，学習指導力（専門的指導力），生徒指導力，組織参画力・組織運営力の３つの側面で分類され，養成期に求められる力が具体的に記述されている。

② 養成段階の改革

①でみたように，今日の教員養成改革は，「教員育成指標」といった基準を置きながら，養成段階ではいかなる枠組みや，教育整備，具体的取組が必要かについて議論されている。①でも確認した2015年中教審答申では，養成段階に関する内容として，以下の点を示している。

- 新たな課題（英語，道徳，ICT，特別支援教育）やアクティブ・ラーニングの視点からの授業改善等に対応した教員養成への転換
- 教職課程における学校インターンシップ（学校体験活動）の導入
- 教職課程に係る質保証・向上の仕組み（教職課程を統括する組織の設置，教職課程の評価の推進など）の促進
- 「教科に関する科目」と「教職に関する科目」の統合など科目区分の大くくり化

ここでは，特に学校インターンシップの導入について紹介しよう。本答申が打ち出される前から，「教員養成系の学部や学科を中心に，教職課程の学生に，学校現場において教育活動や校務，部活動などに関する支援や補助業務など学校における諸活動を体験させるための学校インターンシップや学校ボランティ

アなどの取組」が定着しつつあった。こうした取組が，既存の教育実習と相まって，実践的指導力の育成に大きく寄与していることから，各大学の教職課程の事情等踏まえながらも，より一層推進していく重要性を提起されている。

その他，制度的には位置づかないものではあるが，一部の地方公共団体では，実践的指導力を養成段階で早期から身につけさせる取り組みとして，教育委員会による教師塾なども開催されており，学校実地体験などを導入している。

（2）2021年中教審答申

最後に，2021年に打ち出された答申「『令和の日本型学校教育』の構築を目指して～全ての子供たちの可能性を引き出す，個別最適な学びと，協働的な学びの実現～」を見てみよう（巻末資料参照）。本答申の背景には，社会の在り方が劇的に変化するSociety5.0時代が到来し，社会の変化に対応した学校教育を構築することが求められた点がある。こうした考え方を基盤に（1）でも述べた新学習指導要領が2020年に改訂された経緯がある。しかし同年，新型コロナウィルス感染症が拡大し，臨時休校，従来の対面型授業を実施することの困難等，教育の在り方を更に見直すべき段階となった。こうした中で打ち出されたのが，2021年中教審答申である。以下，その詳細を見ていこう。

①「個別最適な学び」と「協働的な学び」

本答申で打ち出された重要なキーワードとして「個別最適な学び」と「協働的な学び」がある。「個別最適な学び」とは，教員視点の「個に応じた指導」――子ども一人一人の特性・学修進度・学修到達度に応じた指導，指導方法の工夫――を学習者視点で説明した概念であり，子どもが自己調整しながら学習を進めていくことを重要視している。次に，「協働的な学び」に関しては，子ども一人一人のよい点や可能性をいかし，多様な他者と協働する学びとされており，「個別最適な学び」「協働的な学び」を一体的に充実させることで，2015年答申でも言及されている「主体的・対話的で深い学び」の実現を提起している。

② 養成段階に関する論点

上記２つのキーワードを基盤に，2021年答申では「令和の日本型学校教育」の構築を想定し，子どもの学びや，教職員の在り方，それらを支える環境整備の在り方を述べているが，ここでは特に養成段階に絞って，２点示していこう。

第１に，９年間を見通した新時代の義務教育の在り方を一体的に検討することである。児童生徒の多様化により学校では様々な課題を抱えている状況であるが，義務教育で誰一人取り残さない教育の在り方が求められる。そして義務教育９年間を見通した教員養成の在り方として，① 小学校と中学校の免許の教職課程に共通開設できる授業科目の範囲を拡大する特例を設け，両方の免許取得を促進すること，② 中学校免許を有する者が，小学校で専科教員として勤務した経験を踏まえ小学校免許を取得できるよう，制度の弾力化が推進されている。

第２に，ICT 活用についてである。新型コロナウィルス感染症拡大によって，非接触対応やオンラインシステムを用いたコミュニケーションが発達しDX 化が進む中で，学校教育においても，教育改善の上での基本的ツールとして ICT 活用が必要不可欠とされている。生徒視点では，遠隔・オンライン教育を含む ICT を活用した学びの在り方に関して，学習履歴など教育データを活用した個別最適な学びの充実や，デジタル教科書，教材の普及促進，「１人１台端末」を整備することなどが提起されている。また教員視点では，各教科の指導等における ICT 活用について，国の作成した動画コンテンツを活用することの促進等が示されている。そして教員養成段階では，ICT 活用指導力を修得できる新しい科目の設置，「教職実践演習」で ICT を活用した演習を行うことを検討するべきことが求められるようになってきている。

以上，本章では教員養成段階の制度改革を中心に述べてきた。教員を目指す読者が，今日求められる教員の資質能力を見据えて，教員養成段階で求められる力がいかに制度的に推進されているのかをとらえることは，今後の教職課程履修の上で，自らがどこでどんな教員を目指すかを考えるうえで重要である。下記の「レポート課題」に取り組んで，教員養成段階で学ぶべき力について積極的に考えていただきたい。

発展学習への向けてのレポート課題

(1) あなたの住む都道府県・政令指定都市教育委員会が定める教員育成指標と養成段階の資質能力がどのように示されているか，調べてみよう。
(2) 文科省は，近年「令和の日本型学校教育」を担う教師の育成を先導する「教員養成フラッグシップ大学」を指定する仕組みを導入している。この仕組みを調べてみよう。

参考文献

青木栄一編著（2019）『教育制度を支える教育行政』ミネルヴァ書房.
髙妻紳二郎編著（2014）『新・教育制度論』ミネルヴァ書房.
福岡市教育センター「福岡市教員育成指標 FUKUOKA CITY TEACHER TRAINING INDEX」.
http://www.fuku-c.ed.jp/center/ikuseishihyou.html（最終閲覧日2022年9月3日）
文部科学省（2022）「令和3年度公立学校教員採用選考試験の実施状況のポイント」.
https://www.mext.go.jp/content/20220128-mxt_kyoikujinzai01-000020139-1.pdf（最終閲覧日2022年9月3日）
文部科学省（2021）「『令和の日本型学校教育』の構築を目指して〜全ての子供たちの可能性を引き出す，個別最適な学びと，協働的な学びの実現〜」.
https://www.mext.go.jp/b_menu/shingi/chukyo/chukyo3/079/sonota/1412985_00002.htm（最終閲覧日2022年9月3日）
文部科学省（2015）「これからの学校教育を担う教員の資質能力の向上について」.
https://www.mext.go.jp/b_menu/shingi/chukyo/chukyo0/toushin/1365665.htm（最終閲覧日2022年9月3日）
文部科学省（2006）「今後の教員養成・免許制度の在り方」.
https://www.mext.go.jp/b_menu/shingi/chukyo/chukyo0/toushin/1212707.htm（最終閲覧日2022年9月3日）
文部科学省（1996）「21世紀を展望した我が国の教育の在り方について」.
https://www.mext.go.jp/b_menu/shingi/chuuou/toushin/960701.htm（最終閲覧日2022年9月3日）

（小田　茜）

コラム　教員に求められるICT活用力・指導力

近年教育現場のICT化が進み，教員のICT活用力・指導力の獲得が喫緊の課題となっている。2019年12月に発表された「GIGAスクール構想」では，児童生徒向けの「1人1台端末」と高速大容量の通信ネットワークを一体的に整備する計画が発表された。また，2020年の新型コロナウィルス感染症拡大に伴い，オンライン学習のニーズが急速に高まり，現在ではほとんどの公立小学校・中学校で端末が導入され活用が進んでいる。他方，学校により端末，Wi-Fi環境，アプリケーション等の整備状況は異なる。端末はiPad, cromebook, arrows Tab等自治体によって様々で，使用の場も，学校のみでの使用か，自宅への持帰りも可能としているかなど差がある。また，アプリケーションに関しても，掲示板機能が搭載されたMicrosoft teams，デジタル教科書等の教育コンテンツを配信するedumall，文書やプレゼンテーションを作成できるMicrosoft Word, Power Point，あるいは授業支援ソフトの導入についても，学校で異なっている。

こうしたなかで教員たちは，ICTを活用した授業づくりについて，試行錯誤しながら進めている。ICT機器導入の利点として，掲示板機能やファイルの共同編集が可能となり，対面だと発言しづらかった生徒が意見をオンライン上で伝えやすくなったり，授業で分からない内容をオンライン上で生徒が教えあう場面が生まれたりすることが挙げられる。一方，授業の設計の仕方次第では，端末利用を通じた情報取得が中心となり，知識の定着が疎かになる可能性，対面ならではのコミュニケーションの機会の減少の可能性も挙げられる。端末利用そのものを目的とするのではなく，端末を利用することで実現できる授業とは何かを考えていくことが重要となるだろう。

教職課程でもICT利用に関する科目が必修化される動きが出ている。養成段階においても様々な端末やアプリケーションの使い方を自ら学び，それぞれの長所や短所，授業での利用を積極的に考えていくことが求められよう。

（小田　茜）

第5章

教員研修の制度

――「学び続ける教員」を支えるしくみ――

法律に定める学校の教員は，自己の崇高な使命を深く自覚し，絶えず研究と修養，すなわち「研修」に励み，その職責の遂行に努めなければならない（教育基本法第９条第１項）。そのため，都道府県・指定都市・中核市教育委員会等は，校長及び教員の資質向上に関する指標（育成指標）に基づく，研修の計画的な実施に努める必要があり，「初任者研修」や「中堅教諭等資質向上研修」をはじめ各種研修の体系的な整備を図っている。

教員研修には，任命権者等が行う「行政研修」の他にも学校を単位として行われる実践的研修である「校内研修」，主として勤務時間外に自らのニーズに基づき，その機会を設定して取り組む「自己研修」や学校をまたいだ，実践研究に関する教師コミュニティによる「サークル活動」なども位置付けることができる。

1　教員研修

2012年の中央教育審議会答申「教職生活の全体を通じた教員の資質能力の総合的な向上方策について」では，「学び続ける教員」像の確立を求めている[1)]。また，2021年の中央教育審議会「令和の日本型学校教育」を担う教師の在り方特別部会審議まとめでは，新たな教員の学びの姿として，教職生涯を通じて探究心を持ちつつ主体的に学び続けること，一人一人の教師の個性に即した個別最適な学びの提供，校内研修等の教師同士の学び合いなどを通じた協働的な学びの機会確保が重要となるとした[2)]。教員等の資質の向上を図ることは，児童生徒等の教育を充実することに他ならない。

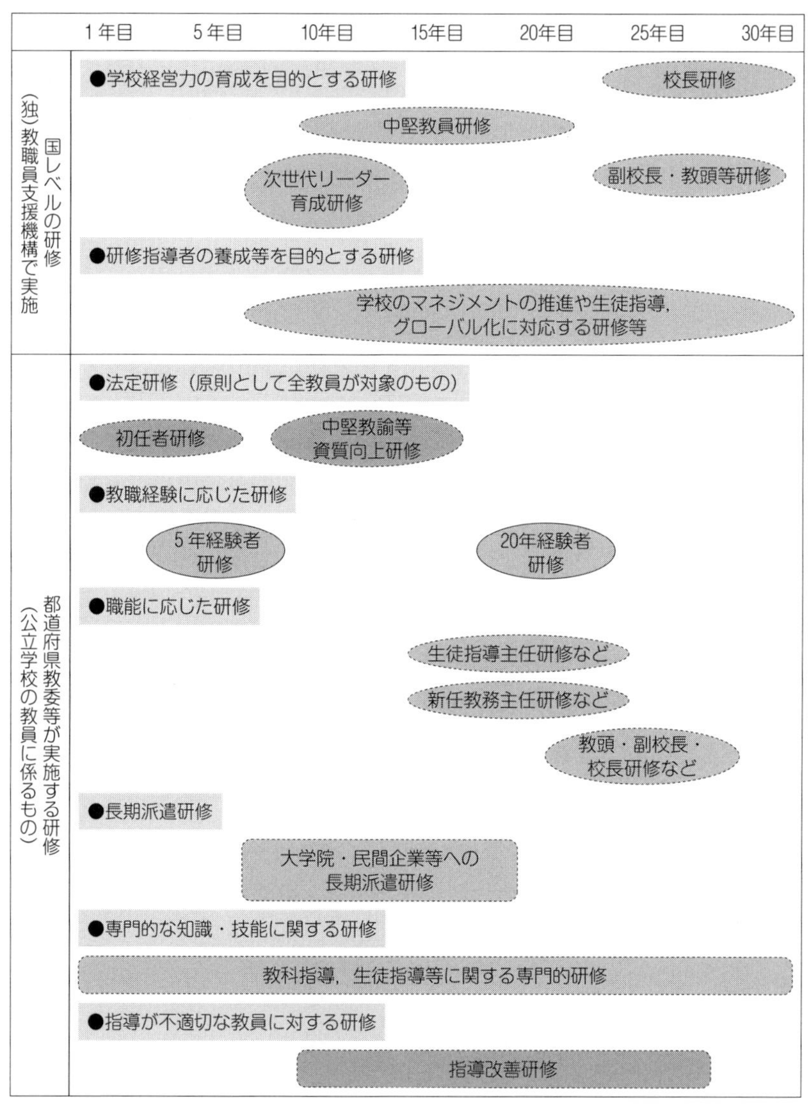

図5-1　教員研修の実施体系

（出典） 文部科学省 HP。

教育基本法第９条第１項では,「法律に定める学校の教員は，自己の崇高な使命を深く自覚し，絶えず研究と修養に励み，その職責の遂行に努めなければならない」と規定されている。教育公務員特例法（教特法）において,「教育公務員は，その職責を遂行するために，絶えず研究と修養に努めなければならない」(教特法第21条第１項）とかねてより規定されていたが，教育基本法レベルへ引き上げ，その意義を強調するとともに，教育公務員に止まらず，私立学校の教員にまでも適用を拡大した（坂田 2007：44)。

教特法第21条第２項では,「教育公務員の研修実施者は，教育公務員の研修について，それに要する施設，研修を奨励するための方途その他研修に関する計画を樹立し，その実施に努めなければならない」とされており，都道府県教育委員会等は教員研修センター等を設置し，研修事業を体系的に実施している。

国では，都道府県等が行う研修事業に対する支援を行うとともに，2017年度に設置された独立行政法人教職員支援機構（NITS）において，学校経営力の育成を目的とする研修，研修のマネジメントを推進する指導者の養成等を目的とする研修，各種セミナー，地方公共団体からの要請を踏まえて実施する事業などを企画・実施している。

2　研修の機会

よい授業をするためには，常に教師自身が学び続けなければならない。

教特法第22条第１項では,「教育公務員には，研修を受ける機会が与えられなければならない」と規定されている。同条第２項では,「教員は，授業に支障のない限り，本属長の承認を受けて，勤務場所を離れて研修を行うことができる」とある（「職専免研修｣)。したがって，勤務地を離れて行う研修は,「授業に支障のない限り｣,「本属長の承認を受けて」という二つの用件をクリアする必要がある。教員の場合，本属長は各学校長となる。

現職のままでの長期研修の機会（教特法第22条第３項）として，教育センターや大学，新構想教育大学大学院（近年では教職大学院)，民間企業等への派遣研修がある。この他にも，教員が国内外の大学院に在学し，専修免許状を取得するための大学院休業修学制度がある（教特法第26条)。但し，大学院修学休業をしている期間は，給与が支給されない（教特法第27条第２項)。

また教特法では，任命権者が校長及び教員としての資質向上に関する指標（第22条の３）を定め，研修実施者は指標をもとに教員研修計画（第22条の４）を定めるものとしている。さらに，2022年の法改正により，任命権者は校長及び教員ごとに「研修等に関する記録」（研修履歴）を作成しなければならない（第22条の５）とし，指導助言者（市町村教育委員会等）は，校長及び教員からの相談対応や資質向上の機会に関する情報提供など，資質の向上に関する指導助言等（第22条の６）を行うものとしている。

近年では，教育センター等での集合研修のみならず，オンラインによる研修や交流なども進められており，勤務地や自宅等での研修機会も多様化されている[3)]。

3　行政研修

教育公務員の研修は主に任命権者である教育委員会が担っている。教員は，日々の職務及び研修を通じてその資質能力が育成されていくものであり，また，ライフステージに応じて学校において担うべき役割が異なることから，各段階に応じた資質能力を備えることが必要となる。

特に初任者と中堅教諭等に対しては，法定研修としての実施が定められている（教特法第23条および第24条)。また，各都道府県等の計画に基づき，５年経験者や20年経験者などの経験年数に応じた研修や職務や課題に応じた研修も行われている。

（1）初任者研修

初任者研修は，新任教員が円滑に，また，可能なかぎり自立して教育活動を展開できるようにするために，実務に即した組織的，計画的な研修を新任教員に対し実施するものである。初任者に対して，教特法第23条第１項の規定に基づき，現職研修の一環として，採用の日から１年間の研修を実施し，実践的指導力と使命感を養うとともに幅広い知見を得させることを目的としている。

初任者は原則として，学級または教科・科目を担当しながら研修を受けることになる。ただし，担当授業時数等校務分掌を軽減することもできる。初任者は，校内において指導教員を中心とする指導及び助言による研修（週10時間以上，年間300時間以上）を受ける。内容は教員としての心構え等の基礎的要素に関することや学級経営，教科・領域の学習指導，生徒指導等の「基本研修」と研究授業や示範授業・模範授業等の「授業研修」が行われている。また教育センター等において，校外における研修（年間25日以上）を受ける。

なお，初任者研修制度の導入に伴い，新任教員の条件附採用期間は，六月から一年に延長された（教特法第12条第１項）。ちなみに2018年度に条件附採用期間を経て正式採用にならなかった者は443名であり，このうち教特法第12条による不採用は０名であった。

（２）中堅教諭等資質向上研修

「中堅教諭等資質向上研修」は，2017年度より従前の「十年経験者研修」が改められたものであり，公立の小学校等の教諭に対して，個々の能力，適性等に応じて，公立の小学校等における教育に関し相当の経験を有し，その教育活動その他の学校運営の円滑かつ効果的な実施において中核的な役割を果たすことが期待される中堅教諭等としての職務を遂行する上で必要とされる資質の向上を図るために必要な事項に関する研修である。

中堅教諭等資質向上研修の対象者は，国立，公立または私立の学校の教諭等として在職した期間（臨時的に任用された期間等を除く）が10年（自治体によっては９年など）に達した教員である[4]。各人の教員研修計画書に基づき，校外研修として年間10日程度，校内研修として同じく20日程度，受けることとなる。

（３）職能研修・課題研修

教職一般のスキルに加えて，校長や教頭などの学校管理職に対するマネジメント研修[5]をはじめ，教務主任や生徒指導主事，養護教諭等の職能に応じた研修も行われている。さらに教科指導力はもちろんのこと，特別支援教育やキャリア教育，情報教育など新たな教育課題に対応するための研修も必要である。また，生徒指導やコンプライアンスなど学校における諸問題に対応する研修も行われている。

学習指導要領が改訂される際には，趣旨や内容についての理解を深め，適切に教育課程を編成・実施できるよう，文部科学省による新教育課程説明会（中央説明会）が行われ，各都道府県でも説明会や教育課程研究協議会などを開催している。近年では，公立小中学校の設置者である市区町村が独自の教育施策やカリキュラムなどを展開していることもあり，市区町村教委による研修も行われている。

4　指導改善研修

2007年の教育公務員特例法の改正により，任命権者は児童等に対する指導が不適切であると認定した教員に対し，指導の改善を図るための研修（指導改善研修）を実施することとなった（第25条）。指導が不適切である教諭等とは，「知識，技術，指導方法その他教員として求められる資質，能力に課題があるため，日常的に児童等への指導を行わせることが適当ではない教諭等のうち，研修によって指導の改善が見込まれる者であって，直ちに後述する分限処分等の対象とはならない者」と文部科学省の「指導が不適切な教員に対する人事管理システムのガイドライン」では定義されている。

指導改善研修の期間は原則１年，延長された場合も２年である。指導改善研修を受ける者の能力，適性等に応じて，また，当該教諭等の研修履歴を踏まえた個別の研修計画書に基づき，教育センターや学校等で実施される。研修終了時には指導の改善の程度に関する認定がなされる。こうした認定にあたっては，教育学，医学，心理学等の専門的知識を有する者及び保護者等の意見聴取がなされるとともに手続きを教育委員会規則で定めることとされている。

さらに，「指導改善が不十分でなお児童等に対する指導を適切に行うことができないと認める教諭等に対して，免職その他の必要な措置を講ずるものとする」（教特法第25条の２）とされ，改善が認められない場合には分限免職処分等

表５－１　指導が不適切な教員の認定及び措置等の状況（令和２年度）

（単位：人）

認定者総数		令和２年度に研修を受けた者								研修受講予定者のうち，別の措置がなされた者※１	令和３年度からの研修対象者※２
総数	うち，令和２年度新規認定者	現場復帰	依願退職	分限免職	分限休職	転任	研修継続	その他	小計		
59	27	24	4	0	2	0	7	0	37	2	20

※１　内訳は，分限休職２名。
※２　令和２年度に認定され，令和３年度から初めて研修を受ける予定の者を示す。
（出典）　文部科学省 HP。

の対象となる。

5　校内研修や自己研修

人材育成の方法は，職場を離れて講習会形式で行う集合研修だけでなく，職場内訓練として，実際の仕事の中で習得する研修や個人が自分で行う学習なども含まれる。それぞれ，Off-JT（Off the Job Training），OJT（On the Job Training），自己啓発（SD: Self-Development）の３形態が相乗効果をもたらすことが期待される。したがって，教員研修には，任命権者等が教師に共通して身につけるべき力量の形成を意図して行う「行政研修」の他にも学校を単位として行われる実践的研修である「校内研修」，主として勤務時間外に自らのニーズに基づき，その機会を設定して取り組む「自己研修」や学校をまたいだ，実践研究に関する教師コミュニティによる「サークル活動」なども位置づけることができる。

（1）校内研修

校内研修は，学校の教育課題解決を目指すとともに，教職員の資質・能力の向上のため有効な方策である。校長並びに研究主任のもと，統一的なテーマを掲げ，授業研究を中心に，全教職員で協働的に取り組むのが特色である。また，校内研修は OJT のシステムとしても効果的である。

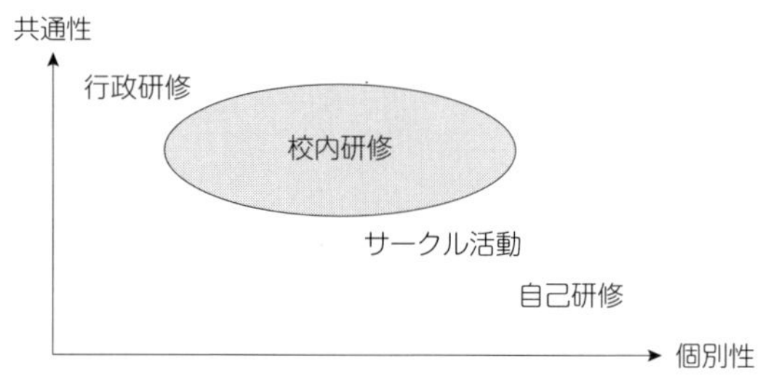

図5-2　教師の職能成長の舞台

（出典）北神・木原・佐野（2010：53）。

（2）自己研修

自己研修とは，主に勤務時間以外に，自宅や図書館で教育書を読んだり，教育セミナーやフォーラムへ参加したり，夜間の大学院や英会話学校へ通ったりと自主的・自発的に行うものである。

（3）サークル活動

自主研修の延長ともいえるが，作文教育や科学教育，仮説実験授業，教育技術法則化運動など民間教育研究団体による自主的な教育研究サークル活動も活発に行われてきた。また，大学や教育センターを拠点とした自主的研究グループもある。サークル活動は，我が国の教師たちにとって，力量形成の貴重な機会であり，世界に誇る教師文化（北神・木原・佐野 2010：54）ともいえる。

注

1）中央教育審議会答申「教職生活の全体を通じた教員の資質能力の総合的な向上方策について」（2012年8月28日）

2）中央教育審議会「令和の日本型学校教育」を担う教師の在り方特別部会「『令和の日本型学校教育』を担う新たな教師の学びの姿の実現に向けて（審議まとめ）」（2021年11月15日）

3）たとえば，独立行政法人教職員支援機構（NITS）では，全国の学校教育関係職員に豊富で質の高い研修機会を提供するため，校外，校内，自己研修を問わず，いつでもどこにいても研修が可能となるよう「校内研修シリーズ」を始め，講義動画などの研修教材を提供している。

4）　中堅教諭等資質向上研修の対象者および対象除外者，在職期間等は研修実施者毎に定められている。

5）　学校管理職研修では，日本教育経営学会による「校長の専門職基準」に基づく研修プログラム等が開発され，実施されている。

参考文献

浅野良一編（2009）『学校における OJT の効果的な進め方』教育開発研究所.
大野裕己・露口健司編（2022）『日本の教職論』放送大学教育振興会.
北神正行・木原俊行・佐野亨子（2010）『学校改善と校内研修の設計』学文社.
坂田仰（2007）『新教育基本法〈全文と解説〉』教育開発研究所.
文部科学省「指導が不適切な教員に対する人事管理システムのガイドライン」.

（押田貴久）

コラム　先生の夏休みと職専免研修

「先生は子ども達同様に長期の夏休みがあって，家でゆっくりしたり，旅行したり，うらやましい」と世間一般から思われている。しかし，夏季休業中も授業がないだけで，教員は勤務を要する日となっている。校内外での会議や研修，補習，プール開放，部活指導等で実際に休暇がとれるのは数日である。

ただし，授業がないため，比較的自由な時間が取れるのも確かである。従って，本属長である校長の承認が得られれば，勤務場所を離れての研修（「職専免研修」）も受けやすくなる。これまでは「自宅研修」が長年にわたり慣行として容認されてきた。しかし，公教育に対する地域住民や保護者からの信頼の確保が求められる中で，あまりにも逸脱したものは研修として認めることはできない。そこで文部科学省は「夏季休業期間等における公立学校の教育職員の勤務管理について」という通知により，

① 職専免研修の承認は，所属長たる校長が，適切に判断して行うこと。

② その内容・実施態様からして不適当と考えられるものについて承認を与えないこと。

③ 自宅で研修を行う必要性の有無等について適正に判断すること。

④ 事前の研修計画書及び研修後の報告書の提出等により研修内容の把握・確認の徹底に努めること。

⑤「自宅研修」ではなく，「承認研修」等に見直すことも考えられること。

など，「職専免研修」の厳格な適用を求めている。

一方で，校務の多忙化により，日頃，十分な研修の機会が確保できないという課題も生じている。「自宅研修」はともかく，教育センターや社会教育施設等，勤務校を離れての研修の機会も時に必要である。もちろん，リフレッシュ休暇や年次休暇を活用し，十分な休養や家族との時間をとったり，さらには自己研修に励んだりすることも大切である。長期休業中にしっかりと英気を養い，新学期からの教育活動の充実が求められる。

（押田貴久）

第６章

教育行政の制度

――教育行政の仕組みと今日的な動向――

教育をめぐる問題は山積しており，教育改革は待ったなしで展開中である。しかし，誰がそれを主導しているのだろうか。国レベルでは文部科学省，地方レベルでは教育委員会であると回答できる人は多いだろう。とはいえ，文部科学省や教育委員会が一体どのような組織で，いかなる行政を担っているのか，あるいは課題を抱えているのか説明できるだろうか。

教職を目指す多くの人にとって教育行政の制度は少し距離があり，とっつきにくい領域だろう。しかし，教育行政の仕組みを知れば，教育の成否を左右する大きな影響力を有していることに改めて気づくだろう。そこで，本章では，教育行政を担う文部科学省や教育委員会に関する制度や基本的な仕組みを整理したうえで，教育行政が直面している今日的な課題についても検討する。

1　文部科学省の役割（法的任務，所掌事務）

2001（平成13）年の中央省庁等改革によって，文部省と科学技術庁が統合されることで発足したのが文部科学省である。そのため，文部科学省は教育行政を中心に科学技術行政等も担う行政機関である。法的な任務は，「教育の振興及び生涯学習の推進を中核とした豊かな人間性を備えた創造的な人材の育成，学術の振興，科学技術の総合的な振興並びにスポーツ及び文化に関する施策の総合的な推進を図るとともに，宗教に関する行政事務を適切に行うこと」（文部科学省設置法第３条）と規定されている。

教育，学術，科学技術，スポーツ，文化，宗教まで広範な領域の任務を達成するために，所掌事務も多岐にわたる。所掌事務は全95項で整理されているが，そのすべてを掲載することはできないため各自確認してほしい（同法第４条）。

2　文部科学省の組織

文部科学省は，その長として文部科学大臣，その下に副大臣（２人），大臣政務官（２人），大臣補佐官，秘書官が置かれる。これらは政治任用であり，通例として大臣，副大臣，政務官は政治家（国会議員）から登用される。官僚（国家公務員）のトップは事務次官と呼ばれ，成績主義を原則として昇進していく国家公務員の最高ポストである。文部科学省をはじめとする省庁の組織は，国会議員等で政治任用される役職の下に国家公務員で構成される組織を位置づける形態をとっている。

文部科学省の組織は，大臣官房，６つの原局（総合教育政策局，初等中等教育局，高等教育局，科学技術・学術政策局，研究振興局，研究開発局），国際統括官，２つの外局（スポーツ庁，文化庁）で構成されている（図６－１）。また，２つの施設等機関（国立教育政策研究所，科学技術・学術政策研究所），３つの特別の機関（日本学士院，地震調査研究推進本部，日本ユネスコ国内委員会）も含まれる。

その他，各省庁には審議会が置かれている。文部科学省には，中央教育審議会，教科用図書検定調査審議会，科学技術・学術審議会などが置かれている。審議会はその分野・領域の専門家等で構成されており，国の政策立案や法改正に大きな影響力を持っている。文部科学大臣による諮問を受け，その事案に対して審議し，その回答を答申として文部科学大臣に提出する。専門家等で構成される審議会が出した回答であることから，その内容がほぼそのまま政策として実行されたり，法改正に結びついたりするのが通例である。そのため，審議会による答申が提出されれば全国ニュースとして報道されることもある。

教育政策を中心的に審議するのは中央教育審議会（中教審）である。中央教育審議会には，初等中等教育分科会，大学分科会，生涯学習分科会，教育振興基本計画部会，「令和の日本型学校教育」を担う教師の在り方特別部会などが

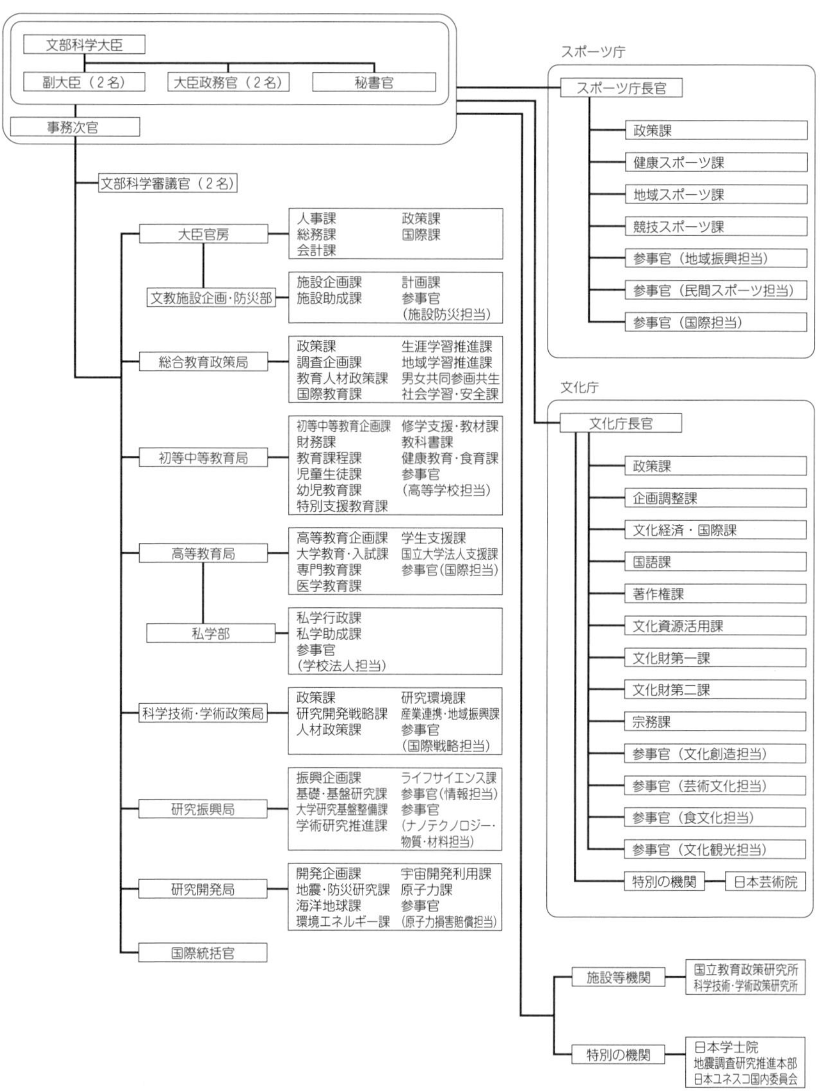

図6-1　文部科学省の組織図（令和4年10月1日現在）

（出典）　文部科学省 HP。

置かれている。近年では，社会教育と地域づくりの関係について提言をした「人口減少時代の新しい地域づくりに向けた社会教育の振興方策について（答申）」（平成30年12月21日）や学校における働き方改革の方向性を提示した「新しい時代の教育に向けた持続可能な学校指導・運営体制の構築のための学校における働き方改革に関する総合的な方策について（答申）」（平成31年１月25日）がある。さらに直近では，従来の日本型学校教育を発展させるために子どもの学び，GIGA スクール構想などの条件整備，教職員組織の在り方等，学校教育全体に対して提言をした「『令和の日本型学校教育』の構築を目指して～全ての子供たちの可能性を引き出す，個別最適な学びと，協働的な学びの実現～（答申）」（令和３年１月26日）が提出されている。本答申は今後の学校教育改革の基盤となりうる内容を幅広く扱っており，特に教職を目指す学生は折を見て何度も目を通しておきたい。

教育政策の主導は基本的には文部科学省であるが，それとは別に内閣が独自に審議会を置き，教育政策を主導する場面も散見される。たとえば，中曾根内閣による臨時教育審議会（臨教審）や，小渕恵三・森喜朗内閣による教育改革国民会議，第二次安倍内閣による教育再生実行会議などが有名である。なお，教育再生実行会議は2021年９月17日の閣議によって廃止され，新たに教育未来創造会議が設置されている（第二次岸田内閣）。

3　中央教育行政の今日的動向

今日の日本は，人生100年時代や Society5.0 時代，グローバル化，人口減少社会という言葉に象徴されるように，さまざまな社会変動の只中にいる。これに伴い，教育をめぐる環境も変化し，そのニーズも多様化している。ニーズの多様化に対応するためにはこれまでの縦割り行政からの脱却が求められる。たとえば，こども家庭庁は，子ども関連施策の司令塔として，少子化対策，子どもの貧困対策，虐待防止など内閣府，厚生労働省，文部科学省の管轄を一元管理することで縦割り行政を解消し，多様なニーズに柔軟に対応できるように令和５年度に設置される（詳しくはコラム参照）。縦割り行政の解消を目指した具体的な制度として認定こども園をあげることができる。これは，これまで文部科学省管轄であった幼稚園の機能と厚生労働省管轄であった保育所の機能を統合した新しい制度として展開されている。なお，縦割り行政に起因する問題は教育界を問わずさまざまな分野で生じている。

また，GIGA スクール構想として，一人一台タブレット端末や無線 LAN 等の整備が進むなか，EdTech が国のレベルで推進されている。EdTech とは教育（Education）×テクノロジー（Technology）を組み合わせた造語で，これをもとに経済産業省は「未来の教室プロジェクト」を展開している。さまざまなアプリケーションやデジタル教材を学校に提供し，子どもたちの学びを支えていくことが目指されており，文部科学省と経済産業省という縦割りを越えた取組が今後より重要になってくる。

しかし，このような垣根を越える動きはむしろ縦割り行政を強化してしまう可能性も考えられ，今後も注視していく必要がある。少なくとも，今日の行政課題は現行の省庁・部局だけの取組では多様なニーズを救い上げることのできない状況に立たされていることは確かであろう。

4　教育委員会制度の変遷

文部科学省は国家レベルでの教育行政を担っており，地方レベルでの教育行政を担う主体は教育委員会となる。教育委員会制度は，戦前・戦中の中央集権的な教育行政システムからの脱却を図るために戦後，アメリカの教育委員会制度（board of education）を参考に創設された。今日に至るまで少しずつその性格を変化させてきたため，以下では簡単に教育委員会制度の変遷を整理する。

戦前・戦中の教育行政の反省から，1948年に教育委員会法が制定され，教育委員会制度が発足した。そこには，教育行政の地方分権化，民主化，一般行政からの独立という三原則が貫かれている。教育行政の地方分権化は，地方に教育委員会を置くことそのものである。当時の文部省による中央集権的な管理・統制ではなく，地域事情に即した教育行政を展開するために都道府県及び市町村に教育委員会を設置したのである。その際，原則として「文部大臣は，都道府県委員会及び地方委員会に対し，都道府県委員会は，地方委員会に対して行政上及び運営上指揮監督をしてはならない」ことが規定されており（教育委員会法第55条2項），地方分権の徹底が目指されていた。なお，当時は，都道府県に設置する教育委員会を「都道府県委員会」，市町村に設置する教育委員会を「地方委員会」と呼んでいた（同法第3条3項）。

また，当時の教育委員会の委員はその地域住民によって選挙で選ばれていた（公選制）。このような公選制によって委員を選ぶことからもわかる通り，その委員は教育の素人である。教育委員会法は素人統制（layman control）を軸に据えることで，地域の実情に即した民主的な教育行政を行えるように制度化したものと言える。教育行政の一般行政からの独立とは，教育委員会に予算案の原案を地方公共団体の長に送付する権限をもたせたことが象徴的である。その他，教職員の人事権などその権限は多岐に渡っていた（同法49条参照）。

しかし，現在において教育委員の選挙が行われていないことからも分かる通り，戦後教育行政の三原則はその徹底が難しく，結果として教育委員会法は1956年に廃止された。その背後には，教育委員の公選を通じ教育委員会に政治的対立が持ち込まれたこと，教育予算案の原案をめぐって首長部局と教育委員会との間に軋轢が生じたこと等が要因であった。これに代わり，同年「地方教育行政の組織及び運営に関する法律」（地教行法）が制定された。地教行法の制定により，大きく次の3点が改正された。まず，教育委員の公選制の廃止である。公選制に代わり，首長（都道府県知事，市区町村長）が議会の同意を得て教育委員を任命する制度（任命制）が導入された。次に，教育長について，都道府県教育長は文部大臣の，市町村教育長は都道府県教育委員会の承認を必要とする「任命承認制度」が採用された。最後に，教育委員会による予算案・条例案の議会提案権が廃止された。これらによって政治的対立を持ち込ませないようにし，一般行政との調和が求められた。

その後，90年代に突入すると，教育分野を問わず多くの分野において地方分権・規制緩和の議論が活発になる。国と地方の関係の在り方が問い直される中で，地方分権一括法に基づき，地教行法も改正され，教育長の任命承認制度や市町村立学校に関する都道府県の基準設定権等が廃止された。このような制度改正が進んでいくにつれて，地域住民の意向が十分に反映されていないことや，予算や人事等に関する権限がないため地域の実情に即した教育行政が展開されていないこと，文部省―都道府県教育委員会―市町村教育委員会といった上意下達の関係が強いなどの批判が高まり，教育委員会廃止論が主張されてきた。教育委員会廃止論の基本的な主張は，選挙によって選ばれた（いわば政治的正統性を持つ）首長が教育行政を担うことで，地域住民の意向の反映や予算権の確保が叶い，地域の実情に即した教育が展開されるというものである。さまざまな議論が交わされたのち，結果としては教育委員会は存続することになったが，地方教育行政の基本理念の明記や教員委員の数の弾力化，教育委員への保護者の選任の義務化などが新たに規定されることとなった。

5　教育委員会の組織・役割

さて，教育委員会制度をめぐってはこれまでさまざまな批判・議論等を経て，その度に組織構成や役割も変化してきた。以下では，2015年に施行された現行の教育委員会制度の組織とその役割について解説する。

教育委員会は，多様な属性をもった複数の委員による合議により，様々な意見や立場を集約した中立的な意思決定を行う機関である。教育委員会は4人の委員と1人の教育長の計5人で構成することが原則となっている。ただし，条例で定めるところにより，都道府県・市の教育委員会の場合は委員を5人以上，町村の教育委員会の委員は2人以上で構成してもよい。多様性が求められるため委員の任命にあたっては，委員の年齢，性別，職業等に著しい偏りが生じないように配慮し，かつ保護者である者を含めなければならない。また，教育長は当該地方公共団体の長の被選挙権を有する者で，人格が高潔で，教育行政に関し識見を有する者のうちから，地方公共団体の長が，議会の同意を得て，任命される。なお，政治的中立性の観点から，委員の定数に一を加えた数の二分の一以上の者が同一の政党に所属することはできない。また，教育長の任期は3年で，委員は4年である。どちらも再任は可能である。

教育委員会の構成人数が少ないと思った読者も多いのではないだろうか。

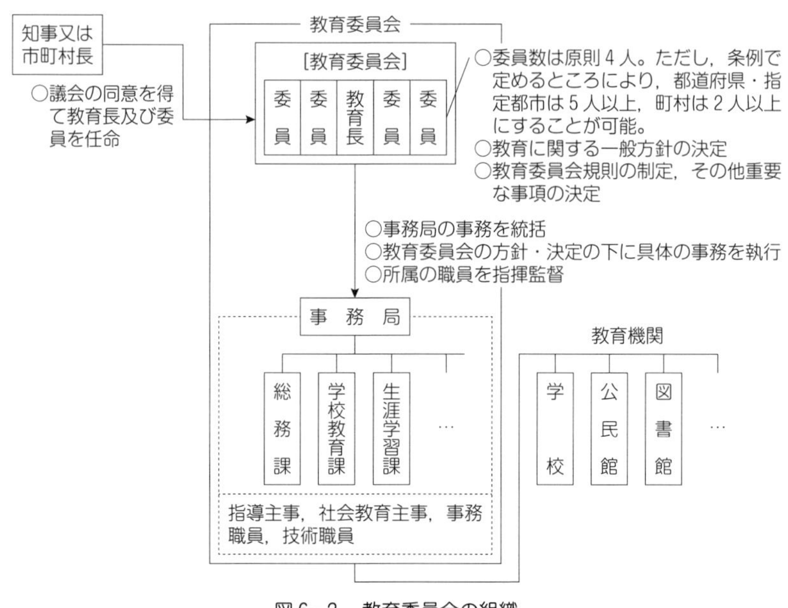

図６－２　教育委員会の組織

（出典）　文部科学省 HP。

「教育委員会」という言葉は，狭義の組織と広義の組織の２つが文脈に応じて使い分けられており，やや複雑といえる。狭義の教育委員会は先に述べた通りであり，広義の教育委員会になるとそれに加えて事務局が含まれる（図６－２）。事務局にはたとえば，総務課，学校教育課，教職員課，社会教育課などの部署がある。教育長は「教育委員会の会務を総理し，教育委員会を代表する」ことから，事務局全体の責任者でもあり，狭義の教育委員会の長という役割をもつ。端的に，その当該自治体の教育行政の責任者である。なお，以前まで，狭義の教育委員会の長として教育委員長を置き，かつ教育委員会事務局の責任者として教育長を置いていた。二つの長が存在していることから，責任の所在が曖昧であった。後述する地教行法一部改正（平成27年４月１日施行）によって，教育委員長が廃止され，現行の教育長にその役割・責任が一本化された。

教育委員会に与えられている職務権限は以下の通りである。①所管する学校その他の教育機関の設置，管理及び廃止，②所管する学校その他教育機関の財産の管理，③ 教育委員会，学校その他教育機関の職員の任免その他人事，④ 学齢児童生徒の就学や幼児児童生徒の入学，転学及び退学，⑤ 学校の組織編制，教育課程，学習指導，生徒指導及び職業指導，⑥ 教科書その他の教材の取扱い，⑦ 校舎その他の施設及び教具その他の設備の整備，⑧ 校長，教員その他の教育関係職員の研修，⑨ 校長，教員その他の教育関係職員並びに生徒，児童及び幼児の保健，安全，厚生及び福利，⑩ 学校その他の教育機関の環境衛生，⑪ 学校給食，⑫ 青少年教育，女性教育及び公民館の事業その他社会教育，など多岐にわたる（地教行法第21条）。

教育委員会は上記項目に関連する議題を定期的に審議し，意思決定を行っている。しかし，公立学校の設置・管理・廃止や教職員の人事，施設設備の整備等は当然予算が必要となるが，教育委員会には予算権限が与えられていないため，その審議が形骸化するといった問題が指摘されてきた。そこで地教行法の一部が改正され（平成27年４月１日施行），教育予算の編成・執行に関する権限を有している首長と教育委員で構成される総合教育会議がすべての地方公共団体に設置された。総合教育会議の設置によって，首長が教育行政に果たす責任や役割が明確になるだけでなく，両者が教育政策の方向性を共有できることから当該自治体の教育課題に迅速に対応できるようになった。その一方で，あくまで教育予算権は首長が有していることから，首長と教育委員会が対等関係にあるとは言いにくく，政治的中立性の確保に問題を抱えている。また，同法改正によって首長が教育大綱を定めることとなっている（地教行法第１条の３）。教育の目標や施策の根本的な方針を定めるものであり，当該自治体の教育政策の方向性が明確化されるというメリットがある反面，策定主体が首長であるという点も政治的中立性をめぐる論点になっている。教育と政治の関係（在り方）は常に論争的であるといえよう。

発展学習に向けたレポート課題

⑴ 中央教育審議会の直近の答申・議論を調べ，どのような政策が検討されているのかその特徴をまとめてみましょう。

⑵ 現行の教育委員会制度の特徴と課題についてまとめてみましょう。

参考文献
古賀一博編著（2018）『教師教育講座第５巻　教育行財政・学校経営（改訂版）』協同出版.
河野和清編著（2017）『現代教育の制度と行政（改訂版）』福村出版.

（原北祥悟）

コラム　こども家庭庁とは何か

「こども政策の新たな推進体制に関する基本方針」（令和３年12月21日閣議決定）に基づく「こども家庭庁設置法」及び「こども家庭庁設置法の施行に伴う関係法律の整備に関する法律」が，第208回通常国会で成立した。これによって令和５年４月１日に内閣府の外局として，こども家庭庁が発足することになった。

これまで子ども政策は文部科学省や厚生労働省，内閣府などがそれぞれ独立的に展開してきた。しかし，今日において子どもを取り巻く問題は多様化・複雑化しており，各行政機関の取組からどうしても取りこぼされる子ども（家庭）も顕在化してきたといえる。誰も取りこぼさないような政策を展開していくためには，いわゆる縦割り行政を解消し，子ども政策を一元的に管轄する組織が必要だとの声が高まり，こども家庭庁の設置が目指されたのである。

こども家庭庁の設置によって，子どもと関わる仕事をする人の犯罪歴をチェックする「日本版 DBS」の導入や，「ヤングケアラー」の早期把握をはじめ，子ども政策に関連する大綱の策定などが検討されており，子どもを取り巻く環境の改善が見込まれている。

しかしその一方で，その財源確保の面で懸念が示されているのも事実である。子ども政策にかかる予算を倍増する議論は交わされているものの，その具体性は残念ながら不透明のままとなっている。また，幼保一元化が見送られたことも課題として取りざたされている。子どものいる家庭にとって幅広い保育サービスを保障する幼保一元化は悲願であった。それにもかかわらず，それが見送られたことから，こども家庭庁が本当に子どものために機能するのかその実行力が懸念されている。今後の動きについて注視しておきたい。

（原北祥悟）

第７章

教員の福利厚生制度

——学校の先生の待遇は恵まれているのか——

近年，学校の先生の仕事は「ブラック」だと耳にする。業務が多い，給与が上がらない，残業代が出ない等々ブラックな労働環境がしばしば報道され，「働き方」が議論されている。では，その教員の勤務条件はどうなっているのだろうか。

日本社会では，日本国憲法を頂点として，労働基準法などの法律によって，どれくらいの時間をどれくらいの給料で働くのか，こうした勤務条件が定められている。民間企業では，労働基準法に則り労働者と使用者が対等の場合において決定する方針をとりながら業務が進められる。一方，「全体の奉仕者」である地方公務員の場合，原則として労働基準法の適用を受けながら，条例で定める（地方公務員法第24条６項）「勤務条件条例主義」が適用されている。

教員の場合，公立学校勤務と私立学校勤務の２種類があり，公立学校教員は地方公務員であるため，その勤務条件は所属する地方公共団体の条例で定められている。他方，私立学校の場合は，学校ごとに決定されるので一律に論じることが難しい。そこで，本章では公立学校教員（以下，教員と略す）に焦点を当てながら勤務時間，休日休暇，給与などを具体的に整理していきたい。

1　教員の勤務時間

教員の１日の所定勤務時間は労働基準法（第32条）の規定に従って，７時間45分，１週間あたり38時間45分と定められている。この範囲内で何曜日の何時に出勤するのかが決まる。このことを勤務時間の割り振りという。

では勤務時間の割り振りをする権限をもつのは誰か。都道府県の教育委員会規則により，それは教育委員会の権限とされているが，各学校によって事情が異なるため，実際は校長に権限が委任され，学校長が各学校の実態を踏まえて教員の勤務時間の割り振りを行っている。通常，年間の教育計画や校務分掌などを決める年度初めに，勤務日（月～金曜日），勤務時間数（1日7時間45分），勤務終始時間（各学校による），休憩時間時間の配置が決定される。この休憩時間とは，労働者が肉体的・精神的疲労を回復するために自由に使用できる無給の時間をいい，労働基準法第34条で，勤務時間が6時間を超える場合は，少なくとも45分の休息時間を，しかも一斉に与えられなければならないとされていることから，民間企業では昼食時にその時間が確保されていることが多い。しかし，学校では昼食時でも給食指導，清掃活動，生徒指導，学校の安全管理などの業務があり，一斉に休憩時間をとることは難しいため，条例に定めがある場合，交代制，または個々の職員別々に休憩時間を与えることも認められる。

この休憩時間に象徴されるように，教員の仕事の場合は多くの民間企業と同様に業務を時間単位で区切ることは難しい。そもそも，たとえ4月に計画的に勤務時間の割り振りを行ったとしても，年間を通じてやむを得ない事情が生じることも多々あり，通常の勤務時間の開始前，後に出勤が必要となる場合も少なくない。その場合，校長はその職員に対して勤務時間の割り振りを変更し，出勤を命じることができる。この制度を「変形労働時間制」といい，1週間の勤務時間が38時間45分以内で特定の日に7時間45分を超えて勤務時間を定めることができることになっている。

教員の勤務状態を把握するために出勤簿があり，それは公立学校職員の服務監督権をもつ市町村教育委員会によって定められた規程によって管理されている。勤務実態の客観的把握が法律で義務づけられているため，近年，従来の押印タイプからICカードやタイムカード等の記録による客観的な方法で勤務実態が把握されるようになった。

2　教員の休み

学校には，夏休み，冬休み，春休みという授業がない長期休みがあり，児童生徒は登校日以外は学校には行かない。そのため，教員も休みだというイメージが強いかもしれない。しかし，児童生徒が学校に登校しない日＝教員の休日ではなく，法的に保障されている休日は限られている。具体的にみておこう。

（1）週休日と休日

教員の休みには「週休日」と「休日」の2つがある。これは労働基準法と地方公務員法で，「休日」の意味が異なっているからである。

労働基準法（第35条）によって「休日」は1週間に1日与えればよいとなっており，民間企業に務めた場合，この労働基準法の「休日」（週1回休み）が与えられるが，その「休日」が土，日曜日とは限らない。この労働基準法の「休日」が地方公務員法にいう「週休日」にあたり，土，日曜日と定められている。教員は地方公務員であることから，地方公務員法の規定を受けて，土曜日，日曜日が休み（週休日）となる。この地方公務員法には，さらに労働基準法の「休日」（週1回休み）とは別に「休日」が設けられており，教員は「国民の祝日に関する法律」に規定する休日（祝日）及び「年末年始の休日」（12月29日から翌年の1月3日までの日）も，厳密には正規の勤務時間が割り振られているが，勤務の義務が免除されている。

このように教員にとって週休日と休日は原則として勤務を要しない日であるが，実際の学校現場では，運動会や授業参観日など週休日や休日に勤務をしなければならないケースが多々ある。通常の勤務時間以外に職員を勤務させる場合には，校長がその教員について勤務時間の割振りを変更し，週休日を他の曜日に振り替ることが認められている。

もし，振り替えを行うことなく勤務を命じた場合は時間外勤務扱いとなり，条例で定められている場合に限り，校長は教員に時間外勤務を命じることができることになっている。具体的には，① 生徒の実習に関する業務，② 修学旅行や運動会など学校行事に関する業務，③ 職員会議に関する業務，④ 非常災害等やむをえない場合に必要な業務が該当する。これを超勤4項目という。しかし，教員の業務は一般に正規の時間内に処理することが困難なことが多く，この超勤4項目以外にもかなり多くの超過勤務が行われている実態がある。

（2）休　暇

休暇とは，休日のように「この日はあらかじめ働く必要がない」と決められた日ではなく，一定の事由がある場合，申請などを行うことで勤務することを一時的に免除される勤務条件上の制度である。地方公務員，つまり教員の休暇は条例で定められており，年次有給休暇，病気休暇，特別休暇，介護休暇の4つがある。具体的にみてみよう。

年次有給休暇とは，教員の心身の疲労を回復させ，労働力の維持培養を図ることを目的とするもので，原則として教員の請求する時期に与えられる年間一定日数の休暇をいう。通常，年休は1月1日に毎年更新され，2年目（初任の1月～）以降は一律に年間20日と定められている。利用しなかった年休は翌年に繰り越し可能（最大20日）であり，利用目的は特に制限はなく，病気療養，リクリエーションへの参加など自由である。請求時期も基本的に自由ではあるが，計画性が求められるとともに，校務運営に支障があると校長が判断すれば，他の時期に変更される場合もある。実際は，年間20日分の年休を使い切るのは難しいため，近年では時間単位での取得も可能な自治体が増えており，放課後に1時間単位で取得するなど便利になってきた。

病気休暇は，公務傷病（公務による病気，怪我），結核療養，私傷病休暇（公務以外の個人的な怪我）の3種類があり，公務傷病の場合は療養に必要な期間が認められるが，私傷病休暇は90日以内となっている。この病気休暇以外のほとんどが「特別休暇」となる。選挙権行使休暇，証人等出頭休暇，骨髄液提供休暇，ボランティア休暇（5日以内），結婚休暇（7日以内），つわり（10日以内），産前休暇（8週間）産後休暇（8週間），幼児保育休暇，生理休暇，看護休暇（5日以内）など多種におよぶ。

介護休暇は，要介護者の介護をするために認められる休暇のことで，無給であり，勤務しない時間について給与が減額される。

3　教員の給与

こうした勤務条件で働いている教員の給与はおよそいくらなのだろうか。まず給与の定義であるが，給与とは，大きく分けて「給料」とそれ以外の諸々の「手当」の合計をいう（給与＝給料＋手当）。具体的に見てみよう。

（1）教員の給与

給料とは正規の勤務時間に対する報酬を意味しており，教員の場合，都道府県の条例に基づいて「教育職員給料表」が適用される。この教育職員給料表は，職務の複雑さ，困難さや責任の度合いに基づく「職務の級」と，昇格により上がる「号級」で構成されており，この「級」と「号」によって給与月額が決定される。「職務の級」は講師・実習助手（1級），教諭・養護教諭等（2級），教頭（3級），校長（4級）などに分類されており，自治体によってはさらに細分化されているところもある。号級は基本的に1年ごとに4号級ずつ上がるが，校内で特別な活躍をしたり，研究発表が評価されると6～8号級ほど上がることもある。では気になる実際の額をみてみよう。

表7-1　教員の給料額（全国平均）

	校長	教頭	主幹教諭	教諭	養護教諭
小学校	446,800円	426,700円	400,300円	312,300円	319,000円
中学校	446,600円	427,100円	410,700円	326,800円	334,300円
高等学校	472,100円	450,400円	423,400円	352,400円	339,800円
特別支援学校	472,900円	447,500円	415,800円	332,400円	316,500円

（注）　給与月額は令和元年9月分の給料（本俸）額である。諸手当及び調整額は含まない。
（出典）　文部科学省「学校教員統計調査」（2019年公表）より作成。

教員の給料は大卒か短大卒か，そして勤務している校種によって異なり，俸給は高校の方が小中学校より若干高めに設定されていることが指摘できるが，その最大の特徴は，この給料とは別に「教職調整額」が加算されることである。一般に勤務時間を超過した場合，時間外勤務手当という，いわゆる残業手当が支給されるが，教員の場合はそれが支給されない。それは教員の仕事は授業だけではなく，生徒指導や多くの校務分掌があり，どこまでを授業外の勤務とするかという判断がとても難しいという特殊性を有するからである。そこで教員（校長，副校長，教頭をのぞく）には，給料月額の4％に相当する額を基準として，条例の定めるところにより「教職調整額」が支払われる。この教職調整額は給料と見なされ，期末手当などの算定の基礎となる。

（2）手　当

給料の内訳のもう一つが「手当」である。扶養手当，通勤手当，住居手当，単身赴任手当などの生活に関連する手当の他，民間企業のボーナスに相当する期末・勤勉手当が支給される。加えて職務に関連する手当が受け取れる。たとえば，校長，教頭などの管理職手当や教務主任，学年主任に支給される手当，定時制・通信教育手当，高等学校の農業，水産，工業といった産業教育に従事する教員には産業手当があり，特別支援学校や小・中学校の特別支援学級の担任となった場合も別途手当が支給される。他，教員特有の手当として，優れた人材を確保し，学校教育の水準の維持向上に資することを目的とした「義務教育等教員特別手当」がある。

（3）教員の給与の特徴

教員の給与の内訳を確認してきたが，この教員の給与は民間企業と比べていかなる特徴があるのだろうか。まず，初任給から見ておこう。

表７-２　初任給

小・中学校学校	高等学校	地方公務員 一般行政職（大卒）	民間企業（大卒）	
			大企業	中小企業
206,500	206,713	184,750	212,800	208,150

（出典）　総務省「令和２年地方公務員給与の実態」（2019年）。
厚生労働省「賃金構造基本統計調査」（2019年）。

小・中学校の教員の初任給は20万6,500円，高校は20万6,713円となっており，教育公務員として地方公務員一般行政職（18万4,750円）より高めに設定されている。一方，民間企業（大卒・男女合計）の初任給は22万5,400円と比較すると，若干民間企業の方が高い。しかし，勤続年数が増えると逆転していく。

小・中学校の教員の月額平均給与が40万9,003円（平均年齢42.1歳），高校教員が月額43万1,414円（平均年齢44.8歳）であるのに対し，民間の大学卒（男女計）の平均月給（給与額）は大企業でも38万3,500円（40～44歳）と報告さ

表7-3　教員とその他の職種の月額平均給与の比較

小・中学校学校（42.1歳）	高等学校（44.8歳）	地方公務員 一般行政職（42.1歳）	民間企業（大卒 /40〜44歳）	
			大企業	中小企業
409,003円	431,414円	400,860円	383,500円	339,100円

（出典）総務省「地方公務員給与実態調査結果」（2021年）。
厚生労働省「令和元年賃金構造基本調査統計調査」（2018年）。

れていることから，総じて教員の給与は民間企業によりも高い水準にあるといえる。

この民間企業との比較を考える上で確認しておかなければならないのは，教員の給与が男女同一賃金であるということである。それは学校での仕事内容に男女の差がないことを前提にしているからであり，民間企業と大きく異なっている点だ。2020年の調査によれば，民間企業の男女別の平均月収は男性33万8,800円，女性25万1,800円とその数字には明確な差（男女間賃金差は74.3）があり，その結果，平均年収は200万以上の開きが生じている（男性532万2,000円，女性292万6,000円）（厚生労働省「賃金構造基本統計調査」）。

もう一つは，地域格差の問題である。これまで述べてきたように教員の給与は都道府県の条例に基づいて決められている。つまり，どこで勤務するかによって給与額が異なるということである。2021年の調査をもとに平均給与額を見てみよう。小学校では秋田県（37万9,300円）が最も高く，最も低いのは大阪府（29万9,800円），中学校では最大額が秋田県（37万8,400円），最少額は愛知県の32万1,600円，高校では1位の新潟県が39万6,500円であるのに対し，最下位の大阪府は33万2,900円となっている（「学校教員統計調査」）。自治体によって差がないわけではないが，民間企業の場合の賃金の最大差が約13万円（最大値東京都37万3,600円　最小値青森県24万500円〔厚生労働省「賃金構造基本統計調査」〕）であることに比べると地域差は低いといえる。それは教育の機会均等を図る観点から給与の地域間格差が生じないよう操作されているからである。つまり，教員の給与は全額自治体から支給されているわけではなく，国が義務教育諸学校の設置者である地方公共団体に対し，義務教育諸経費の3分の1を負担しているのである。

このように教員の給与は性別の差，地域差が生じないかたちで確保されていることにその特徴がある。

4　教員の働き方改革――教員の勤務時間外労働の改善に向けて

このような基本的な構造をもつ教員の勤務時間と給与体系を有する教員の働く環境について，近年，根本的な見直しが議論されている。

政府は，2019年に「公立学校の教師の勤務時間の上限に関するガイドライン」を策定し，その中で勤務時間外の労働について１か月で45時間，１年間で360時間以内という目安を提示した。しかし，実際には，多くの教員がこの目安を大幅に超えて勤務時間外の職務に携わっている。

この勤務時間外労働に対して給与月額４％相当の「教職調整額」が支給されていることはすでに確認した通りであるが，この４％という数字は何を根拠にしているのだろうか。教員の職務の特殊性から，給与月額４％相当の「教職調整額」を支給する代わりに時間外勤務手当および休日勤務手当は支給しないことを定めた法律「公立の義務教育諸学校等の教育職員の給与等に関する特別措置法」（特給法）が施行されたのは50年前の1972年であった。その根拠となったのは1966年に文部省（現・文部科学省）が実施した「教員勤務状況調査」であり，当時の１カ月の超過勤務時間（小学校：５時間20分，中学校：10時間）から算出された数字が「４％」であった。2021年に日本教職員組合が行った調査によると，実質的な時間外労働の平均（月当たりの換算）は，小学校で90時間16分，中学校で120時間12分と示されており，1966年当時と比較すると，小学校で約17倍，中学校で約12倍になる。調査環境が異なるため一概に比較はできないが，過労死ラインとされる月80時間を大きく上回っており，危険な状態が常態化していることは指摘できるだろう。

現在，2019年の中央教育審議会答申を踏まえ，学校における働き方改革の進捗状況を明確にし，市区町村別の公表や取組事例の展開を通じて，働き方改革の取組みが促されている。2022年３月発表の取組状況調査結果によると，すでに触れたICカードやタイムカード等の記録による客観的な方法で勤務実態を把握している割合は都道府県100％（前年度91.5％），政令市100％（前年度85.0％），市区町村85.9％（前年度71.3％）と，前年度に比べて大きく伸び，適正な勤務実態の把握が全国的に進んでいることが明らかとなった。それに基づいた時間外勤務を2019年度のそれと比較すると，「時間外勤務月45時間以下」の割合は，小学校では約２～16％程度増加，中学校は，約４～14％程度増加，高校は約８～14％程度増加している。しかし，大きな変化は確認できず，問題は山積みである。

この教員の労働時間が減らない原因の１つに「部活動顧問」という業務がある。特に中学校の教員は部活動の指導に費やす時間が増加傾向にある。2016年調査によると，教員が土日の部活動に費やす時間は，10年前では１時間６分だったのに対し，2016年度では２時間10分と約２倍に増加した。こうした状況に対し，2020年９月にスポーツ庁により公表された「学校の働き方改革を踏まえた部活動改革」では，2023年度以降，休日の運動部活動を段階的に学校教育から切り離し，地域のスポーツ活動に移行するという方策が示された。地域ボランティアの外部コーチや自治体の嘱託職員による部活動指導員など，学校外の人間が部活動の監督責任者となり，教員の負担を軽減させることを狙いとするもので，将来的には休日だけではなく平日も外部指導者による指導が構想されている。ただし，教員だけでなく，生徒，保護者の考え方は多種多様であることから，移行期に混乱が生じることは避けられないだろう。

半世紀前のデータに基づいた「４％」の教職調整額の見直しはもちろん，いかに超過勤務を削減するか，業務そのものの削減，教員以外の人員採用等を含めた根本的な議論，具体的な政策が求められる。

5　教員の待遇　これまでとこれから

以上，教員の勤務条件について概観してきた。日本において学校制度が発足したのは今から約150年前。近代化に必要不可欠な装置として登場した学校ではあったが，教員がいなければ学校教育が成り立たないにもかかわらず，常に正規教員の不足が課題とされてきた。正規教員不足の一つの原因が給与であった。上級公務員の初任給が月俸50銭（大手銀行初任給が35銭）であった当時，小学校教員初任給は８銭であり，十分な待遇とはいえなかった。戦前を通して一般文官に比べ，一貫して不利な条件にあった教員の待遇は，戦後，ようやく特殊公務員として一般公務員より有利に切り替えられ，全国一定水準の確保が保たれる方針で現在に至っている。しかし，教員の待遇面においては課題も多く，教員評価システムが人事管理と連動する方向が模索されるなど，メリハリのある給与体系にすることで個々の教員のインセンティブを高める方向が議論されている。

教員の仕事として求められる内容は時代とともに変遷し，教員は年々多忙化している。授業，教材研究はもちろん，毎日，生活指導，生徒指導にも力を注いでいる。そうした昼食後の休みもままならない日々を送りながら，さらに年間の学校行事，家庭訪問，進路指導，面談，保護者会関連の準備，研修，出張が入り，学期末には成績付けがある。中学校・高校では中間・期末などの問題作成と採点，中３，高３の担任になれば学年末に入試業務が加わるなど，数え切れない多種多様の業務がある。コロナ禍においてはさらに衛生面，体調管理に気を配らなければならず，行事の中止，延期，代替等さらに複雑な対応が求められている。学校教育の実態は「教師の仕事は金銭ではかることができない価値がある」といった教員の心意気に支えられているといっても過言ではない。教員の仕事内容の整理と厳選とともに待遇改善を考えることは，今後の学校教育のあり方を考える上で看過できない重要な課題であろう。

発展学習に向けてのレポート課題

⑴ 創意と自主性が期待される教員にとって望まれる（ふさわしい）勤務条件とはどのようなものか。現状を踏まえて議論してみよう。

⑵ 教員の働き方改革の進捗について最新のデータを入手しながら，その動向を整理してみよう。

参考文献

文部科学省（2019年）「学校教員統計調査」.

文部科学省（2019年）「公立学校の教師の勤務時間の上限に関するガイドライン」.
文部科学省（2022年）「令和３年度（2021年度）教育委員会における学校の働き方改革のための取組状況調査結果」.
厚生労働省（2019年）「賃金構造基本統計調査」.
総務省（2020年）報道資料「地方公務員給与実態調査結果等の概要」.
週刊朝日編（1988年）『値段史年表』.

（佐喜本愛）

コラム　教員の働き方　世界比較

教師という職業は世界中に存在している。各国の教員の働き方についてみてみよう。

OECD（経済協力開発機構）の国際教員調査「TALIS 2018」によれば，日本の中学校教員全体の56.7%が週60時間以上働いている。イギリス28.9%，アメリカ22.0%，に比べて著しく高い。注目すべきは週の勤務時間59.3時間のうち授業時間は27.4時間の46.2%，つまり，授業の比重が半分にもならない点である。一方，調査対象国は総じて「教員の仕事は授業」と明確化されていることとの大きな相違である。

確かに教員には授業以外の仕事があるが，イギリスでは2003年に教員がすべき・すべきではない業務等が国家協約（Raising standards and tracking workload: a national agreement）により策定された。では，それに当てはまるものは次のうちいくつあるだろうか。

① 集金　② 事務的な文書作成　③ 試験監督　④ 試験結果の分析　⑤ 児童生徒関連のデータ管理・入力　⑥ 教室の掲示物の掲示　⑦ 個別のアドバイスの提供　⑧ 欠席者への確認の電話　⑨ 標準的な通信文の作成　⑩ 大量の印刷

答えは「10」。つまり，これらすべて「教員がすべきではない業務」なのだ。教員が担当しない業務を担う非教授職の職員拡充を含めた教職員改革が打ち出され，2016年以降は教員とその他の教職員がほぼ同数勤務している。ただし，「TALIS 2018」では課題も報告されており，その効果の分析が待たれる。

「TALIS 2018」が示す勤務時間の平均値（週38時間）が最も短いのがフィンランドである（週32時間）。同国では，教員に限らず全体的に労働時間が短い傾向があり，教員はフレキシブルな働き方が認められている。授業のあるコア時間のみ学校にいることが求められ，授業時間以外に週２～３時間程度，同僚との協働や保護者の対応のために出勤するが，その他は在宅勤務が許容されている。北欧では学校での部活という概念がなく，日本の運動部に該当するものは，地域のスポーツクラブに委ねられており，教員が課外活動に従事する時間は週に最大１時間程度である。

ユネスコは毎年10月５日を教師の日と定めている。世界中に存在する教師という職業の在り方，働き方は多種多様であるが，教師たちの労働条件をいかに整えるか。理想とする教師像とともに議論を深めていくべきだろう。

（佐喜本愛）

第8章

学校経営の制度

——学校組織マネジメントの充実のために——

教職員は，児童生徒の発達・成長を願い，日々の教育活動を行っている。そして，日々の教育活動を計画的に，組織的に，継続的に展開できるようにするため，目標を設定し，目標達成に向けて学校のもつ諸資源を活用しながら教育活動を調整・遂行していく行為を学校経営と捉えることができる[1)]。

本章では，① 学校評価，② 組織的・一体的な学校経営（チーム学校），③ 学校管理職の役割，の３点から，学校経営を支え，充実させるための制度について考察する。1998年の中央教育審議会答申「今後の地方教育行政の在り方について」以降，学校の自主性・自律性の確立が求められるようになり，各学校は，置かれている教職員，有する環境や条件等も異なる中で，自校の特長をいかし創意工夫を凝らした特色ある学校づくりを行うことが要請されるようになった。よりよい教育活動を展開するためには，自校の各取り組みの成果や課題について振り返る必要があるし，学校内外の関係者と連携・協力しながらその取り組みを進めていくことが必要となる。そして，取り組みを円滑，かつ効果的なものにするためにも，学校管理職の果たす役割は大きくなる。

1　学校評価の活用

(1) 学校評価とは何か

日々の教育活動をよりよいものとしていくためには，教育活動を実施する前に十分な計画を立てる必要がある。そして，教育活動を実施した後には，その教育活動の善し悪しを確認し，振り返ることが重要となる。振り返り，反省することによって，次の教育活動の改善が導かれる。そのため，計画の段階においては目標が立てられ，それが明確化・具体化されることが不可欠であるし，振り返りの際には，その目標が達成できたかどうか，評価する作業が求められる。すなわち，学校評価は，掲げた目標に照らして日々の教育活動を振り返り，その後の教育活動をよりよいものとするための活動と認識することができる。

一般的に，学校経営はPDCA（Plan【計画】―Do【実施】―Check【評価】―Action【改善・更新】）のマネジメント・サイクルによって展開されていく。目標を定め，その目標を達成するうえで最も有効と思われる手段を計画として設定し，その計画を学校における現実的な諸条件の調整のもとに実践し，結果を評価することで，評価結果を受けて改善に取り組み，また次の計画へと反映させるというサイクルである。このサイクルは一周で完結するのではなく，継続的に繰り返されることが特徴である。また，繰り返しながら，それぞれのレベルを螺旋状に向上させていくことが志向される。渦巻きのような営みを繰り返すことで，学校における教育活動の水準が向上していくことが期待されるのである。学校評価はまさに「Check」にあたる。実際の教育活動が終了した際に，掲げた目標や計画時の目的や意図をどの程度達成することができたのか，改善すべき点はどこにあるのか振り返り，その振り返りを次の活動へと反映させるのである。「Check」が十分でなければ，次の「Action」へはつながっていかない。

学校評価を通じて，学校の目標や進むべき方向を明確にし，それらに向かって教職員全員が進んでいく姿勢と環境をつくり，よりよい教育活動を導くための改善が常に志向される学校づくりが期待されるのである。

学校評価の目的としては，以下の3点が挙げられる[2)]。

①各学校が，自らの教育活動その他の学校運営について，目指すべき目標を設定し，その達成状況や達成に向けた取組の適切さ等について評価することにより，学校として組織的・継続的な改善を図ること。

②各学校が，自己評価及び保護者など学校関係者等による評価の実施とその結果の公表・説明により，適切に説明責任を果たすとともに，保護者，地域住民等から理解と参画を得て，学校・家庭・地域の連携協力による学校づくりを進めること。

③各学校の設置者等が，学校評価の結果に応じて，学校に対する支援や条件整備等の改善措置を講じることにより，一定水準の教育の質を保証し，その向上を図ること。

（2）学校評価規定とその手法

学校評価が法的に明文化されたのは，2002年である。小・中学校設置基準において，「教育活動その他の学校運営の状況について自ら点検及び評価を行い，その結果を公表するよう努めるもの」とされた。文部科学省は，「義務教育諸学校における学校評価ガイドライン」（2006年）を発表し，学校評価の在り方等を提示した。

2007年には学校教育法，及び同施行規則が改正され，学校評価にかかる法整備が図られる（表8-1）。具体的には，①自己評価とその結果公表が義務化され[3)]，②保護者等の学校の関係者による評価（学校関係者評価）の実施とその結果公表が努力義務化された。そして，③自己評価結果の設置者への報告が

表8-1　学校評価にかかる法規定

学校評価の実施義務
小学校は，文部科学大臣の定めるところにより当該小学校の教育活動その他の学校運営の状況について評価を行い，その結果に基づき学校運営の改善を図るため必要な措置を講ずることにより，その教育水準の向上に努めなければならない。（学校教育法第42条）
学校評価の実施と結果の公表
小学校は，当該小学校の教育活動その他の学校運営の状況について，自ら評価を行い，その結果を公表するものとする。 2　前項の評価を行うに当たつては，小学校は，その実情に応じ，適切な項目を設定して行うものとする。（学校教育法施行規則第66条）
学校関係者評価の努力義務
小学校は，前条第一項の規定による評価の結果を踏まえた当該小学校の児童の保護者その他の当該小学校の関係者（当該小学校の職員を除く。）による評価を行い，その結果を公表するよう努めるものとする。（学校教育法施行規則第67条）
評価結果の設置者への報告
小学校は，第六十六条第一項の規定による評価の結果及び前条の規定により評価を行つた場合はその結果を，当該小学校の設置者に報告するものとする。（学校教育法施行規則第68条）

（注）幼稚園，中学校，義務教育学校，高等学校，中等教育学校，特別支援学校にもそれぞれ準用。下線は筆者。

義務化され[4]，「自己評価」「学校関係者評価」「設置者への報告」という基本的な枠組みが構築された。その後，２回（2008年，2010年）の改訂を経て『学校評価ガイドライン〔平成28年改訂〕』（2016年）が発表され，現在に至っている。

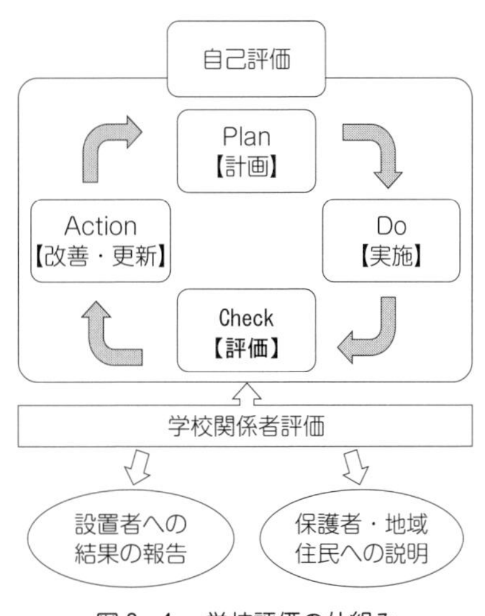

図８－１　学校評価の仕組み

自己評価とは，「各学校の教職員が行う評価」であり，「学校評価の最も基本となるもの」である。「校長のリーダーシップの下で，当該学校の全教職員が参加し，設定した目標や具体的計画等に照らして，その達成状況や達成に向けた取組の適切さ等について評価を行う」。自らの取り組みを自らが振り返ることによって，学校の現状と課題を把握し，改善策を検討していく。児童生徒，保護者，地域住民に対するアンケート等（外部アンケート等）は，自己評価を行ううえでの重要な資料となる。

学校関係者評価とは，保護者，地域住民等の学校関係者などにより構成された評価委員会等が，自己評価の結果について評価することを基本として行う評価である。自己評価の結果に対して評価を行うことに鑑みると，自己評価が十分に行われていない場合，学校関係者評価も効果があるものとはならない。そのため，「教職員による自己評価と保護者等による学校関係者評価は，学校運営の改善図る上で不可欠のものとして，有機的・一体的に位置付ける」ことが重要となる。

そして，学校設置者（教育委員会）は，学校が実施した自己評価，学校関係者評価の結果を報告として受け，研修を企画する等の支援を行い，必要があれば助言を行う。

(3) やりがいのある学校評価へ

学校評価を実施していくうえで重要なことは，当事者たちがその意義を認識し，効果ややりがいを実感できる評価とすることだろう。「やってよかった」という効力感を得ることができなければ，やらされ感や徒労感だけが残り，継続性は期待できない。法規定がある学校評価は，「実施しなければならない」，「やらされている」という感覚をもつ傾向が強い。実施しなければならないのであれば，その取り組みを可能な限り効果的で充実したものとしたい。たとえば，学校評価の実施をアンケートの実施・集計と捉え，項目に対する達成度をパーセンテージ表記するのみの学校評価結果を目にすることがある。大切なのは，自校が掲げた重点目標・課題に対してどのような成果があり課題が見出されたのかについての分析であり，次の手だての創出である。4件法による「よくできた」「できた」の合計だけをみてほぼ100%（達成できている）とみなす学校評価では，十分な効果を期待することはできないと思われる。

適切な目標設定を行い，PDCA サイクルを展開し，学校評価を機能させるためには，学校のマネジメント力も問われることになる。評価の質を高めることで，自校の課題を明確にし，その課題を改善・克服していくための手だてを導くことができるだろうし，評価結果を公表・説明することで，自校の頑張りを関係者に知ってもらうことができ，そこから協力・支援を得ることもできるだろう。学校評価を学校改善のためのツールと位置づけ，活用していきたい。

2　組織的・一体的な学校経営の展開

(1) 学校に配置される職員の多様性

学校に置かれる職は，校長，教頭，教諭だけではない。表8-2は，学校に置かれる教職員の基本構成を示したものである[5)]。「児童の教育をつかさどる」とされ（学校教育法第37条第11項），日々授業を行い，学習指導や生徒指導等を担当する教諭（一般的に教員と認識されることが多い）が数としては多いが，「その他必要な職を置くことができる」（同法第37条第2項）とされているように，さまざまな職の人々が児童生徒の成長・発達に関わり，支えている。

表8－2　学校における教職員の基本構成

校長，教頭，教諭，養護教諭，事務職員を置かなければならない。	学校教育法第37条第1項
副校長，主幹教諭，指導教諭，栄養教諭その他必要な職員を置くことができる。	学校教育法第37条第2項
助教諭，講師，養護助教諭	学校教育法第37条第15～17項
学校医，学校歯科医，学校薬剤師	学校保健安全法第23条第1～2項
学校用務員，学校給食栄養管理者，給食調理員，技術職員，実験助手，寄宿舎指導員，など。	

（出典）加藤・臼井編（2018）135-136頁を参考に筆者作成。

事務職員は，教職員の給与や旅費，学校の予算管理等に関する業務を主に担っている。講師は教諭に準ずる職とみさなされ実際の仕事は教諭と変わらないことも多く，助教諭，養護助教諭は教諭を助ける職とされている。学校用務員は学校の環境整備等に関わり（同法施行規則第65条），学校医等は，健康診断等の実施を含め，非常勤として学校に関わっている。学校給食栄養管理者は学校給食の栄養管理等に関わり（学校給食法第7条），技術職員，実験助手，寄宿舎指導員は，主に高等学校や特別支援学校に置かれている。その他にも，非常勤講師や保護者・地域住民による学校ボランティア等の人材が関わりながら，学校の教育活動が行われている。

このように，それぞれの教職員が役割を果たしながら，相互に協力し合うことで学校が運営されている。しかし，学校内で新たな課題が生じたり，それに伴う新たな役割・業務が必要とされたりした場合，多くを占める教員が中心となって付加的にその役割・業務を担うことが多いのが実情である。確かに，学校における中心的業務は授業であり，教員が新たな役割・業務もまた担当した方が効率的な学校運営ができるとも考えられる。しかしそれは，役割・業務の教員への集中を意味し，一人ひとりの教員にかかる負担が重くなり，それが今日指摘される多忙化の問題を引き起こしているといえる。

こうした状況から，中央教育審議会は「チームとしての学校の在り方と今後の改善方策について」(2015年)（以下，「チーム学校」答申）を発表する[6]。同答申は，教員が本来の業務である学習指導や生徒指導等に集中できる環境・体制

表８－３　教員以外の専門スタッフの参画

心理や福祉に関する専門スタッフ	スクールカウンセラー，スクールソーシャルワーカー
授業等にて教員を支援する専門スタッフ	教員業務支援員（スクール・サポート・スタッフ），ICT 支援員，学校司書，ALT，等
部活動に関する専門スタッフ	部活動指導員
特別支援教育等に関する専門スタッフ	医療的ケア看護職員，特別支援教育支援員，等

づくりのためにも，教員以外の専門スタッフが学校に参画し，教員と専門スタッフとの協働のもとに教育活動を展開していくことを提案した。OECD による国際教員指導環境調査（TALIS）によって，諸外国に比して，日本の教員の勤務時間の長さが明らかになるとともに，教職員総数に占める教員以外のスタッフの割合もまた，日本は低い状況であることが明らかになった。日本の教員があらゆる業務を抱え込み，多くの役割・業務を教員が担当する傾向があるのは，こうした職員配置状況にも起因していると考えられる。「チーム学校」の推進は，教員の業務を見直し，抱え込みの状態を新たな組織体制の構築と分担の在り方によって改善するねらいを確認できる。

（2）多職種間の連携・協力

「チーム学校」の理念の下，学校には多様な専門性・専門的力量をもった職が関わり始めており，また職として導入・整備されつつある。「チーム学校」の実現のためには，教職員と他の専門スタッフ等との連携・協力が不可欠とされる。表８－３は，教育活動に参加が期待される教員以外の専門スタッフを整理したものである。

事務職員を例に挙げたい。これまで「事務に従事する」（学校教育法第37条第14項）と職務規定されていた事務職員は，「チーム学校」答申を契機に「事務をつかさどる」と再定位された。「学校運営事務に関する専門性を有している，ほぼ唯一の職員であ」り，「その専門性等も生かしつつ，より広い視点に立って，副校長・教頭とともに校長を学校経営面から補佐する学校運営チームの一員として役割を果たすことが期待され」，「副校長・教頭や教員が行っている管理的業務や事務的業務に関して事務職員が更に役割を担うことも効果的と考えられることから，学校事務体制の充実を図ることが必要」とされた。事務職員が「より権限と責任を持って学校の事務を処理することが期待され」，「チーム学校」の一翼を担うことで，学校経営の充実と教員や教頭等の負担軽減を企図していると考えられる。

学校事務が，学校の教育活動を実施するために必要とされる教育活動以外の補助的な活動全般を指すとすれば，その範囲は極めて広くなる。そのため，教頭や教務主任との業務の分担が難しい場面も多く，学校ごとに異なることもある。たとえば，筆者は次のような学校の状況を事務職員からよく耳にする。それは，学校の企画運営会議に事務職員が参加するかどうかである。参加していない学校は，会議終了後に管理職から取り上げられた議題の財務的観点の意見を求められることが多いという。事務職員は予算状況に鑑みて管理職に見解を伝えるが，会議後の相談のため，結局次回の会議において再度同じ議題について検討することが必要になってしまう。もし事務職員が会議に参加することができていれば，その場で予算状況に鑑みた決定ができ，効率化を図ることができるだろうし，教員の立場からではない意見によって新たな議論が生まれ，新しい決定ができるかもしれない。事務職員の専門性を考慮した組織運営，組織づくりができるかどうか，そういった観点が肝要になると言えるし，「一人職」とされてきた事務職員が，学校内で孤立しないように「学校全体で意識改革を行い，専門性や立場の異なる人材をチームの一員として受け入れる」ことが重要となるだろう。

3　学校管理職の役割と期待

1998年の中教審答申以降，学校の自主性・自律性の確立が求められるようになると，校長のリーダーシップが重視され，校長を始めとする学校管理職に対して，より一層，スクールリーダーとしての役割を果たすことが求められ，また期待されるようになった。同答申は，校長のリーダーシップの下での組織的・機動的な学校運営の必要性を指摘している[7)]。では，学校管理職にはどのような資質能力が求められ，どのような役割が期待されるのか。

（1）求められる資質能力の明確化

2015年の中央教育審議会答申「これからの学校教育を担う教員の資質能力の向上について」は，教員のキャリア段階に応じた「教員育成指標」を都道府県・政令市単位で作成することを求めているが，そこでは，教員とは別個に学校管理職の育成指標も意識されている。国が示す大綱的な「指針」をもとに[8)]，地域の課題や特性を踏まえ，自主性・自律性が発揮されるよう，各自治体の掲げる学校管理職像が描かれることになった（教育公務員特例法第22条の2，3）。

「指針」において，校務をつかさどる校長は，学校組織のリーダーとして，教員の人材育成について大きな責任と役割を担っており，教員の自律的な成長を促すべき存在とされている。団塊の世代の大量退職に伴って教員構成に変化が生じ，中堅教員の減少と若手教員の増加が進みつつある。そのような中で，学校管理職には，各教員の年齢や経験年数，適性等に鑑み，先を見通した人材育成の視点を日常的に持ち続けることが要請されている[9)]。

また，学校管理職の基本的役割が，学校経営方針の提示，組織づくり，学校外とのコミュニケーションと整理され，こうした役割を果たすうえで，教育者としての資質のほか，的確な判断力，決断力，交渉力，危機管理を含む組織のマネジメント能力，が求められている。加えて，2022年に発表された新「指針」においては，アセスメント（さまざまなデータや学校が置かれた内外環境に関する情報について収集・整理・分析し共有する能力）とファシリテーション（学校内外の関係者の相互作用により学校の教育力を最大化していく能力）が新たに加えられている[10)]。

こうした求められる資質能力の明確化の動向は，画一的な学校管理職像を導く懸念もあるし，学校管理職に求められる資質能力はここに挙げられただけではなく，多様であるために規定することは困難との指摘もある。「指針」が大綱的なものであり，各自治体がそれぞれに学校管理職像を描くことが期待されているのは，学校管理職像の固定化が困難であることに起因するからであろう。教員が目の前の児童生徒の実態から授業づくりを行うように，学校管理職においても，学校実態は個々に異なるため，自校の児童生徒や教職員，保護者や地域住民等の実態から学校づくりを行う姿勢が求められるといえる。その意味でも，学校実態を精緻に分析するアセスメント能力が必要とされるのであろう。学校管理職には，専門職として，自らその力量を高めつつ，学校実態に即して臨機応変に対応していく柔軟性や時宜にかなった判断のできる「アンテナ」が求められる。

（2）多職種連携・協力のマネジメント

上記「チーム学校」答申にみられるように，教職員だけでなく，多様な専門スタッフが学校に関わることが志向されると，その多様性に配慮した学校マネジメントを展開し，学校内外にわたり，チームとして連携・協力の関係を築いていくことが必要となる。教員は，本来的な業務である授業や生徒指導等に注力しながらも，他の専門スタッフと協力しながら問題解決を図る姿勢が求められるし，他の専門スタッフもまた，自らの専門性をいかしながらも，学校内外において教職員と協力しながら業務を担う姿勢が求められる。

学校管理職には，「多様な専門性を持った職員を有機的に結びつけ，共通の目標に向かって動かす能力や，学校内の協働の文化を作り出すことのできる能力などの資質が求められる」。すなわち，学校はこれまでのような「同じ教員という集団」によって構成されるのではないため，これまでの方法ではうまく機能しない可能性も生じる。多様な専門性をもった職員や専門スタッフと共に児童生徒のために連携・協力する意義を説明し，理解と協力を得ていくことが必要となるし，協働していく文化の構築が必要になる。自校の実態を勘案しながらも，理想的な協力関係についてのビジョンを描き，お互いが主体的に関わりそれぞれの専門性を結びつけるリーダーシップが一層要請される。そして，教職員一人ひとりが成長することができ，自らの専門性を発揮できる機会と場所を積極的に設定していくことが求められる。

また，「チーム学校」が業務改善の重要性も謳っていることに鑑みると，連携・協働することによるコストを縮減し，多忙化防止のマネジメントも意識される必要があるだろう。たとえば，書類・文書の管理や依頼調査等の対応，学校徴収金の事務などは，教頭・副校長，教務主任，学校事務で協力・分担していく在り方も考えられる。

他方，「チーム学校」答申が，他の２答申（①「これからの学校教育を担う教員の資質向上について」(2015年)，②「新しい時代の教育や地方創生の実現に向けた学校と地域の連携・協働の在り方と今後の推進方策について」(2015年)）と同時期に発表され，かつそれが学習指導要領改訂の直前であったことにも留意する必要があるだろう[11)]。「チーム学校」答申は，教育活動の質的向上と業務改善を目指して，教員と教員以外の専門スタッフがそれぞれの専門性に基づいて連携・協力をしていくことを提案しており（新たな学校組織はどうあるべきか)，①は確かな指導力をもった教員の育成に向けて，養成・採用・研修の一体的な改革の具体案を強調している（教職員の資質向上はどうあるべきか)。そして②は，コミュニティ・スクールと地域学校協働本部事業の両輪展開を基軸に，保護者や地域住民と学校の協働関係の深化を促している（学校が地域との連携・協力をどう進めるべきか)。こうした動向は，③業務改善の更なる推進やそのための学校組織の環境整備を示した「働き方改革」答申（2019年[12)]），④教育のICT化，個別最適な学びと協働的な学びの実現を謳った「令和の日本型学校教育」答申（2021年[13)]）に引き継がれている。

これらは，学校の自主性・自律性を背景に展開されるものであり，自主性・自律性の確立・充実のために必要な要素と捉えられよう。学校管理職には，自校の実態を踏まえながら，これら各答申の示すところを学校内で体現化するためのマネジメントを実践していくことが期待されている。

発展学習に向けてのレポート課題

(1) 学校評価の手法について，その特徴をまとめてみよう。
(2) 「チーム」学校答申の理念や内容を踏まえ，学校管理職に求められる役割等について整理してみよう。

注

1） たとえば，学校経営は，学校が教育目標とそれを達成するためのビジョンや戦略を設定し，その実現のために必要な諸条件（ヒト，モノ，カネ，情報など）を整備・調達し，それぞれが持つ機能をいかしながら，組織を通して目標を達成しようとする計画的で継続的な行為と定義される（日本教育経営学会編（2000），12頁）。

2）文部科学省「学校評価ガイドライン〔平成28年改訂〕」，２頁。

3）この改正を受け，設置基準の自己点検・評価及び情報提供に関する規定は削除された。

4）学校関係者評価を行った場合には，その結果も報告することが求められる。

5）教職員の種類等の詳細については，第３章第１節を参照のこと。

6）「チーム学校」答申の詳細については，第３章第３節を参照のこと。

7）校長・教頭の資格要件の緩和（学校教育法施行規則第20～23条），職員会議の位置づけの明確化（同48条），学校評議員制度の創設（同49条）等，同答申以降のこうした動きは，校長がリーダーシップを発揮しやすくするための環境整備と捉えることができよう。

8）文部科学省「公立の小学校等の校長及び教員としての資質の向上に関する指標の策定に関する指針」2017年。

9）筆者の印象に残っている教職大学院に派遣されたある中堅教員による自身の若手時代の振り返りを例に挙げたい。彼は教職キャリア３年目の時，初任校（大規模校）で体育主任を校長から任されたという。務まる自信はなかったものの，先輩教員の助言を受けながら何とか主任としての職責を全うすることができた。彼は，多くの苦労があったが，あの時の経験は自分が成長するきっかけとなったと振り返る。そして，校長が自分に期待し役割を与えてくれたことにとても感謝しているという。一方校長は，彼の将来のために必要な経験と考えたために主任に抜擢したと当時を振り返る。学校管理職が各教員の適性や将来性を見越した人材育成・配置を行っている事例と捉えられよう。

10）文部科学省「公立の小学校等の校長及び教員としての資質の向上に関する指標の策定に関する指針」2022年。

11）これら３答申の内容を具現化するために「『次世代の学校・地域』創生プラン―学校と地域の一体改革による地方創生―」が示されている（2016年）。

12）中央教育審議会答申「新しい時代の教育に向けた持続可能な学校指導・運営体制の構築のための学校における働き方改革に関する総合的な方策について」（2019年）。

13）中央教育審議会答申「『令和の日本型学校教育』の構築を目指して」，2021年。

引用文献・参考文献

牛渡淳・元兼正浩編（2016）『専門職としての校長の力量形成』花書院。
加藤崇英編（2016）『「チーム学校」まるわかりガイドブック』教育開発研究所。
加藤崇英・臼井智美編（2018）『教育の制度と学校のマネジメント』時事通信社。
木岡一明編（2007）『ステップ・アップ学校組織マネジメント』第一法規。
京都市教育委員会（2022）『京都市の学校評価システム―令和3年度実施状況―』。
日本教育経営学会編（2000）『自律的学校経営と教育経営』玉川大学出版部。

（高橋　望）

コラム　第三者評価の展開──諸外国の事例を参考に

「学校評価ガイドライン」は，学校評価の手法として「第三者評価」も掲げている。第三者評価とは，「学校とその設置者が実施者となり，学校運営に関する外部の専門家を中心とした評価者により，自己評価や学校関係者評価の実施状況も踏まえつつ，教育活動その他の学校運営の状況について専門的視点から行う評価」であり，専門的な立場から実施される評価であることが特徴的である。実施の義務や努力義務は課されてはおらず，設置者が必要と判断した場合に行うことができるものである。例えば，京都市などでは第三者評価の実施を確認することができる（京都市教育委員会，2022)。

諸外国に目をむけると，第三者評価が制度化されている事例を確認することができる。ニュージーランドでは，1980年代から全国的に学校評価を導入し，現在でも重要な学校経営上の施策として位置づけている。教育省とは別に第三者評価を専門的に扱う機関として教育機関評価局（Education Review Office）が設置されており，同機関の評価者が定期的に学校を訪れ，教育活動等の評価を行っている。評価結果は学校に送付されると同時に公となり，ウェブサイト等を通じて誰でも観覧できるようになっている。児童生徒，保護者や地域住民は，評価結果をみることで，学校の特徴や教育実践等について知ることができる。

教育機関評価局を中心とした第三者評価の取り組みも「学校が求めていることが評価されない」，「評価にかかる手間が多すぎる」等，導入後は学校側からの反発が多かった。その後，試行錯誤を経て，学校の自己評価を中心に据え，前回の評価結果からいかに学校自身が努力し，改善が図られているか，言わば学校の自己成長の軌跡を評価することに主眼を置くようになってきた。そして，学校の自己成長を促すには，課題に対するきめ細やかな支援体制が不可欠という認識のもと，多様な支援機関・機会が整備され，個々の学校のニーズに合致した支援を提供する仕組みが確立した。学校の自己評価を中心に，教育機関評価局による第三者評価を加味し，明らかになった課題に対して適切な支援を提供するという同国の取り組みは，学校評価を活用することで学校改善を促す１つの有効な在り方と捉えられる。

（高橋　望）

第9章

教員評価の制度

――評価システムを通してみえてくるもの――

教員評価制度には，適切な人事管理と人材育成の２つの機能が期待されている。適切な人事管理としての機能とは，能力や業績に基づき人事評価を実施し，これを任用，給与，分限その他の人事管理の基礎とするものである。人材育成機能とは，評価基準の明示や自己申告，面談，評価結果の開示などの仕組みにより客観性等を確保し，人材育成へ活用するものである。現行の教員評価制度は，評価制度を任用や給与などの人事管理の基礎として活用することも念頭に置かれている。このような人事管理としての活用は，評価結果は妥当なものなのか，何を基準に評価するのか，重要な点を議論するきっかけを与えている。本章では，これまでの教員評価制度の変遷を確認し，現行の教員評価制度の仕組みや特徴について概説する。そして最後に，教員評価制度を通し，教員に何が求められているか，考察する。

1　人事評価制度の変遷

（１）1950年代勤務評定について

日本の教員評価制度の前史として実施されていたのが1950年代に導入された勤務評定である。1950（昭和25）年地方公務員法が交付され，職階制[1]を前提とする勤務評定制度が提案された[2]。具体的に，「任命権者は，職員の執務について定期的に勤務成績の評定を行い，その評定の結果に応じた措置を講じなければならない」（第40条）とされた。同時に，「地方公共団体は，職階制を採用するものとする」（第23条）と職階制も採用され，「職務の種類及び複雑と責任の度に応じて分類」され，それを基準とする勤務評価システムが提案された。これを受け，1951年には人事院規則・勤務評定制度が制定された。ここでは，「職員の能率の発揮及び増進を図るために，職員の執務について勤務成績の評定を統一的に行って記録を作成し，これを職員の指導及び監督の有効な指針並びに人事異動の公正な基礎の一つとする制度である」（第１条）ことが示された。ここでのポイントは，職員の「能率の発揮及び増進を図る」ことと，人事異動の資料とするための制度であった点である。つまり，勤務評定制度とは，職員の勤務成績を評定することで人事管理を公正で科学的に進めることを志向したシステムであり，職階制の導入を前提とし，評定結果を表彰，研修，配置換えなどの人事に生かし，職員の「能率の発揮及び増進」を図り「職場の能率向上」に生かすことが目的であったといえる。

勤務評定制度に対し，当初より反対や批判の声が上がっていた。評定の対象と方法について，管理職からの一方的な主観による評価であることや同僚と比較する相対評価であること，評価結果は秘密主義で異議申し立てができないことが指摘され，勤務評定の妥当性が問題視された。また，格差のある勤務条件で勤務評定を行うことは不当であること，教員の納得が得られていないことなど，多様な課題が指摘されていた（水原，2015）。職階制を前提として導入された勤務評定制度は，職階制が実施に至らなかったこともあり，評定結果が昇進・昇給と連動されず，形骸化が進んでいった。

（２）2006年度からの教員評価制度

① 導入の経緯

2006年度より導入された教員評価制度は，東京都の人事考課制度[3)]をその嚆矢として全国に広がったと言われている。同制度は，勤務評定の形骸化を解決することを企図し，人事管理や人材育成に活用することを目的に導入された。

この東京都の取り組みに後押しされる形で，国レベルでの教員評価制度の改革が進められた。2000（平成12）年12月，教育改革国民会議において，「教師の意欲や努力が報われ評価される体制をつくること」が示され，教師一人ひとりの意欲や努力を認め，教師の評価をその待遇などに反映させることが提案された。これを受け2001年，文部科学省は「優秀な教員の表彰制度と特別昇給の実施」を発表した。また2002年２月中央教育審議会答申では，教員の資質向上に向けて「信頼される学校づくりのために新しい教員評価システムの導入」が提案され，各都道府県教育委員会等に対し，新しい評価システムの導入に向けた早急な検討の開始が要求された。そして2006年，文科省指導の下，教員評価制度が本格的に導入された。

② 教員評価制度のねらい

⑴ 信頼される学校づくり

2002（平成14）年中央教育審議会答申において，信頼される学校づくりのための「新しい教員評価制度」の必要性が述べられた。「信頼される学校づくりには，学校は保護者や地域住民に積極的に情報を公開し，共通理解を得る努力が不可欠である。」「学校教育の成否は何よりも教員の在り方にかかっている。教員がその資質能力を向上させながら，それを最大限発揮するためには，教員一人一人の能力や実績等が適正に評価され，それが配置や処遇，研修等に適切に結びつけられることが必要である。」つまり，信頼される学校づくりのためには，教員の力量を日々の職務によって形成し，また一人ひとりの能力や実績を適正に評価し，その結果を適切に活用することが求められており，そのための教員評価システムの創設が提言された。

⑵ 能力開発としての教員評価制度

全国に先駆けて教員評価制度を導入した東京都では，そのねらいを「教育に直接携わる教育職員の資質能力の向上や学校組織の活性化」であるとした。さまざまな課題が山積する学校現場において，教員一人ひとりが学校改革の必要性を認識し，組織の一員として新たな課題に適切に対応できる必要がある。教員の資質能力の開発・向上こそが教育改革の成否を決めるものであるとされた。つまり新しい教員評価制度は「能力開発」の手だてとして捉えられていた。同時に，教員評価制度は，学校組織の活性化も企図されていた。一人ひとりの教員が自身の教育活動の意味を把握し，資質能力の向上につなげることを可能とするだけでなく，学校組織全体の向上にも寄与するシステムが求められた。

教員評価制度は，信頼される学校づくりのために適切な教員評価を実施することを目指しながらも，教員の力量形成にもつながる東京都の教員評価をモデルとし，全国的に展開された。

② 教員評価制度の全体像

この教員評価制度は，「自己申告に基づく目標管理」と「業績評価[4)]」の２本柱で構成された。

⑴「自己申告に基づく目標管理」

教員評価制度は，これまでの業績評価のみを目的とする勤務評定に代わり，「自己申告に基づく目標管理」（以下，自己申告）を導入したことに最大の特徴がある。教員はこれまで，自身の教育実践に対し何を目的とし，その取り組みにどのような意味があるのか，そしてどこまで達成できたのかといった内容を，言語化し定期的に確認する機会はあまり与えられてこなかった。導入された自己申告は，教員が“なんとなく”実施してきた教育実践を言葉で説明し，振り返るつまり自己評価し，資質能力向上につなげることを企図したシステムである。さらに教員一人ひとりの目標を学校目標と連結させることで，学校という組織の構成要因である教員の方向づけを可能とし，組織の活性化を図ることがねらいとされた。

⑵「業績評価」

業績評価についても改善が図られた。教員の職務についてはこれまでも勤務評定が実施されてきたが，評定結果の開示や結果に基づく指導助言など，教員の力量形成につながるフィードバックの提供は行われていなかった。これも勤務評定の形骸化をすすめる原因のひとつであった。それに対して，新しい業績評価では，その結果は，面談を通じて提供される場合も多く，それに基づく指導助言も提供された。またこれまで曖昧とされてきた教員の資質能力の評価基準も具体的に示され，教員の能力や実績の適正な評価と教員の能力改善を企図したシステムであった。

自己申告と業績評価の２本のシステムは相互に関連付けて実施された。年度当初の教員が自身の目標を設定する際，年度途中の目標の達成状況を確認する際，年度末の目標の達成状況を自己評価する際など，各段階で教員は校長等との面談を受ける。つまり自己申告の際の校長等との面談は，校長等が教員一人ひとりの日々の教育実践や取り組み状況を把握する好機であり，適切な業績評価の実施を可能とした。つまり，2006年度版教員評価制度は，自己申告と業績評価は独立して実施されるのではなく，２つのシステムが関連づけられながら教員の力量形成と学校改善を目指す総合的なシステムであった。

2　教員評価制度の改定

（1）地方公務員法の改正

2006年度以降，東京都をはじめとし，全国展開された教員評価制度は，2016（平成28）年４月施行された地方公務員法の改正を受け，その内容がアップデートされた。それが現行の教員評価制度である。地方公務員法第６条において，「職員がその職務を遂行するに当たり発揮した能力及び挙げた業績を把握した上で行われる人事評価制度」の導入が示され，「能力評価」と「業績評価」で構成される人事評価制度が提案された。人事評価とは「任用，給与，分限その他の人事管理の基礎とするために，職員がその職務を遂行するに当たり発揮した能力及び挙げた業績を把握した上で行われる勤務成績の評価」とされる。能力評価とは「職員の職務上の行動等を通じて顕在化した能力を把握して評価する」ことであり，業績評価とは「職員が果たすべき職務をどの程度達成したかを把握して評価する」ことである。この新しく導入された人事評価制度は，人事評価結果の給与等への活用が義務化された点にポイントがある。この地方公務員法の改正に応ずる形で，公立学校教員の人事評価制度も明確に法定された。

（2）教員評価制度の概要

ここでは，教員評価制度の概要を青森県人事評価手引書より確認する。

表９-１　評価の内容

評価の構成	評価の内容
能力評価	・意欲：職務遂行の根幹にある取組姿勢 ・能力：職務遂行の中で発揮された能力（行動力）等
業績評価	・業績：職務遂行の中で自己目標の達成状況や自己目標以外で成果をあげた取組等

（出典）青森県教育委員会「教職員人事評価制度の手引き」，４頁参照。

①　目的と評価者

教員評価制度の目的は，教職員の資質能力の向上や学校組織の活性化を図ることとされる。能力評価は，「教職員が，経験や職制に応じて発揮することが求められる能力について理解し，評価者との面談や自己評価等を通して，自己の長所・短所，特性，課題等を自覚するとともに，評価者が勤務状況を把握し，教職員にきめ細かな指導・助言を行うこと」をねらいとする。業績評価は，「学校目標を踏まえた自己目標を設定することにより，学校目標・経営方針や教科・学年・分掌等の目標と自己目標とのつながりが明確となり，また，達成すべき目標を学校全体で共有することで，組織の一員としての自覚を高めることを通して，教職員の資質能力の向上及び学校組織の活性化を図ること」がねらいである。

表９-１に示すように，能力評価は「意欲」と「能力」を，業績評価は「業績」を対象とする。能力評価では，職員が職務執行の過程で発揮した意欲や能力について，標準職務遂行能力及び評価基準に基づいて評価する。業績評価では，目標管理の手法を用いる。職員が職務遂行上の目標を設定した職務等の業績を，評価基準に基づき評価する。

評価者は１次評価者と２次評価者がおり，教諭については，１次評価者が教頭，２次評価者が校長である。また，評価の結果に応じて調整する「調整者」が置かれる。調整者は，２次評価者の総合評価に疑義がある場合など，必要に応じて，県教育長が定めるところにより調整を行うことができる。

② 評価の流れ

評価は，絶対評価による５段階で実施される。人事評価の対象となる期間は，毎年４月１日から翌年３月31日とされる。評価の全体の流れは図９－１に示している。

教職員は年度当初に，学校の組織目標を踏まえて，自己目標を設定する。自己目標は評価者との面談を受け，決定される。評価者は，年間を通して職務遂行状況を把握し，助言・指導等を実施する。２月上旬に，教職員は，評価期間において発揮した能力および挙げた業績について自己評価を行う。その自己評価に基づき，評価者は面談を実施する。一次評価者による評価，二次評価者による評価を経て，２月25日までに調整者に提出される。３月15日までに，教職員に評価結果が開示される。

③ 評価項目・評価要素

評価項目については，職種毎に職務の内容を整理した職務分類に応じて，評価項目が設定されている。たとえば，小学校教員の場合，「共通」「学習指導」「学級経営・生徒指導等」「学校運営」の４項目が設定されている。また，評価の要素として，「意欲」「能力」「業績」の３つを設定し，評価を実施する。それぞれの要素には，着眼点が示されている（表９－２参照）。

（３）人事評価の任用・給与・分限への活用

人事評価の結果は，任用・給与・分限などの人事管理資料として活用することが義務づけられている。任用は，評価により把握，記録された教職員の執務の状況を基礎として，任命しようとする職に係る職務遂行能力及び当該職についての適性の有無を判断し，昇任，降任または転任を行うとされている。人事評価に係る評価資料も，判断材料の一つとして活用することとされる。給与について，人事評価の結果を，昇給（昇給号給数の決定）や勤勉手当（成績率の決定）などの給与の決定に活用される。分限について，人事評価や勤務の状況を示す事実に照らして勤務実績がよくない場合，降任，免職等ができる。その判断に，人事評価に係る評価資料も活用される。

	教育職		行政職等		
	能力評価	業績評価	能力評価	業績評価（前期）	業績評価（後期）
4月	(～中旬) 学校目標等の設定			(～中旬) 学校目標等の設定	
		4月上～5月上旬) 自己目標の設定		4月上～5月上旬) 前期目標設定	
5月		(上～中旬) 自己目標の面談		(上～中旬) 前期目標の面談	
		(中～下旬) 自己目標の決定		(中～下旬) 前期目標の決定	
6月・7月・8月	評価者：職務遂行状況の把握，助言・指導等を実施（年間を通して実施）				
9月			評価基準日（9月1日）		
			(第1週)自己評価	(第1週)自己評価	(上旬)後期目標設定
			(上旬)面談	(上旬)面談	(上旬)面談
			(上～中旬)第1次評価	(上～中旬)第1次評価	(中～下旬) 後期目標の決定
			(下旬)第2次評価	(下旬)第2次評価	
10月			(～5日)調整者へ提出	(～5日)調整者へ提出	
			(～15日)評価結果の調整	(～15日)評価結果の調整	
11月			(～上旬) 評価結果の開示	(～上旬) 評価結果の開示	
12月			評価者等：異論への対応		
1月					
2月	評価基準日（2月1日）				評価基準日(2月1日)
	(上旬)自己評価	(上旬)自己評価			(第1週)自己評価
	(上旬)面談	(上旬)面談			(上旬)面談
	(～中旬)第1次評価	(～中旬)第1次評価			(中旬)第1次評価
	(～中旬)第2次評価	(～中旬)第2次評価			(中旬)第2次評価
	(～25日)調整者へ提出	(～25日)調整者へ提出			(～25日)調整者へ提出
3月	(～5日) 評価結果の調整	(～5日) 評価結果の調整			(～5日) 評価結果の調整
	(～15日)評価結果の開示	(～15日)評価結果の開示			(～15日) 評価結果の開示
	評価者等：異論への対応				

図9－1　教員評価の全体の流れ

（出典）　青森県教育委員会「教職員人事評価制度の手引き」，9頁参照。

表9－2　評価要素の着眼点

意　欲	○責任感　○協調性　○積極性　○向上心（課題意識） ○忍耐力・継続性　○服務規律
能　力	○知識・技能　○情報収集・活用力　○分析力・理解力 ○判断力　○企画・計画力　○折衝力・調整力
業　績	○自己目標への達成に向けた取組状況及び取組結果（目標の重要度，難易度を踏まえた結果の質・量） ○自己目標以外で成果をあげた取組状況等

（出典）青森県教育委員会「教職員人事評価制度の手引き」，8頁参照。

文科省は，47都道府県と20の政令指定都市の合計67県市を対象に人事評価の活用について，取組状況調査を実施している。平成31年の調査では，人事評価を昇任に活用している自治体は39県市，昇給・降給に活用している自治体は55県市，勤勉手当に活用している自治体は53県市であり，多くの自治体が人事評価を人事管理資料として活用していることがわかる。一方，研修に活用している自治体は33県市，人材育成・能力開発・資質向上に活用している自治体は44県市であった。2016年以降の人事評価制度は，力量形成としての側面より人事管理機能として，展開されている傾向があることがわかる。

人事評価結果が昇給などに活用される事例を見てみよう。たとえば，滋賀県の場合，評価結果は，昇給，勤勉手当てに反映される。前後期の結果を総合的に翌年度の昇給に反映される。また，前期評価の結果は当該年度の12月期に，後期評価の結果は翌年度の6月期の勤勉手当の成績率に反映される。

3　自己申告による目標管理

2006年度以降，導入された教員評価制度では，自己申告による目標管理手法が，教員評価制度のコアになる部分として採用されている。ここでは，目標管理制度について確認し，教員評価制度を通して，教員に何が求められているのか考察する。

（1）目標管理制度について

目標管理制度（Management By Objectives）は，ドラッカー（2001）が提唱した制度である。目標管理は，組織マネジメントの観点から提案されたものであり，本来人事評価のためのものではない。ドラッカーは，組織のなかの人間が果たすべき貢献は多様であるが，それらの貢献が共通の目標に向けられることの重要性を指摘し，目標を管理することで組織力の向上をねらいとしている。

目標管理の最大の利点は，自らの仕事ぶりをマネジメントできるようになることである。目標管理は，たとえマネジメント全体の方向づけを図り活動の統一性を実現する上では必要ないとしても，自己管理を可能とするうえで必要であるとされる。自らの仕事ぶりを管理するには，自らの目標を知っているだけでは十分ではない。目標に照らして，自らの仕事ぶりと成果を評価できることが重要であり，そのための情報を手に入れることが不可欠であるとされる。

（2）教員評価制度で採用される目標管理

では，教員評価制度で採用される目標管理はどのようなものだろうか。まず，管理職と教員個々の関係性の中で，個別のコミュニケーションを通じて実施されるという特徴をもつ。また，組織目標との整合性を強調する方法で目標管理を進めるという特徴もある。さらにその目標管理における各教員の自己評価の結果を資料として，管理職が各教員の能力と業績を評価するという二段構えの評価構造になっている。

一方，教員評価制度における目標管理には，課題が指摘されている。１点目に，教員の自律性を制限する点である。組織目標との整合性を強調されることにより，個々の教員の興味関心をベースとした目標管理ではなく，組織目標をベースとした目標管理になり，教員の自律性を制限する可能性がある。２点目に，教員の個業化を促進する可能性である。管理職と教員個々の関係性の中での個別のコミュニケーションを通じて実施されるため，個業化を促進するデザインとなっている。３点目に，教員の教師の成長の特質と整合していないことである。日本の教員の持つ文化の一つに，協働性が指摘されている。絶えずコミュニケーションや対話を行い，教員間で協力しながら教育実践に取り組み，それが教員の成長につながっている。このような職務特質と，管理職との個々のコミュニケーションをベースとする目標管理における職能成長スタイルの不整合性の側面が課題とされている。

目標管理をコアとする教員評価制度では，「教員が成長する」ことが主眼に置かれている。教員自身で目標をたて，進捗状況を確認しながら，次の教育実践につなげていく。そのために，自分がどの位置にいるのか，何ができているのかを自分で評価し，それを他者である評価者から，客観的に評価されることが教員評価の仕組みである。教員評価制度を通し，教員は自分で自分の教育活動を管理していくことが期待されているだろう。

発展学習に向けてのレポート課題

(1) 受験を希望する都道府県の教員評価制度の仕組みを調べてみよう。

(2) 各都道府県の評価基準を比べ，共通点や違いを探してみよう。

注

1） 職階制とは，一般に，官職ないし職を一定の基準に基づいて分類・整理することをいう

2） 国家公務員法（1947年）における勤務評定規定と同様の論理で地方公務員法が規定された。

3）「人事考課」とは評定の結果を異動，給与，研修，指導などの人事管理に活用することである。

4）「自己申告による目標管理」「業績評価」は各自治体によって名称は異なる。

参考文献

苅谷剛彦ほか（2009）『「教員評価」―検証 地方分権化時代の教育改革』（岩波ブックレット）岩波書店.

苅谷剛彦・金子真理子編著（2010）『教員評価の社会学』岩波書店.

髙階玲治編著（2006）『教職員の人事考課マニュアル』ぎょうせい.

古賀一博ほか（2008）「『能力開発型』教職員人事評価制度の効果的運用とその改善点――広島県内公立学校教員アンケート調査の分析を通して」『日本教育経営学会

紀要』第50巻：65-80頁.

髙谷哲也（2008）「教員評価の実態と今日的問題の特質――大阪市内の小中学校校長インタビュー調査の結果から」『日本教師教育学会年』第17巻：105-114頁.

P・F・ドラッカー著，上田惇生訳（2001）『（エッセンシャル版）マネジメント――基本と原則』ダイヤモンド社.

水原克敏（2015）「1950年代勤務評定問題における原理的課題」『早稲田大学大学院教職研究科紀要』第７号：17-35頁.

青森県教育委員会（2022）『教職員の人事評価制度の手引き』

https://www.pref.aomori.lg.jp/soshiki/kyoiku/e-kyoin/files/hyoukaseido-tebiki3.pdf

文部科学省『4-1.人事評価の取組状況（教諭等に対する評価）（平成31年４月１日現在）』

https://www.mext.go.jp/content/20191224-mxt_zaimu-000003245_40100-40400.pdf

（藤村祐子）

コラム　先生に必要な資質・能力とは？

学校の先生に必要な資質・能力とは何だろうか。1980年以降，世界中で，教員の資質能力を示す教員スタンダードの策定が進んでいる。教員スタンダードは，端的にいうと，教員に求められる資質・能力を表すものであり，教員を養成する場面や採用の場面，また教員を評価する場面など，多様な場面で使われている。日本もようやく，教員の成長の指標を示すものとして教員育成指標が策定されたが，内容や活用における課題が指摘されている。

世界に先駆けて，教員スタンダードの策定を進めた米国では，教員スタンダードの内容や活用の方法について，参考となる要素が多い。たとえば，ワシントン州では，５種類のスタンダードが策定されている。教員養成機関で使われる「プログラムスタンダード」，教員志望者に求める特定の知識やスキルを定義する「役割スタンダード」，習得が期待される専門領域に関する知識とスキルを示す「エンドースメントスタンダード」，生徒のバックグラウンドや文脈に関する知識や文化的規範や価値の理解が含まれる「文化的能力スタンダード」，虐待や社会的感情学習など「教育上のトピックに関わるもの」の５つである。単に，学習指導力や教科指導力として一括りにされるのではなく，多様な家庭環境や文化的環境の中で育つ子どもの多様性を踏まえ関わることができる能力や子どもの置かれている厳しい状況を理解し対応することができる力を教員スタンダードとして示されている点は注目される。

また，教員スタンダードは，教員が自分の教育活動や実践を確認し，発展につなげるための目安として使われている。教員スタンダードが，他者が教員の能力を確認するためのチェックリストとして機能するだけでなく，教員自身が自分の成長のための道標として活用されているところは面白い。

教育活動は，マニュアルに沿って実施すれば成立するものではない。教員は，目の前の子どもたちと向き合い，予測不可能な状況に，瞬時に判断を下すことが求められる。それを可能にするのは，教員自身の自律性や主体性だと言われる。学校の先生に求められる資質能力とは，教員スタンダードを道標としながら，自分で成長していく力ではないだろうか。

（藤村祐子）

第10章

学校給食の制度

——子どもの教育と健康を両立するためには？——

日本の学校給食は，バラエティーに富んだメニューの工夫や適切な栄養管理がなされていること等，さまざまな面から国内・海外を問わず，注目されている。私たちの学校生活においても馴染み深い学校給食は，なぜ行われているのか。どうして学校で給食を提供するのだろうか。多くの人が共通して経験したことがある学校給食が実施されていることや，学校の教育活動において取り組まれていることには大きな意味がある。本章では日本の学校給食の背景やその目標と内容，さらには近年新たに導入された食育について確認し，教育活動としての学校給食の意義を考える。

1　日本における学校給食

（1）学校給食のはじまり

日本における学校給食は，学校生活を語る上では欠かせない活動の一つである。このような学校給食の取り組みは諸外国からも注目されているが，どのような特徴をもつのだろうか。

日本の学校給食は，戦前に困窮した子どもたちの救済を目的とした給食の提供がはじまりとされ，当時はさまざまな地域で実施されていた（藤原，2018：30-31）。各地での取り組みを経て，次第に全国的な学校給食の普及・実施が行われた戦前の学校給食は貧民救済に加えて，個々の健康を理由による不就学を防止する役割も果たしていた（藤原，2018：30-31）。こうした福祉的な要素が色濃くみられる学校給食は，第二次世界大戦後に現在の学校給食として制度化されることとなる。

（2）教育的意義をもつ学校給食

戦後の日本では戦後復興と子どもの栄養状態の改善の視点から，GHQ および日本政府によって学校給食の実施に向けた検討が行われるようになる。1946（昭和21）年12月には文部省（当時）・厚生省（当時）・農林省（当時）の三省次通達「学校給食実施の普及奨励について」において学校給食の教育的効果が明示され，LARA（アジア救済公認団体）や GHQ の支援によって学校給食が実施されるようになった（田中，2014）。1948（昭和23）年には文部省（当時）より各自治体の教育長に対して教育事業としての学校給食が明示されるとともに学校給食の意義を教職員や保護者に周知に関する通知が行われ（田中，2014），学校給食が教育的意義を有する活動として学校で実施されることとなる。そして1954（昭和29）年「学校給食法」の制定，1956（昭和31）年には義務教育諸学校を対象として栄養に関する専門的な事項をつかさどる職員である栄養士について定められ，具体的に実施されることとなる。

（3）学校給食の目標と内容

学校給食については，「学校給食法」に明示されている。

学校給食の目標は，① 適切な栄養の摂取による健康の保持増進を図ること，② 日常生活における食事について正しい理解を深め，健全な食生活を営むことができる判断力を培い，及び望ましい食習慣を養うこと，③ 学校生活を豊かにし，明るい社交性及び協同の精神を養うこと，④ 食生活が自然の恩恵の上に成り立つものであることについての理解を深め，生命及び自然を尊重する精神並びに環境の保全に寄与する態度を養うこと，⑤ 食生活が食にかかわる人々の様々な活動に支えられていることについての理解を深め，勤労を重んずる態度を養うこと，⑥ 我が国や各地域の優れた伝統的な食文化についての理解を深めること，⑦ 食料の生産，流通及び消費について，正しい理解に導くこと，が設定されている（学校給食法第２条）。学校給食の目標として掲げられた７項目を通して，児童生徒の健康の増進とその発達を図ること，日常生活における正しい食習慣を養うことや食にかかわる理解を深めていくこと，食を通した社会性や協同性の育成が目指されている。

表10－1　学校給食実施状況

（国公私立，2018年５月１日現在）

区分		全国総数	完全給食		補食給食		ミルク給食		計	
			実施数	（%）	実施数	（%）	実施数	（%）	実施数	（%）
小学校	学校数	19,635	19,350	98.5	51	0.3	52	0.3	19,453	99.1
	児童数	6,427,867	6,352,201	98.8	7,212	0.1	8,722	0.1	6,368,135	99.1
中学校	学校数	10,151	8,791	86.6	39	0.4	292	2.9	9,122	89.9
	生徒数	3,253,100	2,569,439	79.0	7,448	0.2	116,567	3.6	2,693,454	82.8
義務教育学校	学校数	82	82	100.0	0	0.0	0	0.0	82	100.0
	児童･生徒数	34,679	33,076	95.4	0	0.0	0	0.0	33,076	95.4
中等教育学校（前期課程）	学校数	52	28	53.8	0	0.0	5	9.6	33	63.5
	生徒数	16,277	8,266	50.8	0	0.0	1,720	10.6	9,986	61.4
特別支援学校	学校数	1,132	1,005	88.8	1	0.1	12	1.1	1,018	89.9
	幼児･児童･生徒数	143,379	125,188	87.3	40	0.0	832	0.6	126,060	87.9
夜間定時制高等学校	学校数	565	297	52.6	86	15.2	1	0.2	384	68.0
	生徒数	76,461	18,816	24.6	3,384	4.4	16	0.0	22,216	29.1
計	学校数	31,617	29,553	93.5	177	0.6	362	1.1	30,092	95.2
	幼児･児童･生徒数	9,951,763	9,106,986	91.5	18,084	0.2	127,857	1.3	9,252,927	93.0

（出典）　文部科学省（2019）「学校給食実施状況等調査（平成30年度）」をもとに作成。

このような学校給食の実施状況について，表10－１から確認しよう。

現在の学校給食は小学校・中学校・義務教育学校の多くの学校で実施されている他，特別支援学校や夜間定時制高等学校においても実施されていることがわかる。日本の学校給食は初等教育ならびに前期中等教育を中心に進められていることに加え，実施されている給食内容の多くが完全給食であることが特徴的である。ただし，学校給食は奨励法として位置づけられているため，学校給食を導入していない自治体も存在する。

また，学校給食がどのように提供されているかについては，自治体によってさまざまである（表10－２参照）。学校給食の提供方法は，おおよそ３つの方式が採用されている。①単独調理場方式：各学校に設置された給食室で調理を行い，提供する方式，②共同調理場方式：各自治体の給食センター等による共同調理場で調理し，各学校に提供される方式，③その他の方式：単独調理場方式や共同調理場方式以外の方法で提供され，学校給食の外部委託もその他に含まれる。３つの提供方法のいずれかを採用することとなるが，その方法は

表10－2　都道府県調理方式別学校給食実施状況
（公立小・中学校，義務教育学校，中等教育学校（前期課程）数）

（平成30年５月１日現在）

	小学校							中学校						
	学校数	単独調理場方式	（%）	共同調理場方式	（%）	その他調理方式	（%）	学校数	単独調理場方式	（%）	共同調理場方式	（%）	その他調理方式	（%）
北海道	1,020	347	34.0	673	66.0	0	0.0	565	161	28.5	404	71.5	0	0.0
青森	274	31	11.3	243	88.7	0	0.0	147	15	10.2	132	89.8	0	0.0
岩手	305	40	13.1	265	86.9	0	0.0	142	4	2.8	138	97.2	0	0.0
宮城	371	111	29.9	259	69.8	1	0.3	198	38	19.2	160	80.8	0	0.0
秋田	197	53	26.9	144	73.1	0	0.0	112	28	25.0	84	75.0	0	0.0
山形	241	104	43.2	137	56.8	0	0.0	97	28	28.9	57	58.8	12	12.4
福島	436	173	39.7	263	60.3	0	0.0	219	45	20.5	174	79.5	0	0.0
茨城	480	99	20.6	375	78.1	6	1.3	211	31	14.7	179	84.8	1	0.5
栃木	360	151	41.9	198	55.0	11	3.1	151	55	36.4	90	59.6	6	4.0
群馬	307	84	27.4	219	71.3	4	1.3	159	41	25.8	115	72.3	3	1.9
埼玉	809	375	46.4	408	50.4	26	3.2	412	145	35.2	250	60.7	17	4.1
千葉	786	397	50.5	389	49.5	0	0.0	377	134	35.5	241	63.9	2	0.5
東京	1,270	1,101	86.7	168	13.2	1	0.1	607	422	69.5	100	16.5	85	14.0
神奈川	851	746	87.7	104	12.2	1	0.1	183	12	6.6	102	55.7	69	37.7
新潟	459	239	52.1	220	47.9	0	0.0	225	84	37.3	113	50.2	28	12.4
富山	185	123	66.5	62	33.5	0	0.0	79	33	41.8	46	58.2	0	0.0
石川	204	95	46.6	109	53.4	0	0.0	82	31	37.8	47	57.3	4	4.9
福井	190	113	59.5	76	40.0	1	0.5	75	23	30.7	39	52.0	13	17.3
山梨	170	67	39.4	103	60.6	0	0.0	79	13	16.5	55	69.6	11	13.9
長野	359	124	34.5	235	65.5	0	0.0	182	57	31.3	125	68.7	0	0.0
岐阜	367	86	23.4	281	76.6	0	0.0	177	37	20.9	140	79.1	0	0.0
静岡	499	207	41.5	292	58.5	0	0.0	259	82	31.7	166	64.1	11	4.2
愛知	967	377	39.0	590	61.0	0	0.0	416	45	10.8	263	63.2	108	26.0
三重	352	259	73.6	93	26.4	0	0.0	143	20	14.0	91	63.6	32	22.4
滋賀	219	40	18.3	179	81.7	0	0.0	65	4	6.2	61	93.8	0	0.0
京都	365	275	75.3	90	24.7	0	0.0	123	17	13.8	34	27.6	72	58.5
大阪	978	683	69.8	229	23.4	66	6.7	429	47	11.0	64	14.9	318	74.1
兵庫	749	421	56.2	328	43.8	0	0.0	299	39	13.0	161	53.8	99	33.1
奈良	196	112	57.1	84	42.9	0	0.0	100	45	45.0	55	55.0	0	0.0
和歌山	236	107	45.3	117	49.6	12	5.1	110	30	27.3	57	51.8	23	20.9
鳥取	122	3	2.5	119	97.5	0	0.0	54	1	1.9	53	98.1	0	0.0
島根	200	14	7.0	185	92.5	1	0.5	94	2	2.1	92	97.9	0	0.0
岡山	383	158	41.3	224	58.5	1	0.3	149	44	29.5	105	70.5	0	0.0
広島	469	249	53.1	200	42.6	20	4.3	210	14	6.7	102	48.6	94	44.8
山口	288	114	39.6	174	60.4	0	0.0	145	33	22.8	111	76.6	1	0.7
徳島	166	50	30.1	116	69.9	0	0.0	81	22	27.2	53	65.4	6	7.4
香川	157	43	27.4	114	72.6	0	0.0	66	8	12.1	57	86.4	1	1.5
愛媛	273	63	23.1	210	76.9	0	0.0	126	13	10.3	113	89.7	0	0.0
高知	183	72	39.3	110	60.1	1	0.5	81	14	17.3	67	82.7	0	0.0
福岡	725	597	82.3	128	17.7	0	0.0	319	143	44.8	151	47.3	25	7.8
佐賀	160	63	39.4	95	59.4	2	1.3	64	19	29.7	43	67.2	2	3.1
長崎	322	104	32.3	216	67.1	2	0.6	163	29	17.8	122	74.8	12	7.4
熊本	342	146	42.7	196	57.3	0	0.0	158	28	17.7	130	82.3	0	0.0
大分	255	69	27.1	185	72.5	1	0.4	122	1	0.8	120	98.4	1	0.8
宮崎	235	70	29.8	165	70.2	0	0.0	124	23	18.5	101	81.5	0	0.0
鹿児島	497	99	19.9	398	80.1	0	0.0	217	50	23.0	167	77.0	0	0.0
沖縄	265	35	13.2	230	86.8	0	0.0	145	17	11.7	128	88.3	0	0.0
計	19,244	9,089	47.2	9,998	52.0	157	0.8	8,741	2,227	25.5	5,458	62.4	1,056	12.1

（出典）　文部科学省（2019）「学校給食実施状況等調査（平成30年度）」をもとに作成。

表10－3　「学校給食における食物アレルギー対応指針」チェック表

1．食物アレルギー対応委員会	2．対応申請の確認から対応開始まで
設置の趣旨・委員構成 給食対応の基本方針の決定 面談における確認事項 対応の決定と周知 事故等の情報共有と改善策の検討 委員会の年間計画	対応申請の確認 対応開始前の面談の実施 面談調書・個別の取組プラン案の作成 個別の取組プランの決定と情報共有 教育委員会等における対応内容の把握 評価・見直し・個別指導
3．献立の作成と検討	**4－1．給食提供　体制づくり**
献立作成における食物アレルギー対応の基本方針作成 安全性の確保を目的とした学校給食提供の考え方 食品選定のための委員会との連携 実施献立の共有 問題への対応を報告する体制の整備	食物アレルギー対応を行う児童生徒の情報共有 調理器具，食材の管理 調理担当者の区別化 調理作業の区別化 確認作業の方法，タイミング 調理場における対応の評価
4－2．給食提供　調理作業	**5．教室での対応**
実施献立・調理手順等の確認 対応食の調理手順 調理済みの食品管理 適時チェック作業 実施における問題の報告 児童生徒や保護者との連携	給食の時間における配慮 食材・食物を扱う活動等 食物アレルギーを有する児童生徒及び学級での指導 実施における問題の報告 緊急時対応の確認

（出典）　文部科学省（2015）「学校給食における食物アレルギー対応指針」をもとに作成。
https://www.mext.go.jp/component/a_menu/education/detail/__icsFiles/afieldfile/2015/03/26/1355518_1.pdf（最終アクセス：2022年９月10日）

自治体の裁量によって異なるといえる。

（４）学校給食と食物アレルギー

近年，学校給食をめぐっては，食物アレルギーを起因としたアナフィラキシーショック等の事故が起こっている。学校給食における食物アレルギーについては，2008（平成20）年に日本学校保健学会によって発行された「学校のアレルギー疾患に対する取り組みガイドライン」に基づいて対応することとされていた。しかし，2012（平成24）年12月に東京都調布市の小学校で食物アレルギーを有する子どもが学校給食終了後に亡くなる事故が起こった。同事故を受けて，2013（平成25）年５月に「学校給食における食物アレルギー対応に関する調査研究協力者会議」が設置され，再発防止に向けた対応や取り組みのあり方が検討されてきた。2014（平成26）年３月に同会議の最終報告が取りまとめられ，「今後の学校給食における食物アレルギー対応について（通知）」を各都道府県教育長，都道府県教育委員会等へ周知後，各学校における食物アレルギー対応への体制を整備すること，緊急時の危機管理マニュアルについてアレルギーへの対応や取り組みの観点から見直すこと，学校でのアレルギー対応が適切に行えるように保護者からの情報提供や連携しながら対応することが求められた。さらに，2015（平成27）年3月には「学校給食における食物アレルギー対応指針」が出され，各学校において食物アレルギーへの対応にかかわる要点について教職員全体で共有し，学校全体で取り組むためのポイントが示されている（表10－3参照）。

2　食に関する指導としての「食育」

（1）教育活動の一環としての「食育」

2005（平成17）年に制定された「食育基本法」では食育にかかわる基本的な施策を定め，国民の生活と健康に寄与することが目標とされている（食育基本法第1条）。

「食育基本法」では国ならびに自治体の責務や役割が示され，学校給食のみならず，社会全体で食育に取り組むことの重要性が示されている（食育基本法第9・10条）。また，学校での食育の推進にあたっては，2004（平成16）年の教育職員免許法改正によって新たに栄養教諭が設置された。

食育は，2017（平成29）年の小学校，中学校，特別支援学校（小・中学部）の学習指導要領改正および，2018（平成30）年の高等学校，特別支援学校（高等部）の学習指導要領改正においては，総則に位置づけられ，各学校の教育活動と関連させながら実施していくことが目指されている。つまり，給食の時間のみが食に関する指導を行う時間ではなく，学校全体の教育活動の中でどのように食育を位置づけるか，学校教育の全体計画との関連性を有しながら進めることが求められているといえよう。学習指導要領改正によって教育課程上における食育の位置づけが明確となったことは，これまでと大きく異なる点である。現在の食育は栄養教諭だけではなく，学校のすべての教職員で取り組むことが

表10－4　健康・安全・食に関わる資質・能力

○健康・安全・食に関する資質・能力を，「知識・技能」，「思考力・判断力・表現力等」，「学びに向かう力・人間性等」の三つの柱に沿って整理すると，以下のようになると考えられる。 （知識・技能） 　様々な健康課題，自然災害や事件・事故等の危険性，健康・安全で安心な社会づくりの意義を理解し，健康で安全な生活や健全な食生活を実現するために必要な知識や技能を身に付けていること。 （思考力・判断力・表現力等） 　自らの健康や食，安全の状況を適切に評価するとともに，必要な情報を収集し，健康で安全な生活や健全な食生活を実現するために何が必要かを考え，適切に意思決定し，行動するために必要な力を身に付けていること。 （学びに向かう力・人間性等） 　健康や食，安全に関する様々な課題に関心を持ち，主体的に，自他の健康で安全な生活や健全な食生活を実現しようとしたり，健康・安全で安心な社会づくりに貢献しようとしたりする態度を身に付けていること。

（出典）　中央教育審議会答申「幼稚園，小学校，中学校，高等学校及び特別支援学校の学習指導要領等の改善及び必要な方策について（答申）別紙」をもとに作成。
https://www.mext.go.jp/component/b_menu/shingi/toushin/__icsFiles/afieldfile/2016/12/27/1380902_2.pdf（最終アクセス：2022年９月10日）

重要となる。

（２）学校における食育の推進

2016（平成28）年12月の中央教育審議会答申「幼稚園，小学校，中学校，高等学校及び特別支援学校の学習指導要領等の改善及び必要な方策について」において，「現代的な諸課題に対応して求められる資質・能力」として「健康・安全・食に関する資質・能力」が示された（表10－４参照）。学校での食育を推進する際には，「現代的な諸課題に対応して求められる資質・能力」としての「食に関わる資質・能力」をどのようにとらえ，教育活動に反映していくかがポイントとなる。さらに，学習指導要領の改正内容を踏まえ，教科の特質等に基づきながら各学校の教育活動との関連性を有した取り組みを行うことが重要となる。

各学校での食育の実施に向けては，「食に関する指導に係る全体計画」を作成することが必要とされる。これまで，食に関する指導の全体計画の作成に関しては定められていたが（学校給食法第10条），学習指導要領改正によって食育

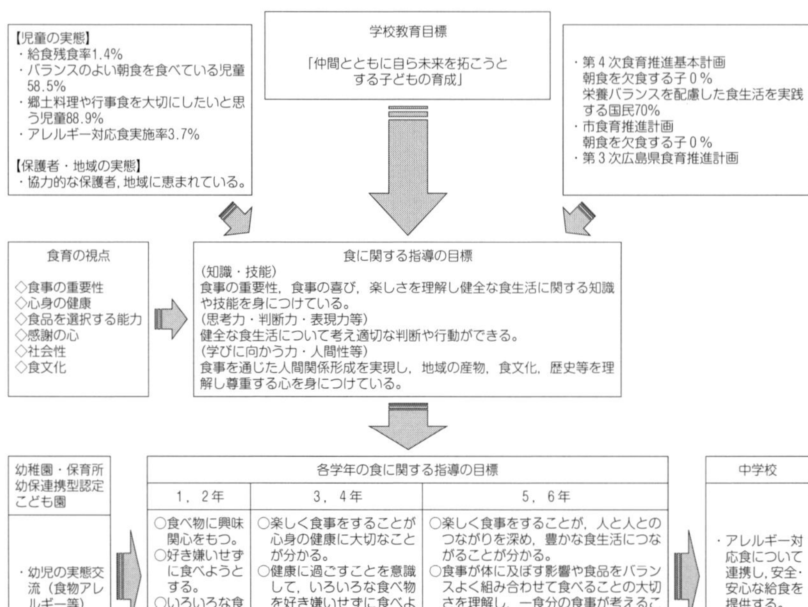

食育推進組織
・健康安全部…保健主事，各学年学級担任，養護教諭，栄養教諭
・学校保健委員会…校長，教頭，主幹教諭，保健主事，養護教諭，栄養教諭，学校医，PTA会長

食に関する指導
- 教科等における食に関する指導：関連する教科等において食に関する指導の視点を位置付けて指導
  社会，理科，生活，家庭，体育，道徳，総合的な学習の時間，特別活動　等
- 給食の時間における食に関する指導：
  - 食に関する指導：献立を通して学習，教科等で学習したことを確認
  - 給食指導：準備から片付けまでの一連の指導の中で習得
- 個別的な相談指導：肥満・やせ傾向，食物アレルギー・疾患，偏食，スポーツ，食に課題を有する児童

地場産物の活用
・献立作成年間計画に基づき地場産物を活用した献立を実施する。
・給食放送，給食時間の指導，教科等の学習や体験活動と関連を図る。

家庭・地域との連携
・学校だより，学年だより，保健だより，給食だより，食育通信等による情報発信
・１年保護者対象の学校給食試食会，親子料理教室，子ども料理教室の実施

食育推進の評価
活動指標：食に関する指導，学校給食の管理，連携・調整…計画に基づいて実施できたか。
成果指標：給食残食率1.0%

図10－1　食に関する指導の全体計画

（出典）　広島県教育委員会「〈小学校〉食に関する指導の全体計画①」より転載。
https://www.pref.hiroshima.lg.jp/uploaded/attachment/478475.pdf（最終アクセス：2022年９月10日）

の位置づけが明確化されたことに伴い，各学校の教育課程の編成・実施に際して全体計画との関連づけた取り組みが求められている（図10－1参照）。

食育は学校だけではなく，家庭や地域社会と連携した実施も推進されている。これは，社会に開かれた学校を目指す上で学校と地域社会が連携しながら教育を行うことにもつながる有機的な取り組みといえる。こうした食育を学校で実施するためには，各学校のカリキュラム・マネジメントを通して学校全体の教育活動と食育のあり方を検討し，学校の全教職員の共通理解を図りながら進めていくことが重要である。

3　持続可能な社会の構築と学校給食

（1）持続可能な社会と学校給食

少子化や人口減少によって衰退する地域があらわれる可能性も指摘される現在，持続可能な社会を創出することが大きな課題となっている。このような現状があるなか，持続可能な社会に向けた取り組みとして学校給食における地産地消がある。

地産地消は，「我が国の伝統のある優れた食文化，地域の特性を生かした食生活，環境と調和のとれた食料の生産とその消費等に配意し，我が国の食料の需要及び供給の状況についての国民の理解を深めるとともに，食料の生産者と消費者との交流等を図ることにより，農山漁村の活性化と我が国の食料自給率の向上に資する」（食育基本法第７条）ものである。

図10－2では，長野県の地場産物マップにおいて学校給食で使用可能な食材が示されており，学校給食での地場産物の活用のヒントとなるものである。長野県を含む多くの自治体では学校給食の地産地消の状況を一覧に示す等，積極的に地場産物を活用していこうとする動きがみられる。地域にあるさまざまな食材を学校給食で活用することは食を通した地域社会の理解を促す活動であるとともに，地域振興にもつながる学校と地域社会の連携の一つといえるだろう。

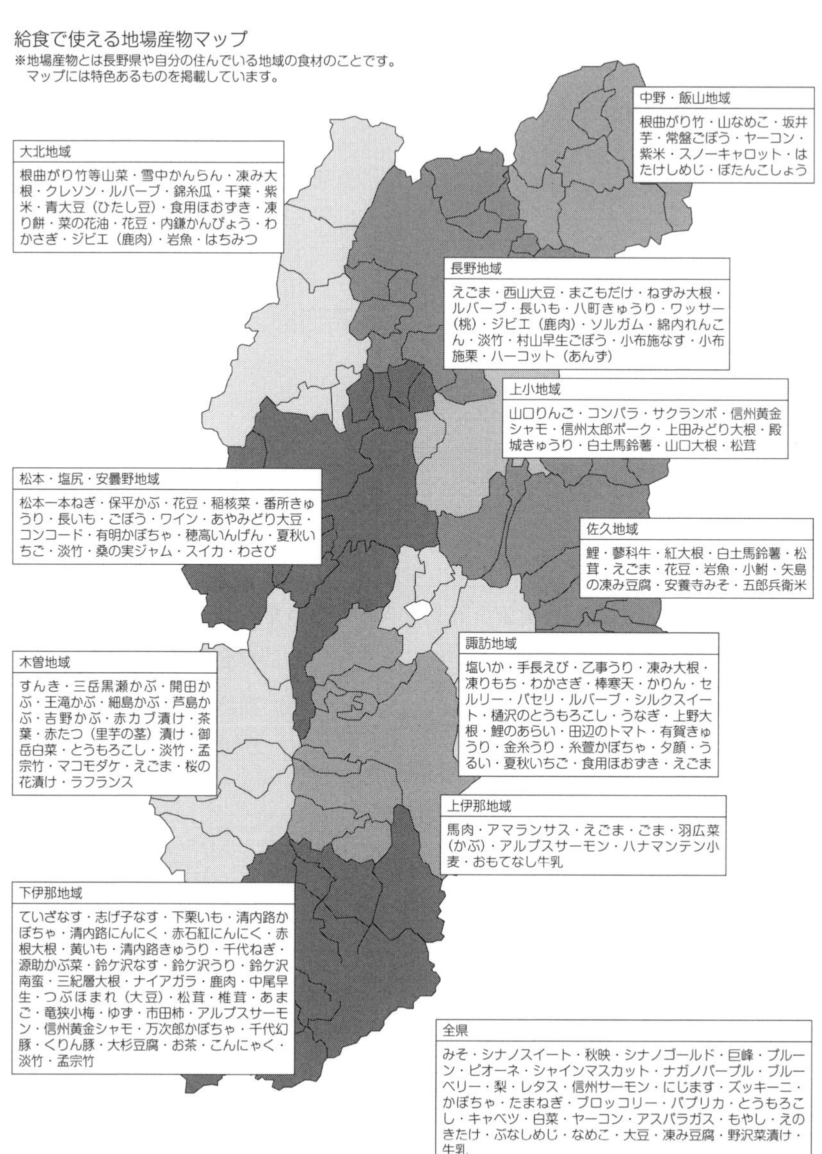

図10－2　学校給食の地産地消（長野県）

（出典）　長野県教育委員会「学校給食の手引」より転載。
https://www.pref.nagano.lg.jp/kyoiku/hokenko/hoken/kyushoku/shokuiku/jokyo/documents/09tisantisyou.pdf（最終アクセス：2022年９月10日）

（2）健康と学校給食

近年の健康志向ブームに伴い，学校においてもオーガニック給食を導入する自治体がみられる。オーガニックは，自然の力を利用した製法によるものであり，環境や人への配慮がなされたものとして注目されている。

例えば，千葉県いすみ市では2017（平成29）年10月より市内の全小学校で地元の有機米「いすみっこ」を使用した給食を導入し，同年以降，徐々に「いすみっこ」以外の有機品目を増やした給食を実施している（オーガニック給食マップ)。オーガニック給食の導入は子どもたちの健康や安全の観点に加え，地域の農業を支える地域活性化にも貢献している（サステナブル・ビジネス・マガジン Yahoo 版)。子どもの健康という観点から学校給食が充実するのはもちろんのこと，地域社会の発展に寄与する可能性を秘めるオーガニック給食は，さまざまな自治体や諸外国で模索されている。

日本の学校給食は食事の提供による健康の保障と教育的意義の２つの側面から実施されており，教育と健康を両立を目指す機能をもつものである。社会変化が著しい昨今，子どもの健康をいかにして保障し，社会を構築していくかが課題となるなか，学校給食の意義を改めて見直すことが重要である。

発展学習に向けてのレポート課題

⑴ 出身県の学校給食の供給方式や地産地消の取り組み状況について，調べてみましょう。

⑵「食に関する指導の手引（第二次改訂版）」を参照し，学校で食育を実践するための留意点について整理してみましょう。

参考文献

田中延子（2014）「日本の学校給食」第２回中国学生栄養改善と学校給食交流会発表資料.

藤原辰史（2018）『給食の歴史』岩波書店.

文部科学省（2015）「学校給食における食物アレルギー対応指針」.
https://www.mext.go.jp/component/a_menu/education/detail/__icsFiles/afieldfile/2015/03/26/1355518_1.pdf（最終アクセス：2022年９月10日）

文部科学省（2019）「学校給食実施状況等調査（平成30年度）」.
文部科学省「食に関する指導の手引（第二次改訂版）」.
中央教育審議会答申「幼稚園，小学校，中学校，高等学校及び特別支援学校の学習指導要領等の改善及び必要な方策について（答申）別紙」.
https://www.mext.go.jp/component/b_menu/shingi/toushin/__icsFiles/afieldfile/2016/12/27/1380902_2.pdf（最終アクセス：2022年９月10日）
広島県教育委員会「〈小学校〉食に関する指導の全体計画①」.
https://www.pref.hiroshima.lg.jp/uploaded/attachment/478475.pdf（最終アクセス：2022年９月10日）
長野県教育委員会「学校給食の手引」.
https://www.pref.nagano.lg.jp/kyoiku/hokenko/hoken/kyushoku/shokuiku/jokyo/documents/09tisantisyou.pdf（最終アクセス：2022年９月10日）
オーガニック給食マップ「学校給食において100％有機米を実現」.
https://organic-lunch-map.studio.site/case-study-details/eX7gN5DZ（最終アクセス：2022年９月10日）
サステナブル・ビジネス・マガジン Yahoo 版（2022年８月26日）「全国に広がる『オーガニック給食』，そのメリットは」.
https://news.yahoo.co.jp/articles/b6fd7593337526aed2d07a0691aeea9f6965cf85?page=1（最終アクセス：2022年９月10日）

（小早川倫美）

コラム　食を通した多文化共生

島根県出雲市では地元企業に外国人就労者が採用されていることもあり，市内に暮らす外国人数が増加傾向にある。そのうちブラジル国籍の外国人が多数居住している。このような出雲市の現状において，市内の学校では外国にルーツをもつ子どもたちへのさまざまな支援が行われる等，地元住民との共生が目指されている。

出雲市の一部の小中学校の給食では，ブラジルの主食であるキャッサバ芋を使用した「ドブラジーニャ」が提供されている。キャッサバ芋は出雲市在住の日系ブラジル人が栽培した作物であり，日系ブラジル人の定住と就労支援を目的とした取り組みとして市内でキャッサバ芋の栽培が行われている。この取り組みを通して，収穫したキャッサバ芋が学校給食で提供されることで安定した収穫と提供先が確保され，日系ブラジル人の経済的な自立につながるとされている。また，日系ブラジル人への経済的な支援だけではなく，給食を通して，市内の学校に通学する外国籍の子どものルーツや文化について知る貴重な機会になるといえる。

学校給食献立例

・パンオ デ ケイジョ（チーズパン）
・レチェ（牛乳）
・フランゴパッサリーニョ（ブラジル風から揚げ）
・サラダ デ アウファセィ（レタスのサラダ）
・ドブラジーニャ（豆入りトマスープ）

島根県「学校給食レシピ集　ドブラジーニャ」より転載。
https://www.pref.shimane.lg.jp/education/kyoiku/kenko/syokuiku/kyushokurezhipi.data/11dobura.pdf（最終アクセス：2022年９月10日）

異なる文化をもつ人々がお互いを理解するにはさまざまな壁があるが，出雲市の取り組みは，子どもたちにとって身近な学校給食から多文化を受容し，理解するきっかけになる実践である。

（小早川倫美）

第11章

教科書の制度

――その日本的特徴と教育の意思をめぐる課題――

教科書は，児童生徒に習得してほしいと考える知識・技能や価値の集積であることを基本的性格にしている。しかし現実には，そのあり方をめぐって「誰が，どのような内容を必要と考え，学習者に提供しようとするのか」という難題を抱えてきた。ゆえに，教科書の在り方は政治的な争点（ポリティカル・イシュー）として顕在化することがある。

本章では，教科書とは何かという点についてその制度的位置づけを確認し（第１節），日本の教科書制度を特徴づけている「検定・採択・無償給与」の各制度の内容を整理する（第２節）。これらを踏まえ，教科書制度をめぐる現代的課題を「教育の意思」というレンズを通して考えてみたい（第３節）。最後に，教科書を活用する教師に期待したいことについて論じる（第４節）。

1　教科書とはなにか

（1）教科書の定義と特徴

自身の学校経験を思い返してみてほしい。たとえば，国語の教科書で記憶に残っている題材には何があるだろうか。周りの友人や家族らに確かめてみると，世代を超えて共通に思い出される内容があることに気がつくだろう。それほどに，教科書は私たちの学校経験と密接にかかわっている。

教科書とは，正確には「教科用図書」のことをいう。法律によると「小学校，中学校，義務教育学校，高等学校，中等教育学校及びこれらに準ずる学校（筆者注：特別支援学校のことを指す）において，教育課程の構成に応じて組織排列された教科の主たる教材として，教授の用に供せられる児童又は生徒用図書であって，文部科学大臣の検定を経たもの又は文部科学省が著作の名義を有するもの」（教科書の発行に関する臨時措置法第２条）として定義される図書である。この条文において重要な点は次の通りである。

第一に，教科書は教育課程の構成に応じたものであるという点である。具体的には，教育課程に関する全国的な基準として，扱うべき学習内容と必要な授業時数を定めた「学習指導要領」に沿っていなければならない。

第二に，教科書は教科の授業において用いられる「主たる教材」という点である。学校教育法第34条第１項は，「小学校においては，文部科学大臣の検定を経た教科用図書又は文部科学省が著作の名義を有する教科用図書を使用しなければならない」として「教科書の使用義務」を定めている。学習指導要領が全国的な基準であるという点と合わせて考えると，各教科の授業において教科書の使用義務を課すことは，全国的な教育水準の維持と教育の機会均等を保障するという点で，教育制度上の意義は大きい。

ただし，教科書が「主たる教材」であるということは，各教科の授業において教科書以外の教材を用いることは妨げない，ということでもある。たとえば，副読本（道徳の授業で用いられてきた『心のノート』『私たちの道徳』や小学校外国語活動教材『Let's Try !』，小学校外国語教材『We Can !』など）やドリル（問題集），学習帳などである。これらは，補助教材（児童生徒が使用する教科書以外の図書その他の教材）と呼ばれ，児童生徒の学習活動にとって有益であり，学習指導要領や各種法令の趣旨に反しないという限りにおいて，教育委員会への届出，承認によって使用可能である（学校教育法第34条第４項，地方教育行政の組織及び運営に関する法律第33条第２項）。

第三に，教科書には文部科学大臣の検定を経た「文部科学省検定済教科書（以下，検定済教科書）」と文部科学省が著作の名義を有する「文部科学省著作教科書」が存在するという点である。なお，先の定義には示されていないが，高等学校や特別支援学校等において適切な教科書がないなど特別な場合は，市販の図書を教科書として使用することが認められている（学校教育法附則第９条）。使用されている教科書全体の８割は民間の教科書発行者によって著作・編集された検定済教科書（検定の具体については後述）である。ちなみに，義務教育諸学校用の教科書はすべて検定済教科書である。したがって，文部科学省の著作・編集による教科書は，高等学校の教科（農業，工業，水産，家庭，看護）の一部や特別支援学校の教科書等に限られている。

（2）デジタル教科書の導入

2020年以降の世界的な感染症の広がり（パンデミック）を通じて，私たちの生活世界は一変し，学校教育にも多大な影響と変化をもたらした。この間に大きな前進をみせたのが，学校教育におけるICTの活用であろう。ICTを活用した学校教育への転換に対する関心は従前より存在した。そこにオンラインでの授業を余儀なくされる社会状況とGIGAスクール構想という政策スローガンが背景となり，児童生徒1人に1台の情報端末の提供が加速し，当初の計画よりも一層早く実行されたというのが実情である。その一例として，デジタル教科書の普及・使用の促進を位置づけることができよう。

一口に「デジタル教科書」と言っても，実は学習者用と指導者用の2種類が存在することはあまり知られていないのではないだろうか。この2つの教科書は含めることのできる内容などの点で大きく性質が異なっている。

まずは，デジタル教科書の制度上の位置づけから確認しておこう。デジタル教科書は，「紙の教科書の内容の全部（電磁的記録に記録することに伴って変更が必要となる内容を除く）をそのまま記録した電磁的記録である教材」（傍点は筆者）として定義されている。傍点が示すように，紙の教科書と同一であるため，新たに検定を要しないという特徴もある。先にデジタル教科書には学習者用と指導者用があると述べたが，その違いや紙の教科書との関係については，図11－1のように説明されている。動画や音声といった紙の教科書では対応できない範囲（＝デジタルだからこそ可能性が広がる範囲）を教科書の内容として含むことができるか否かが，大きな違いである。

2019年の学校教育法一部改正により，教育課程の一部で紙の教科書に代えて学習者用デジタル教科書を使用できるようになり（障害等の事由により紙の教科書での学習が困難な場合は，全部をデジタル教科書に代えることができる），また2021年には紙の教科書に代えて学習者用デジタル教科書を使用する授業の

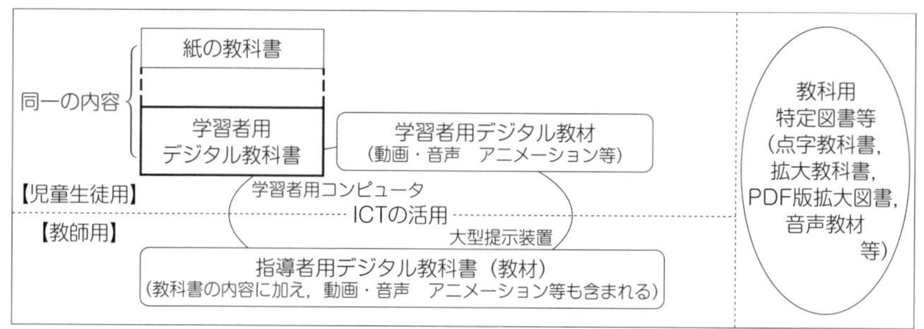

図11－1　紙の教科書や学習者用デジタル教科書等の概念図

（出典）学習者用デジタル教科書の効果的な活用の在り方等に関するガイドライン（令和３年３月改訂版），４頁より引用。

時数を授業時数全体の２分の１に満たないこととしていたこれまでの規定が撤廃され，紙とデジタル両方を適切に組み合わせた教育課程の編成が推奨されるようになった。さらに，令和６（2024）年度からデジタル教科書を本格的に導入するという方針が示されたことで，今後ますます普及が図られていくことになるだろう。

すでにデジタル教科書の発行数は小学校で94％（令和２年度現在），中学校で95％（令和３年度現在）という。確かに紙からデジタルへの転換は，学習効率という点での期待感はある。だが同時に，これらデジタル端末の多用による健康被害が懸念されることにも目を向けておきたい（コラム参照）。

2　日本における教科書制度の特徴

文部科学省に置かれた調査研究協力者会議（初等中等教育）の一つであった「「デジタル教科書」の位置づけに関する検討会議」による最終まとめ」（平成28（2016）年12月）は，日本の教科書制度の特徴を次のように整理している。①各学校において使用しなければならない，②文部科学省による検定を経る必要がある，③義務教育段階において児童生徒に無償で給与される，④国から発行者に対する発行の指示，定価の認可等，⑤著作権の権利制限が認められている。加えて，これら５点が，全国的な教育水準の向上，教育の機会均等の保障，適正な教育内容の担保等の実現に寄与しているとする。

確かに，海外の教科書制度を概観すると，教科書の採択は誰が行うのか，教科書の供給方法は有償か無償貸与かなど，日本とは異なる制度が他国には存在する（表11－1を参照）。

以下では，検定制度，採択制度，無償給与制度の３つの側面に着目し，日本の教科書制度の特徴について整理する。適宜，表11－1と見比べてもらうと，特徴の違いがよりはっきりとするだろう。

（1）教科書の検定制度

先にも述べたように，学校で使用されている教科書の多くは，民間の教科書発行者が学習指導要領ならびに教科書が備えるべき要件を示した教科用図書検定基準に則って編集・発行した図書である。これらの図書が教育基本法をはじめとした各種法令の趣旨に沿ったものであり，学校において使用するに相応しいかを審議・決定する過程を「教科書検定」と呼ぶ。その具体的な流れは図11－2の通りであり，次のように説明することができる。

① 図書の著作者又は発行者は，文部科学大臣に対し図書の検定を申請する。申請を受け，文部科学大臣は教科用図書検定調査審議会に対して，申請図書が教科書として適切かどうかの諮問を行うとともに，教科書調査官に対しても申請図書に対する調査を命じる。

② 諮問を受けた教科用図書検定調査審議会は，検定基準に基づいて，申請図書の適切性を判断し，その結果を文部科学大臣に答申する。文部科学大臣は答申に基づき，申請図書の合否を決定し，申請者に通知を行う。審議会において必要な修正を行った後に再度審査を行うことが適当であると判断された場合は，合否の決定を留保し検定意見が申請者に通知されるため，申請者は必要な修正を行い，再度審査を受け，合否の決定を受けなければならない。

③ 検定合格の決定を受けた申請者は，図書として完成した見本を文部科学大臣に提出する。

表11－1　海外の教科書制度の概要

	アメリカ合衆国	イングランド	デンマーク王国	ニュージーランド
発行の主体	民間	民間	民間	民間
使用義務の法規定	なし	なし	なし	なし（教科書は教材の一つ，使用しない場合もある）
検定の有無	なし（州や学区ガイドライン等に照らし選定リストを作成）	なし（自由発行）	なし（自由発行）	なし（自由発行）
採択・選定の権限	採択は採択委員会，選定は学校	学校（教師）	教師	教師
供給の方法	無償貸与（学校が購入。高額）	無償貸与 （私立学校の場合は義務教育段階でも有償）	無償貸与（法律に無料で提供すると規定。学校が貸し出す）	無償貸与（必要に応じて学校が購入し，貸し出す）
デジタル教科書の状況	・指導者用／学習者用の区別はない。 ・デジタル教科書を含むデジタルコンテンツを利用している初等中等教育機関は80％（2015年調査）	・電子黒板が普及している。 ・印刷発行している教科書会社が電子黒板で使用できるように，デジタル版を用意していることが多い。	・デジタル教科書の活用が積極的に進められている。 ・ネットワークインフラやデジタル教材購入への政府支援，ICTを活用する校長・教員のネットワーク化などが進められている。	・教科書はデジタル化されている。 ・教育省を中心に豊富なデジタル教材が提供され，デジタル教科書も教材の一つとして扱われている。

	シンガポール共和国	中華人民共和国	大韓民国	台湾
発行の主体	民間	国と民間	国と民間	民間
使用義務の法規定	なし（授業での使用・参照頻度は高い）	なし（教科書の使用が当然視）	あり	なし
検定の有無	あり（国定制と併用。多くは民間発行の検定教科書）	あり（「国語」「歴史」「道徳と法治」は国定，その他は検定）	あり（国定，認定と併用）	あり
採択・選定の権限	学校長（教育省が使用認可した教科書・教材のリストを公示，学校長が使用教科書のリストを公表）	地方政府（省，自治区，直轄市）	学校長	学校
供給の方法	有償（すべての学校段階で保護者が購入）	無償貸与（義務教育段階のみ）	無償給与（義務教育段階のみ）	有償給与（自治体レベルでの無償化，一部貸与もある）
デジタル教科書の状況	・民間出版社がデジタル教科書・教材，ウェブ教材を多く販売・配信している。 ・教育省も優良な教材を購入し，無料で提供している。	・2000年以降に本格化し，現在では，教科書だけでなく，教師の参考書（各教科の「教材解読」「教案」など）や，生徒の学習補助教材もデジタル化が図られている例がある。（2002年に初版，すでに第3版）	・初等学校の中・高学年と中学校，高校の一部教科でデジタル教科書が開発・使用されている。 ・2015年から希望するすべての学校で使用可能に。 ・2020年6月現在，初等学校の98.6％，中等学校の97.3％，高校の94.4％で使用。	・教室におけるデジタル教科書の全面的使用には総じて保守的な傾向がみられる。 ・検定教科書を編さんする各出版社は電子媒体で授業用の資料を作成しており，教師によって広く活用されている。

（出典）　教科書研究センター「海外教科書制度調査研究報告書」ウェブページを基に作成。（情報はすべて，2021年10月1日更新版による）

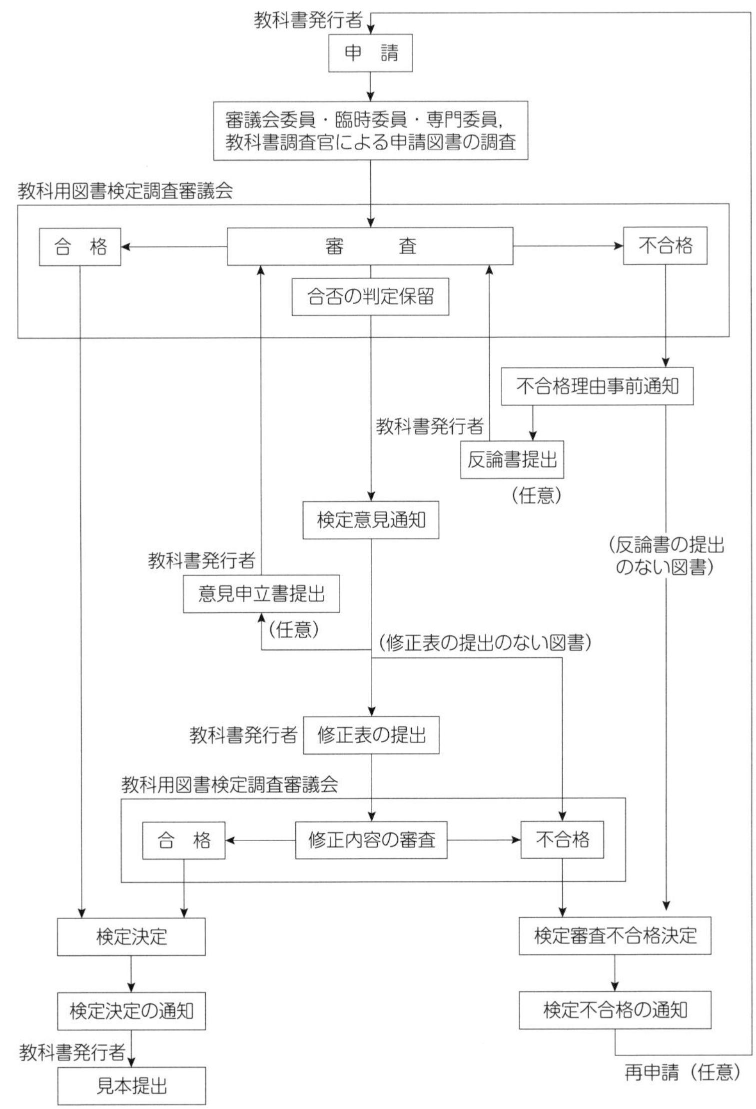

図11－2　教科書検定の手続き

（出典）文部科学省 HP「教科書制度の概要」より作成。

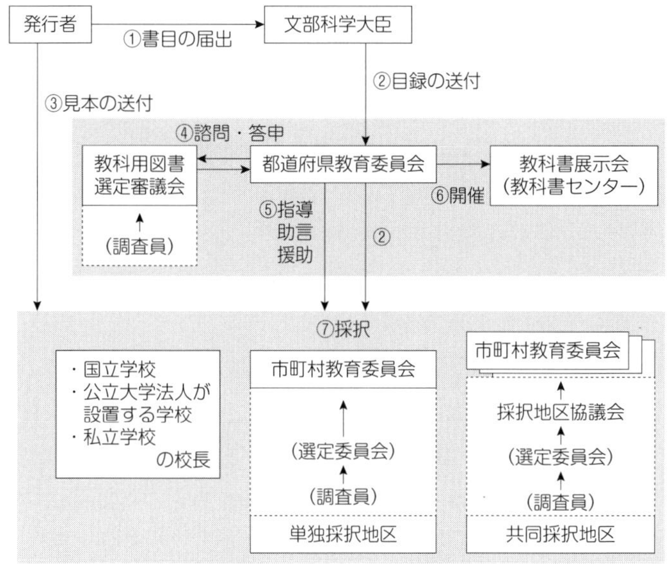

図11－3　教科書採択の手続き

（出典）　文部科学省 HP「教科書制度の概要」より作成。

（2）教科書の採択制度

教科書の採択とは，「複数発行されている教科書の中から，学校で使用する一種類を決定すること」である。教科書は通常，各科目において複数の図書が検定を合格し，発行される。学校ではそのうちから一つを選び使用する。

公立学校で使用される教科書の採択権は学校の設置者（市町村や都道府県の教育委員会）にある。国立学校，公立大学法人が設置する学校および私立学校の場合は，学校長が採択権をもつ。しかし，次項に見る「教科書の無償給与制度」との関係で市町村立の学校で使用される教科書の採択は，都道府県教育委員会が「市町村の区域又はこれらの区域を併せた地域」として設定した採択地区を基本に行われる（義務教育諸学校の教科用図書の無償措置に関する法律第13条）。これは，採択地区が2つ以上の市町村を併せた「共同採択地区」であった場合，同一地区内の市町村は使用する教科書を採択地区協議会において協議・決定し，種目ごとに同一の教科書の採択を求める制度である。

（3）教科書の無償給与制度

日本国憲法第26条第2項は「すべて国民は，法律の定めるところにより，その保護する子女に普通教育を受けさせる義務を負ふ。義務教育は，これを無償とする。」として，公教育における無償性の原理を謳っている。義務教育における無償の範囲は授業料と教科書に係る経費とされ，教科書については設置者の別を問わず，すべての児童生徒が無償の対象となる。ちなみに，学年の中途で転学した児童生徒については，転学後において使用する教科書が転学前と異なる場合に限って新たな教科書が給与される。

義務教育諸学校における教科書の無償給与制度は，「義務教育諸学校の教科用図書の無償に関する法律」（昭和37年3月31日公布，同年4月1日施行）及び「義務教育諸学校の教科用図書の無償措置に関する法律」（昭和38年12月21日公布，同日施行）に基づき，昭和38（1963）年度に小学校第1学年について実施されたことが始まりである。以後，学年進行方式によって毎年拡大され，昭和44（1969）年度に小・中学校全学年での無償給与が完成した。

3　教科書制度が抱える現代的課題——教育をめぐる「意思」

これまで見てきたように，教科書は教育の機会均等の実現や質の保障という側面において，とても大きな役割を果たしてきた。それを実質化するための制度的特徴が，検定・採択・無償給与という一連の流れに表れていると理解できるだろう。その一方で，日本の教科書の在り方は，特に国家との距離間という点において，これまで何度も政治的アリーナ（闘技場）になってきたという歴史も見逃してはならない。いわば教科書の内容やその使用をめぐる「意思」の衝突として理解することができる。

この点について末松（2012：101）は，教育課程の在り方をめぐって，国家／個人／教師がそれぞれに国家意思／私的意思／専門的意思をもち，それらがトライアングルの構造を成していることを指摘する。この整理は，教育の在り様，特に「何を次世代の子どもたちに教え伝えようとするのか」の決定が容易ではなく，時にそれは政治的な「圧力」あるいは「統制」を意識させるものとして表出することを教えてくれる。

たとえば，教科書の検定をめぐっては，高等学校日本史の教科書検定をめぐって争われた一連の家永教科書裁判（1965～1997年）のほか，最近では「特別の教科 道徳」の教科書検定をめぐって，その検定結果に疑義が唱えられる等，例は数多ある。とりわけ，日本の近現代史をめぐる記述は，論争的になることが多い。2013年６月の自民党教育再生実行本部による近隣諸国条項の見直しの発表や2017年の「義務教育諸学校教科用図書検定基準」の改訂等が，その一例となる。前者は，小中学校の社会科や高等学校の地理歴史科の教科書検定にかかわって制定されている「近隣のアジア諸国との間の近現代の歴史的事象の扱いに国際理解と国際協調の見地から必要な配慮がなされていること」という条項を，自虐史観に立ったものとして見直しを図ろうという提言であった。また後者については，「閣議決定その他の方法により示された統一的な見解又は最高裁判所の判例が存在する場合には，それらに基づいた記述がなされていること」と規定された。子安（2021：13）によると，「政府見解と異なる見解を書き込んではいけないと規定しているわけではないが，これ以後の教科書の大多数は政府見解ばかりを紹介するものとなった」と分析しており，政治的影響力の大きさをうかがわせる。

4　教師としてどのように教科書と向き合うか

これらの例に表れているように，教科書は時にある種の価値観や政治的な観念（イデオロギー）に左右される側面を宿命的に抱えてきた。その理由の一つは，学校という公教育の場で用いられる教科書には，必然的に国家が国民に対して教育したいと考える内容が据えられている，ということだろう。

折しも，2017（平成29）年の学習指導要領改訂は「主体的・対話的で深い学び」を理念として掲げ，VUCA（ブーカ）（先行きが不透明で，将来の予測が困難な状態）と形容される現代社会を力強く歩んでいくアクティブ・ラーナーの育成を目指している。そのような中で，児童生徒が学校で出会う情報が画一的な色彩を帯び，学校での学びが統制的な機運に覆われてしまうことがあってはなるまい。すでに言い古された“格言”かもしれないが，「教科書『を』教えるのではなく，教科書『で』教える」，つまり教科書を主たる教材としつつも，教師それぞれが専門的意思と力量をもって授業を作（創）り上げていくという教師としての基本型が，より強く求められるのである。

発展学習に向けてのレポート課題

⑴ 自身が取得を希望する教科の教科書を複数比較し，その相違点についてまとめてみよう。

⑵ 自分が気になった海外の国や地域の教科書制度を調べ，日本との違いについてまとめてみよう。

参考文献

教科書研究センター『海外教科書制度調査研究報告書』.
https://textbook-rc.or.jp/kaigaihoukoku/

子安潤（2021）『画一化する授業からの自律――スタンダード化・ICT 化を超えて』学文社.

斉加尚代（2019）『教育と愛国――誰が教室を窒息させるのか』岩波書店.

末松裕基（2012）「教育課程経営」篠原清昭編著『学校改善マネジメント――課題解決への実践的アプローチ』ミネルヴァ書房，100-118.

俵義文（2020）『戦後教科書運動史』平凡社新書.

（照屋翔大）

コラム　子どもの健康と教科書

現在，紙の教科書からデジタル教科書への転換が図られていることは本章において解説した。ここでは少し視点を変えて，紙の教科書がデジタル教科書に代わっていくと，子どもたちの体にどのような影響が表れるのかについて考えてみたい。

突然だが，小学生が通学で使用しているランドセルに教科書等の中身を詰めるとどの程度の重さになるかご存じだろうか。とあるランドセルメーカーが調査したところ，１週間のうち最も荷物が重い時で4.7kg，ランドセルの重さも加えるとおよそ6kgだったという。その結果，小学生の約３割がランドセルを背負ったときに「痛み」を感じると回答したそうだ。

原因の一つには，学習指導要領の改訂に伴い，教科書の大判化（以前はＢ５判が主流だったのに対して，現在はＡ４判が主流）が進み，またページ数も増大したことが挙げられよう。教科書協会がまとめた『教科書発行の現状と課題（2022年度版）』（令和４年８月２日発行）によると，小中学校においてここ10年間でおよそ150％程度の総ページ数の増加があった。

デジタル教科書の利点の一つは，軽量な端末に複数の教科書をデータとして保存することができる点にある。つまり，圧倒的に重量は軽くなるという訳である。しかし，決していいことばかりではない。文科省が2021年度に実施した調査では，小学校低学年の２割以上で首，肩に疲れや痛みを，またその３割近くと中高学年と中学生の４割程度は「目の疲れ」を訴えている。さらに，「昼間に眠く感じる」と回答した児童生徒も全体の４割に上ったことが報告されている。彼らの健康や発育という点からは，十分注意を向けられるべき結果と受け止める必要があるのではないだろうか。

「学び」の充実も重要だが，今だからこそ「健康」をキーワードに「育ち」も大事にした学校教育の在り方を再考する必要があるように強く思う。

（照屋翔大）

第12章

危機管理の制度

——安全な学校づくりを目指して——

学校へ行く子どもを見送る際,「車に気をつけてね」ということはあっても,「学校で気をつけてね」と声をかけることはないだろう。なぜなら,私たちは通常,まさか学校で子どもたちが生死に関わるような危険に遭遇するとは思わないからだ。また,大地震や異常気象等による災害が起きた場合も,学校は地域住民の生命を守る避難所としての役割を期待されており,実際に多くのケースで二次災害等の危険から私たちを守ってくれている。このように,私たちにとって学校はもともと安全・安心な場所というイメージが強い。しかし,現実に目を向けてみると,熱中症や転落事故をはじめ,不審者侵入,食中毒やアレルギー反応など,児童生徒はさまざまな危険にさらされており,学校は必ずしも安全な場所ではないことがわかる。学校が安全な場所であるという認識は,いわば「神話」なのである。本章では,真の学校安全を実現するための危機管理の制度とその具体的方策について考えてみよう。

1　安全神話の崩壊

学校の安全神話が崩壊したひとつの契機は,2001年6月8日に大阪教育大学附属池田小学校で発生した無差別殺傷事件であろう。この事件は,身勝手な恨みを募らせた一人の男が出刃包丁を手に校内へ無断侵入し,低学年の児童を次々と切りつけて殺傷したものである。結果として,8人の児童が死亡,教職員を含む15人が重軽傷を負ったこの事件は,世の中に大きな衝撃と哀しみを与えると同時に,「学校は決して安全な場所ではない」という危機意識を学校関係者に抱かせることとなった。

表12－1　学校で想定される主な危機事象の例

危機事象		想定される事態（例）
生活安全	傷病の発生	熱中症、スポーツ中の頭頚部損傷その他の外傷、階段その他からの転落、急病等による心肺停止　等
	犯罪被害	不審者侵入、地域での不審者情報、学校への犯罪予告、校内不審物
	食中毒、異物混入	学校給食による食中毒、学校給食への異物混入　等
	食物等アレルギー	学校給食や教材によるアレルギー・アナフィラキシー
交通安全	自動車事故	登下校中や校外活動中の交通事故
	自転車事故	
	その他の交通事故	
災害安全	気象災害	洪水・内水氾濫・高潮等による浸水、強風による飛来物・停電、突風・竜巻による家屋倒壊・飛来物、落雷
	地震・津波災害	災害建物倒壊、家具等の転倒・落下、津波浸水、液状化、二次災害としての火災・がけ崩れ・ライフライン寸断　等
	土砂災害	がけ崩れ、土石流、地すべり
	火山災害	火砕流、融雪型泥流、火山灰　等
	原子力災害	原子力発電所の事故　等
	大規模事故災害	ガソリンスタンド、化学工場など危険物取扱施設での事故　等
	火災	校内施設や近隣からの出火
その他	大気汚染	光化学オキシダント被害、微小粒子状物質（PM 2.5）
	感染症	結核、麻しん、新たな感染症　等
	弾道ミサイル発射	Ｊアラートの緊急情報発信
	その他	空からの落下物、インターネット上の犯罪被害　等

※いじめや暴力行為など児童生徒等同士による傷害行為は、生徒指導の観点から取り組まれる内容であるため、本ガイドラインの対象とはしていません。
（出典）　文部科学省（2021）『学校の「危機管理マニュアル」等の評価・見直しガイドライン』。

2011年３月11日に発生した東日本大震災も，学校の安全性が神話にすぎないことを私たちに見せつける結果となった。想定をはるかに超えた大津波は避難先である学校にも多くの被害をもたらしたが，なかでも大川小学校は，校庭に避難していた児童74人と教職員10人という多くの犠牲者を出し，学校管理下にある子どもの死亡件数としては戦後最悪の数字を記録した。学校に避難してきた保護者や地域住民も犠牲となった一方，自らの判断で裏山等に逃げた児童や教職員は助かったというから，皮肉なものである。

日常でさえ必ずしも安全とはいえない。独立行政法人日本スポーツ振興センター学校安全部が毎年発表しているデータ集『学校の管理下の災害』によれば，登下校時の交通事故等も含め，学校（幼稚園・保育園・こども園，小学校，中学校，高等学校・高等専門学校，特別支援学校）の管理下において事故等に遭い死亡した子どもは，2018年度が84人，2019年度が71人，2020年度が62人，重度の後遺症を含め障害を負った子どもも，2018年度が403人，2019年度が363人，2020年度が393人となっており，その数は決して少なくない[1)]。

表12－1を一瞥してみただけでも，熱中症や転落事故をはじめ，不審者侵入，食中毒やアレルギー反応，登下校中の交通事故，豪雨や突風，地震などの気象災害，火災，大気汚染，新型ウイルスから飛来物にいたるまで，学校が様々な危険にさらされていることは明らかであろう。学校を本当に安全・安心な場所にするためには，何よりもまず「学校は安全なはずだ」という先入観や思い込みを捨て，適切な危機管理を行うことが必要なのである。

2　危機管理制度の整備

学校の安全神話崩壊とともに，危機管理制度の整備も急ピッチで進められた。大阪教育大学附属池田小学校事件が起きた翌年，文部科学省はまず『学校への不審者侵入時の危機管理マニュアル』（2002年）を作成し，2007年には，登下校時の危機管理も含めた『学校の危機管理マニュアル―子どもを犯罪から守るために―』を発表した。

その後，政府は学校保健法（1958年制定）を一部改正し，学校保健安全法を成立させた。同法第29条に「学校においては，児童生徒等の安全の確保を図るため，当該学校の実情に応じて，危険等発生時において当該学校の職員がとるべき措置の具体的内容及び手順を定めた対処要領を作成するものとする」と明記されているとおり，2009年からは学校安全計画や危機管理マニュアルの策定が各学校に義務づけられることとなった。これ以降，文部科学省はこの学校保健安全法を法的根拠として，学校の危機管理対策を進めていくことになる。

東日本大震災が発生した翌2012年には『学校防災マニュアル（地震・津波災害）作成の手引き』が作成され，2016年には『学校事故対応に関する指針』，2018年には『学校の危機管理マニュアル作成の手引』，2019年には『「生きる力」をはぐくむ学校での安全教育』が相次いで発表された。こうした指針に基づき，各学校も地域のハザードマップを参考に独自の危機管理マニュアルを作成し，想定される様々な危機事象に対して児童生徒や教職員の安全をどう確保すべきかについて具体的な検討をはじめた。

しかし，危機管理マニュアルは一度作成すればよいというものではない。なぜなら，学校を取り巻く状況や社会環境の変化に応じて常に見直しや改善を行うことこそ，危機管理マニュアルの生命線だからである。

こうした観点から，文部科学省は2021年に『学校の「危機管理マニュアル」等の評価・見直しガイドライン』を公表し，各学校が危機管理体制を恒常的にアップデートするよう促した。人事異動等に伴う分担や組織の変更，施設や設備・通学路等の状況変化，学校で発生した事故や訓練の検証結果などを踏まえつつ，各学校は具体的かつ主体的に自校の危機管理体制を整備し，学校安全を実現していくことが欠かせないのである。

3　学校安全をどう実現するか——危機管理のあり方

（1）学校安全の考え方

『「生きる力」をはぐくむ学校での安全教育』（文部科学省，2019年）によれば，学校安全は，安全教育と安全管理の２本柱で構成されていると考えることができる。

安全教育とは，児童生徒が生涯にわたって健康かつ幸福な生活を送るための基礎を培うとともに，進んで安全な社会づくりに参加し貢献できるような資質能力を育てることである。また安全管理とは，刻々と変化する社会環境を踏まえつつ児童生徒を取り巻く多様な危険を的確に捉え，子どもの発達段階や地域の特性に応じた安全確保の取組みを継続的に推進することであり，具体的には死亡事故の発生件数ゼロと負傷疾病発生率の減少を目指すことである。

児童生徒は，単に守られるべき対象にとどまらず，自らの安全を積極的に確保しようとする安全意識や資質能力を身につけていく必要があるが，その実現には，「生きる力」をはぐくむ場である学校において児童生徒が生き生きと活動し，安全に学べるような環境整備が不可欠である。このような安全管理と安全教育とがまさに車の両輪のように機能してはじめて理想の学校安全が実現するのである。

しかし，現実はそう甘くはない。先述したように，学校は絶えず様々な危機事象と隣り合わせの状態に置かれており，常に安全を維持し事故を未然に防ぐことが可能なわけではない。実質的な学校安全を目指すためには，安全管理よりも一歩踏み込んだ対策，すなわち事故が起きた際にその被害や影響を最小限にとどめようとする危機管理の視点が不可欠なのである。

（2）危機管理の3ステップ

① 事前の危機管理

その第1段階は，事前の危機管理である。学校安全は事前の備えが全ての対応の基本であり，その意味で，平常時から安全な環境整備と事故の未然防止を目指す安全管理は欠かすことができない。この安全管理をベースとしつつ，事故や災害等の発生に備えた危機管理をすすめることが重要なのである。

具体的には，学校の立地条件，周辺地域の災害ハザードマップ，保護者や地域住民の生活環境，通学路の状況から，校舎の築年数，校舎内の環境，教職員・児童生徒数にいたるまで，自校の基本データを整理することが先決であろう。その上で，校区および校舎内の安全点検を実施して危険箇所を抽出し，危機事象の未然防止策を講じる必要がある。さらに，危機発生に備えた対策として，緊急時の体制整備や避難訓練，教職員研修や安全教育を行っておくことも重要である。

② 発生時（初動）の危機管理

危機管理においては，発生時の初動対応を適切に行えるかどうかが大きな鍵を握るといっても過言ではない。一刻を争う切迫した状況の中で判断や行動を

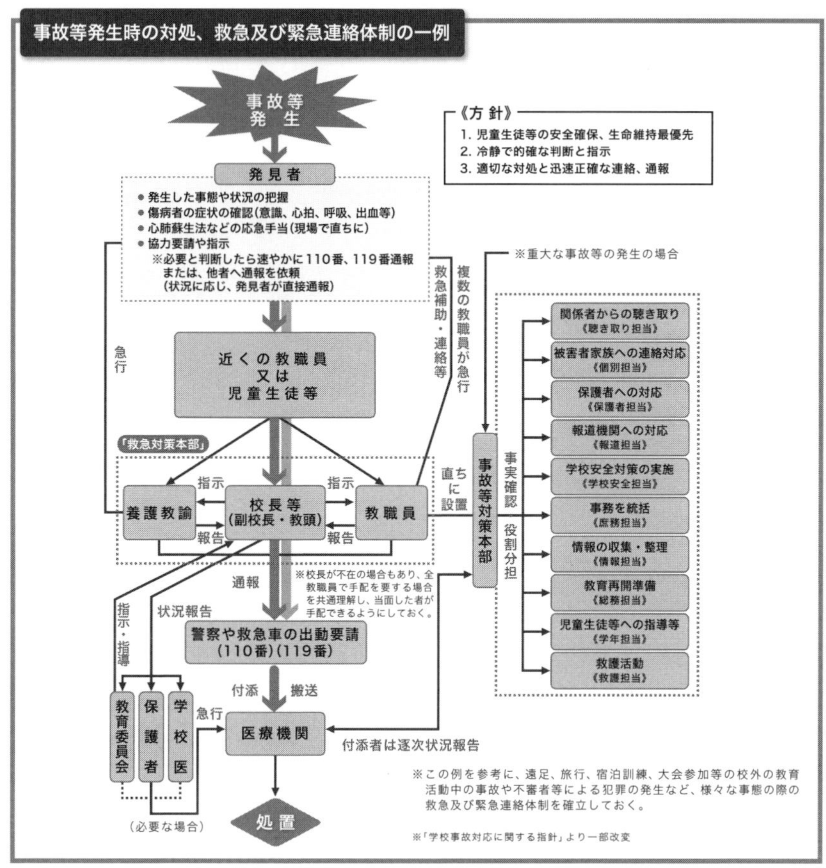

図12－1　事故等発生時の危機管理

（出典）　文部科学省（2018）『学校の危機管理マニュアル作成の手引』。

求められる場合も多いため，図12－1に示すようなフローチャート等を作成しておくことが有効である。

このようなフローチャートに事故発生時の初動と役割分担を明示するとともに，定期的な研修を通じて教職員がその内容を熟知し，危機事象発生時はその被害を最小限にとどめられるよう機敏に行動することが重要である。

③ 事後の危機管理

事故や災害等が発生した場合，児童生徒や教職員の生命維持および安全確保が最優先に考えられるべきことは当然であるが，その対応を終えた直後から，学校はじつに多種多様な対応を迫られることになる。

具体的には，教育活動を再開するかどうか，児童生徒を下校させる場合であれば，集団下校にするのか保護者に迎えに来てもらうのかの判断，教育委員会や保護者への連絡，報道機関への対応，児童生徒の心のケア，災害時の復旧計画の策定などである。また，事故の調査・検証・再発防止策の検討も重要である。なぜなら，この作業は，今後起こるかもしれない新たな事故や災害等に備えた「事前の危機管理」へとつながるからである。

4　今後の危機管理のあり方

（1）不審者対応と SNS の問題

表12－1にも示したとおり，学校管理下において想定される危機事象は多種多様であるが，時代や社会状況の変化に伴い，危機事象の類型や発生件数の増減には一定の特徴や傾向も見られる。警察庁等のデータによれば，たとえば交通事故負傷者数は減少傾向にあるが，略取誘拐の犯罪被害に巻き込まれる件数は増加傾向にあるという。いわゆる不審者対応や SNS に起因するトラブル対応がその重要性を増してきているのである。

最近は，防犯対策やプライバシー保護の観点から，登下校中は児童生徒が名札を付けなかったり，体操服のゼッケンが見えないよう夏場でもジャージを着用させる指導を行う学校も増えてきたようである。その一方で，学校を訪れる大人は，あらかじめ配付された保護者用の名札を着用するか，受付名簿に氏名を記帳して来校者用の名札を付けるかの対応を求められるケースが一般的となった。名札といえば，かつては児童生徒が付けるものであったが，最近では大人が着用するアイテムとなったのである。

不審者対応の例は，表12－2に示すとおりである。一言で不審者対応といっても，発生時間帯や不審行動の種類，実被害の有無など，状況によって学校側

表12－2　不審者対応の例

◆ 近隣で犯罪被害につながる事案が発生した場合の対応

(1) 第一報による対応の判断

校長は、登下校中の児童への危害行為や、学校近隣における不審者の発生など児童の犯罪被害につながる可能性のある事案の発生に関する情報を得た場合、その概要を把握するとともに、緊急対応が必要かどうかを判断する。

※緊急対応が必要な事態（例）：以下のような状況が継続している場合
＊凶器を持った不審者が通学路の近くをうろついている。
＊登下校中の児童が不審者に襲われケガをした。
＊不審者が登下校中の児童に声を掛け連れ去ろうとした。
＊登下校中の児童が金品を奪われた。
＊校区内や周辺で凶悪な犯罪が発生し、解決（犯人確保）されていない。
＊その他、学校近隣において児童が犯罪被害を受ける可能性がある。

(2) ケース別の児童・教職員の対応

校長は、上記により緊急対応が必要と判断した場合、以下の対応を基本として、教職員に必要な対応等を指示する。

なお、すべてのケースにおいて、保護者に対し一斉メールを通じて速やかに情報提供・注意喚起・引取り依頼等を行う。また、登下校中の時間帯に発生した場合は、○○市防災担当部局に依頼して、防災行政無線を用いた児童への連絡を行う。

ケース	発生時間帯	児童	教職員
通学路上で児童が襲われた ※金品を奪われた、襲われてケガをした等	登下校中	自宅、学校、付近の「子ども110番の家」や商店（以下「最寄り避難先」とする。）のうち、最も近いところへ避難。 学校に残る（又は避難した）児童は学校待機→保護者引渡し。	● 被災児童の居場所へ急行（学級担任） ●（未通報の場合）110番通報等 ● 通学路の巡回
校区内に加害行為のおそれが高い不審者等がいる ※校区内で、刃物等の凶器を所持した不審者が発生し、身柄確保ができていない場合等	登校前	自宅待機	● 学校にて待機・対応 ● 必要に応じて通学路の巡回
	在校中	学校待機→保護者引渡し。	
	登下校中	自宅、学校、最寄り避難先のうち最も近いところへ避難。 学校に残る（又は避難した）児童は学校待機→保護者引渡し。	● 教職員の安全確保を優先しつつ、可能な場合は複数体制をとって通学路の巡回
校区内にその他の不審者等がいる ※校区内で、不審者による声掛け事案等が発生した直後等	登校前	集団登校 （又は保護者による送り）。	● 学校にて待機・対応 ● 必要に応じて通学路の巡回
	在校中	集団下校。	● 必要に応じて通学路の巡回
	登下校中	自宅・学校のうち近い方へ避難。 学校に残る児童は集団下校。	

（出典）　文部科学省（2021）『学校の「危機管理マニュアル」等の評価・見直しガイドライン』。

の対応は変わるため，教職員研修において事前にシミュレーションを重ねておくことが肝要である。

また，SNSを中心としたインターネット関連の犯罪被害も多様化・深刻化している。こうした事案による被害を防止するためには，最新事例の動向を把握することに加え，保護者とも緊密に連携し，児童生徒が情報機器等を使用することのメリットとデメリットなどについて共に検討する機会を設けることが有効であろう。

（2）家庭・地域・関係機関等との連携

SNSの問題に限らず，子どもたちの安全は本来，社会全体で守られるべきものである。学校だけでは児童生徒の安全を守ることはできないと断言してもよいだろう。学校保健安全法第30条にも明記されているように，「学校においては，児童生徒等の安全の確保を図るため，児童生徒等の保護者との連携を図るとともに，当該学校が所在する地域の実情に応じて，当該地域を管轄する警察署その他の関係機関，地域の安全を確保するための活動を行う団体その他の関係団体，当該地域の住民その他の関係者との連携を図るよう努める」ことが重要だからである。図12－2に示すように，家庭・地域・関係機関等との連携があってはじめて学校安全は実現されるのである。

自校の置かれた状況を踏まえながら，各学校が効果的な安全教育や危機管理を行うためには，専門知識に基づいて地域活動を行っている関係機関や自治体とも連携することが欠かせない。また，学校安全計画や危機管理マニュアルの作成・見直しに際しては，各方面から聴取した意見や助言を適切に反映させ，完成した計画やマニュアルを保護者や地域住民と共有することも有効であろう。学校と家庭・地域との日頃の連携が，不審者情報や災害発生の予兆などの通報や情報共有を促し，児童生徒の生命と安全を守る行動へとつながるのである。

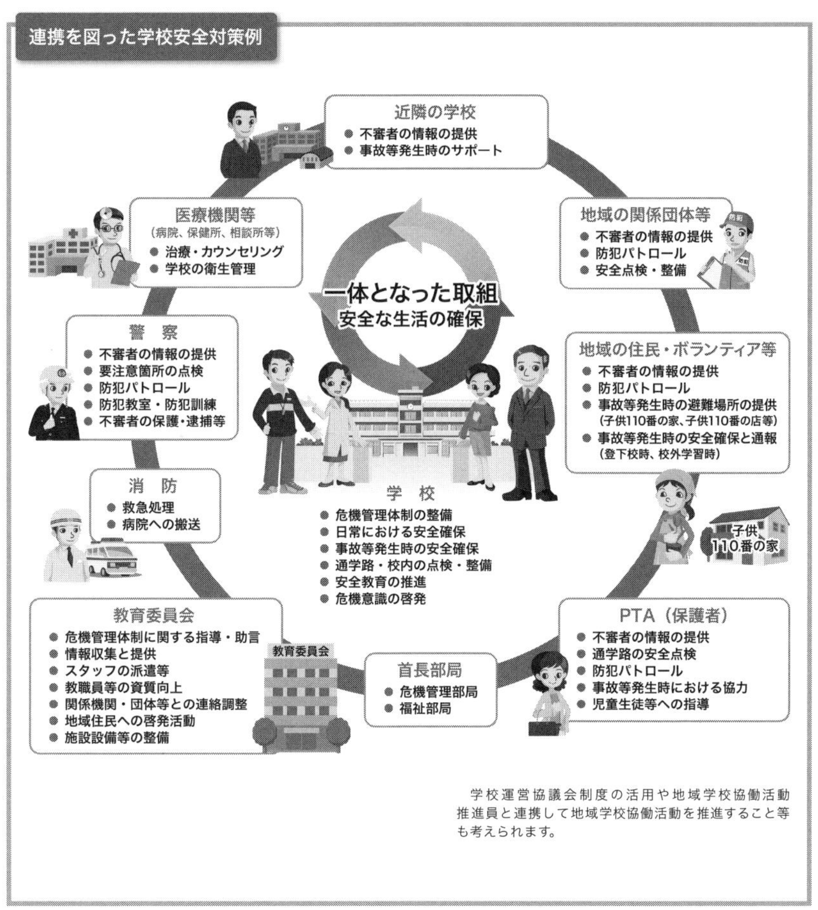

図12－2　家庭・地域・関係機関と連携した学校安全

（出典）　文部科学省（2018）『学校の危機管理マニュアル作成の手引』。

発展学習に向けてのレポート課題

(1) 母校や近隣の学校周辺のハザードマップを見て，想定される危機事象を予測するとともに，その対応策も話し合ってみよう。

(2) 児童生徒がSNS等を契機とした犯罪被害に遭わないためにどのような対策が有効か，自分自身の経験を踏まえて具体的に検討してみよう。

注

1） 死亡見舞金・供花料・障害見舞金を支給した実績により算出されるデータ。

参考文献

大阪教育大学附属池田小学校（2017）『学校における安全教育・危機管理ガイド』東洋館出版社.

文部科学省（2012）『学校防災マニュアル（地震・津波災害）作成の手引き』.

文部科学省（2016）『学校事故対応に関する指針』.

文部科学省（2018）『学校の危機管理マニュアル作成の手引』.

文部科学省（2019）『「生きる力」をはぐくむ学校での安全教育』.

文部科学省（2021）『学校の「危機管理マニュアル」等の評価・見直しガイドライン』.

文部科学省（2021）『学校安全推進のための教職員向け研修・訓練実践事例集』.

渡邉正樹編著（2020）『学校安全と危機管理 三訂版』大修館書店.

（松原岳行）

コラム　リスクは回避されるべきか？
――リスクと危機の違い――

リスク（risk）の語源は，ラテン語の「リズカーレ」（risicare）だとされる。元来は，座礁沈没や海賊襲来などの危険を冒してでも莫大な利益を得ようとする東方貿易の船乗りのことを指しており，それが転じて“悪い出来事が起こる可能性を覚悟の上で勇気を出して何かに挑戦する”という意味になったという。しかし，現代では「悪い出来事が起こる可能性」の部分がクローズアップされ，少しでも危険が予測される行為は実行に移さない「リスク回避」が声高に叫ばれるようになった。

たとえば，一昔前には運動会や体育大会の花形プログラムだった「組み体操」が近年ほとんど実施されていないのは，まさにこの文脈において解釈できよう。大怪我をする危険性はあるものの，一致団結して組み体操を成功させたときの達成感や教育効果を期待して実施していた以前とは異なり，現在では，大怪我をする危険性がある演目はそもそも実施しないというリスク回避策が採られているようである。危険を冒してまで達成感や教育効果を得るのは，少なくとも学校管理下においては文字通りリスクが大きすぎるということなのであろう。

ただ，個人の人生において，あらゆるリスクを回避する生き方というのはいかがなものか。サッカーでもバスケットボールでもそうだが，全員でゴール付近を守備すれば失点の危険性は限りなく減らせるだろう。ただ，失点しない代わりに，得点も期待できない。結果を見ればスコアレスドローだから，サッカーであれば勝ち点１は獲得できるのだろうが，この状況は単なる試合放棄ではないか。

一方，前線へ攻め込めば，当然守備陣は手薄になり，失点の可能性は増大する。しかし，そういう危険性を背負ってでも得点を狙いにいくことで，はじめて勝機は訪れるものであろう。失点の危機を可能な限り減らしつつ，得点を果敢に狙うこと――リスクとは，人生という冒険に欠かせない大切なクスリなのである。

（松原岳行）

第13章

奨学金の制度

——教育費負担の軽減とその課題——

現在，日本では，大学，短期大学，高等専門学校（高専），専修学校専門課程（専門学校）において約370万人の学生が学んでいる。2021（令和３）年には，18歳人口に占める大学・短期大学進学率は58.9%，高専・専門学校を含めると83.8%に達しており，同一年齢の８割以上が高校卒業後も学び続けている（文部科学省 2021a）。

この進学率の上昇とともに増え続けているのが奨学金の受給率である。日本学生支援機構（2022a）の調査によれば，2020（令和２）年に日本学生支援機構，大学，地方公共団体等が行う何らかの奨学金を受給した学生の割合は49.6%であった。いまや半数の学生が奨学金を利用して学ぶ時代となっている。しかし，その一方で課題となっているのは貸与奨学金の延滞問題である。日本の奨学金の多くは貸与型であり，卒業後には返還しなければならない。なぜ延滞はなくならないのだろうか。返さないのか，それとも返せないのか，その理由は何なのだろうか。

本章では，奨学金制度を理解するために，まず，奨学金制度の法的枠組みについて解説する。次に，義務教育段階，高校段階，高等教育段階に分けて授業料減免や奨学金等の経済的支援の方法について詳しく見ていく。さらに，諸外国との比較を通じて日本の大学の授業料と奨学金制度の特徴を検討し，最後に日本学生支援機構の貸与奨学金の延滞問題について考察を行う。

1　奨学金制度の法的枠組み

我が国では，日本国憲法第26条第１項において「すべて国民は，法律の定めるところにより，その能力に応じて，ひとしく教育を受ける権利を有する」と規定されている。また，教育基本法第４条第１項では「すべて国民は，ひとしく，その能力に応じた教育を受ける機会を与えられなければならず，人種，信条，性別，社会的身分，経済的地位又は門地によって，教育上差別されない」と定められている。このように，教育を受ける権利と教育の機会均等は法規上保障されているが，現実には様々な要因によって阻害されており，なかでも経済的要因は大きな障壁となっている。

教育基本法第４条第３項では「国及び地方公共団体は，能力があるにもかかわらず，経済的理由によって修学が困難な者に対して奨学の措置を講じなければならない」と規定され，国と地方公共団体には奨学の措置，すなわち経済的支援を実施する義務が課されている。その方法は義務教育段階と義務教育修了後では大きく異なっており，義務教育段階では「就学援助」という形で支援が行われている。一方，高校段階では授業料の一部または全部を支援する就学支援金制度や授業料以外の学用品等の負担を軽減する奨学給付金制度が実施されている。さらに，高等教育段階では給付型・貸与型の奨学金制度や授業料減免制度等を通じた経済的支援が行われている。

2　高校段階までの経済的支援制度

（１）義務教育段階における経済的支援：就学援助制度

次に，義務教育段階における経済的支援について見てみよう。日本国憲法第26条第２項では「義務教育はこれを無償とする」と規定されているが，その無償の範囲は授業料（国公立学校に限定）と教科書となっており，これら以外は無償ではない。そこで，学校教育法第19条では「経済的理由によって，就学困難と認められる学齢児童生徒の保護者に対しては，市町村は，必要な援助を与えなければならない」と規定し，これに基づいて市町村は就学援助として学用品費や通学費，学校給食費，医療費，修学旅行費などを支給している。その対象は①生活保護法第６条第２項に規定する要保護者，②要保護者に準ずる程度に困窮する準要保護者，である。後者は市町村がそれぞれの基準に基づき認定する。文部科学省の調査によれば，就学援助を受けている児童・生徒は2021

（令和３）年度は約132万人であり，就学援助率は14.42％であった（文部科学省2021b)。これは７人に１人が援助を受けている計算となる。子どもたちの学ぶ権利を保障する上で，就学援助は重要な役割を担っている。

（２）高校段階における経済的支援：就学支援金制度・奨学給付金制度

① 高等学校等就学支援金制度

では，義務教育修了後の高等学校等における経済的支援にはどのような制度があるのだろうか。まず，授業料については2010（平成22）年に「公立高等学校に係る授業料の不徴収及び高等学校等就学支援金の支給に関する法律」が成立し，同年より公立高等学校で授業料が徴収されないことになった。また，私立高校の生徒に対しても高等学校等就学支援金が支給され，授業料支払いに充てられることになった。さらに，私立高校に通う低所得世帯の生徒に対しては家庭の状況に応じて就学支援金が加算して支給された。このような制度が導入されたことは，教育を受ける権利と教育の機会均等を保障する点からみて大きな前進であった。

その後，2014（平成26）年に制定された「高等学校等就学支援金の支給に関する法律」に基づき，両制度は「高等学校等就学支援金制度」（以下，就学支援金とする）として統一的に実施されるようになった。就学支援金は生徒本人や保護者が直接受給するのではなく，学校設置者（都道府県や学校法人）が受給し，それを授業料に充てる制度設計になっている。ただし所得制限（年収約910万円未満）が設けられているため，全ての生徒が利用できる訳ではない。なお，授業料と就学支援金の差額は生徒・保護者が負担しなければならないが，2020（令和２）年４月に就学支援金の支給上限額が全国の私立学校の平均授業料を勘案した水準に引き上げられており，年収約590万円未満の世帯は私立高校の実質無償化が図られている。

② 高校生等奨学給付金制度および地方公共団体独自の奨学金制度

一方，授業料以外の教育費負担を軽減するための取り組みとしては2014（平成26）年度より「高校生等奨学給付金制度」（以下，奨学給付金とする）が実施されている。これは返還不要の給付金であり，対象は生活保護世帯および住民税所得割非課税世帯である。たとえば非課税世帯で私立高校に通う第一子の場合，年額約13万円が支給される。給付金事業は都道府県が実施し，国はその経費を補助する仕組みとなっている。

また，奨学給付金とは別に地方公共団体が独自に実施している奨学金制度もある。たとえば，広島県教育委員会は経済的理由により修学が困難な生徒に対して修学上必要な学資金の一部を貸し付ける「広島県高等学校等奨学金」を実施している。これは広島県独自の貸与型奨学金であり，高等学校等へ進学予定の中学３年生向けの入学準備金貸付と高校在学中の生徒への修学奨学金の貸付が行われている（広島県教育委員会 Web サイトより）。

3　高等教育段階の経済的支援制度――奨学金制度・修学支援新制度

（1）奨学金制度の全体像

高等教育段階における奨学金事業は，日本学生支援機構，地方公共団体，学校，公益団体，医療関係機関，営利法人，個人等によって行われている。図13－1～5は2019（令和元）年度の奨学金事業に関する実態調査の結果である（日本学生支援機構については2020年度）。日本学生支援機構を含む3,810団体が奨学金事業を実施しており，地方公共団体が全体の約４割，学校が約３割を占めている。学校には大学，短期大学，高等専門学校，専修学校，各種学校が含まれており，それぞれ独自の奨学金を実施している。ただし，図13－2の奨学生数や図13－3の奨学金支給額を見ると日本学生支援機構の割合が最も多く，奨学生総数の４分の３，支給総額の約９割を占めている。なお，図13－4の奨学金支給額（種類別）では貸与が８割超であるが，以前は貸与がもっと多い時期もあった。しかし，2017年度に日本学生支援機構が給付奨学金を創設したため，その後は給付型の割合が徐々に拡大している。

また，図13－5は奨学生の選考基準である。計8,834件のうち，学力・人物重視が34.5％で最も多い。これを実施団体別に見ると，特に医療関係機関，営利法人，学校は学力・人物重視の割合が多く，反対に地方公共団体や公益団体

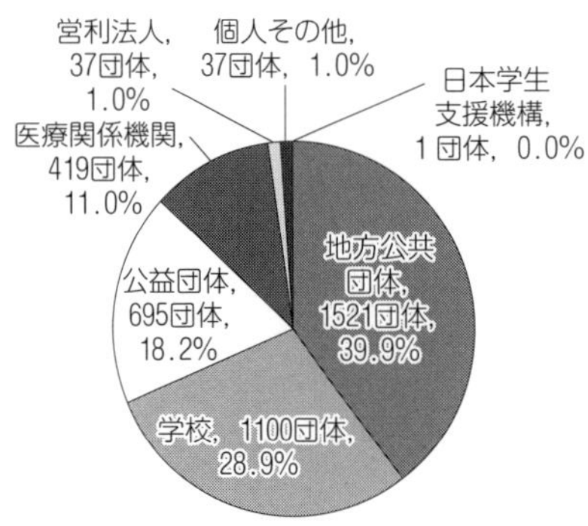

図13－1　奨学事業実施団体数

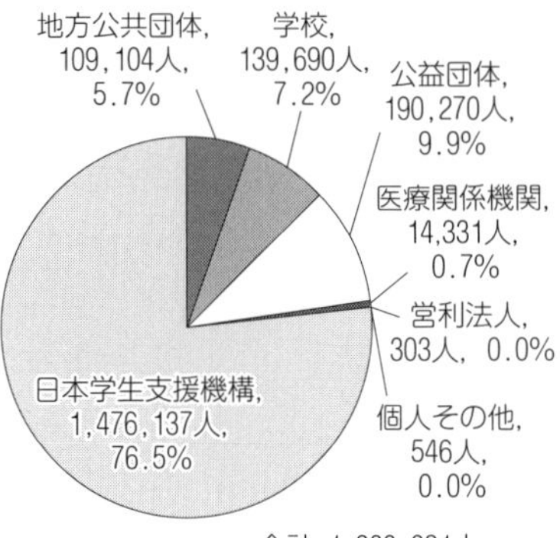

図13－2　奨学生数（実施団体別）

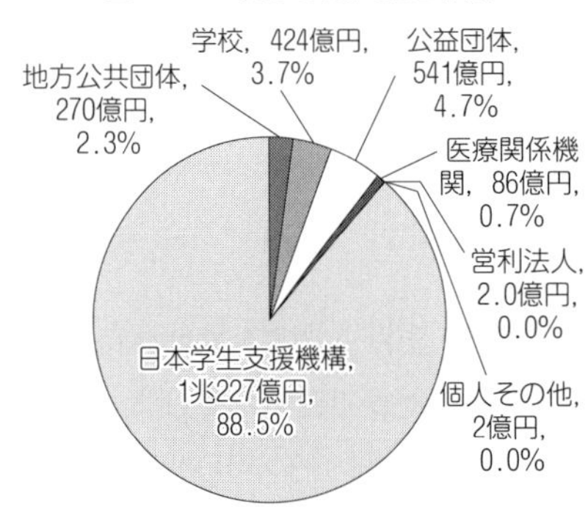

図13－3　奨学金支給額（実施団体別）

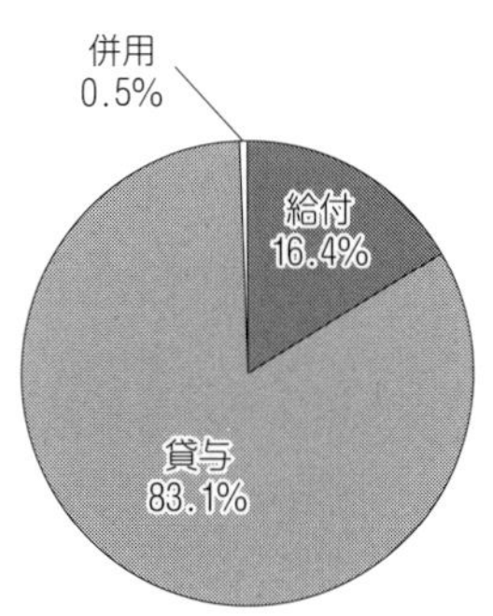

図13－4　奨学金支給額（種類別）

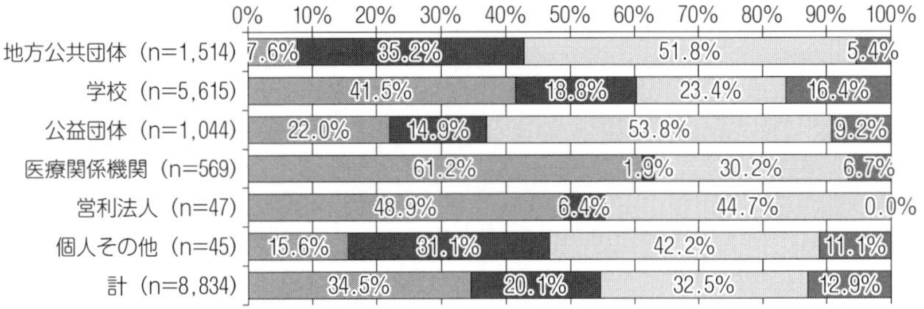

図13－5　奨学生選考基準

（出典）日本学生支援機構（2021a）表2－1，5－1，6－1，6－2，8－1および日本学生支援機構（2021b）6－7頁より筆者作成。

表13－1　日本学生支援機構奨学金の事業実績（2020年度）

区分			実績	割合
給付奨学金	給付人員（人）	旧給付奨学金	5,714	(2.1%)
		新給付奨学金	271,156	(97.9%)
		計	276,870	(100.0%)
	給付金額（千円）	旧給付奨学金	2,107,590	(1.7%)
		新給付奨学金	120,949,475	(98.3%)
		計	123,057,065	(100.0%)
貸与奨学金	貸与人員（人）	第１種奨学金	486,426	(40.6%)
		第２種奨学金	712,841	(59.4%)
		計	1,199,267	(100.0%)
	貸与金額（千円）	第１種奨学金	290,076,171	(32.2%)
		第２種奨学金	609,476,140	(67.8%)
		計	899,552,311	(100.0%)

（出典）　日本学生支援機構（2021b：６－７）より筆者作成。

は学力・人物と家計を同程度重視するものが多い。また，地方公共団体は家計重視が他と比べて多いという特徴もある。学力・人物重視の奨学金はより優秀な学生を確保するため，家計重視の奨学金は教育機会の保障に重点が置かれている。

（２）日本学生支援機構の奨学金事業

日本学生支援機構（以下，機構とする）は2004（平成16）年４月１日に設立された文部科学省所管の独立行政法人である。大日本育英会として1943（昭和18）年に創設され，その後日本育英会として我が国の奨学金事業の中心的な役割を担ってきた。2004年には奨学金事業に加え，他の公益法人が実施してきた留学生交流事業等を統合し，新たに学生支援事業を総合的に実施する中核機関として出発した（日本学生支援機構 2021b：1）。表13－１は2020（令和２）年度の奨学金事業の実績である。給付奨学金は約28万の学生に対して1,231億円が支給された。このほとんどは2020（令和２）年度より開始された新しい給付奨学金である（後述する）。また，貸与奨学金は約120万人の学生に対して約9,000

億円が貸与された。第1種奨学金（無利子奨学金）と第2種奨学金（有利子奨学金）の2種類があり，第2種奨学金は貸与人員で6割，貸与金額で7割弱を占めている。

（3）給付奨学金と授業料等減免を組み合わせた経済的支援：修学支援新制度

機構の奨学金は過去70年以上にわたって貸与型の奨学金のみであったが，2017（平成29）年に初めて給付型の奨学金が創設された。これは極めて困難な経済状況にある生徒の大学等への進学を支援することが目的であり，2019（令和元）年度には4万人弱の学生に対して139億円が支給された。その翌年，2020（令和2）年4月に「大学等における修学の支援に関する法律」が施行されると，住民税非課税世帯およびそれに準ずる世帯の学生に対して給付奨学金の支給と大学等の授業料減免制度を組み合わせて実施する「修学支援新制度」がスタートした。これは，一定の要件を満たす高等教育機関に入学した場合，給付奨学金と授業料減免を併せて受給できる制度であり，世帯収入・資産要件と学習意欲の2つを満たせば全員利用できる。たとえば私立大学に自宅外から通う住民税非課税世帯（第Ⅰ区分，4人家族）の学生の場合，年間約91万円の給付奨学金と約70万円の授業料減免を受給できる。入学時には入学金26万円の免除もある。これに準ずる第Ⅱ区分の世帯では3分の2，第Ⅲ区分では3分の1の金額が支給される（図13-6）。2020年度には表13-1のように約27万人が利用した。この制度の導入は，高等教育機会の保障の点で大きな前進であった。

（4）貸与奨学金制度

表13-2は機構の貸与奨学金の貸与月額である。たとえば私立大学で自宅外生の場合，第1種奨学金は2～6.4万円，第2種奨学金は2～12万円を選択して利用できる。貸与奨学生の選考は第1種・第2種とも学力基準と家計基準の両方が重視される。第1種の場合，高等学校等における全履修科目の評定平均値が3.5以上であること，世帯収入が基準以下であること（例：4人家族で生計維持者が給与所得者の場合は年収747万円）という基準が設けられている。第2種はこれよりも基準が緩やかとなる。

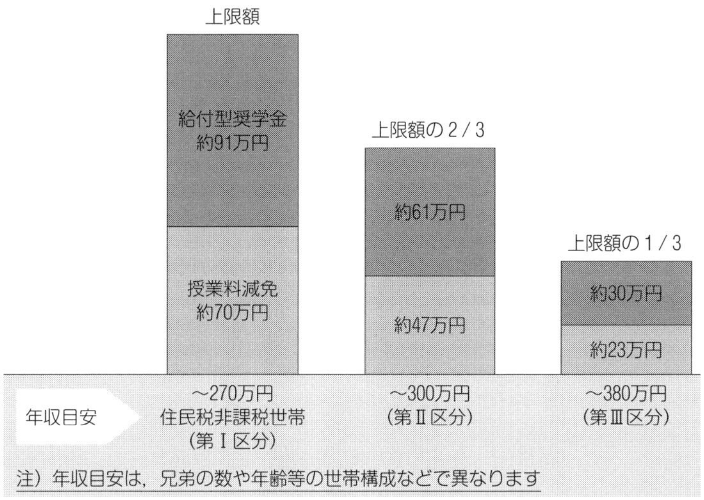

図13－6　高等教育の修学支援新制度の仕組み

（出典）　文部科学省 HP。
（https://www.mext.go.jp/a_menu/koutou/hutankeigen/index.htm　2022年９月29日最終閲覧）

表13－2　日本学生支援機構貸与奨学金の貸与月額（2022年）

●第１種奨学金（無利息，貸与型）

区分			貸与月額（円）
大学	国・公立	自宅	2，3，4.5万円から選択
		自宅外	2，3，4，5.1万円から選択
	私立	自宅	2，3，4，5.4万円から選択
		自宅外	2，3，4，5，6.4万円から選択
大学院	修士		5，8.8万円から選択
	博士		8，12.2万円から選択

●第２種奨学金（利息付，貸与型）

区分	貸与月額（円）
大学･短大･高専（4･5年）･専修（専門）	2，3，4，5，6，7，8，9，10，11，12万円から選択
大学院	5，8，10，13，15万円から選択
入学時特別増額	10，20，30，40，50万円から選択

（出典）　日本学生支援機構 HP より筆者作成。（2022年９月29日最終閲覧）

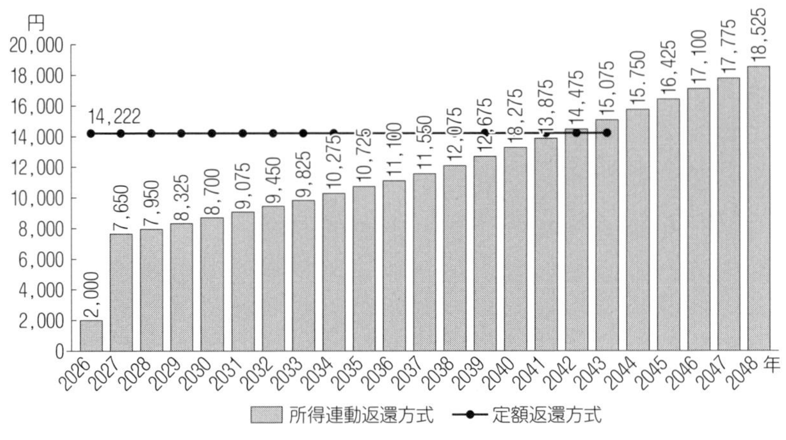

図13－7　第１種奨学金の返還例（返還方式別）

（注）年収270万円，年3.0％上昇と仮定して計算

（出典）日本学生支援機構奨学金貸与・返還シミュレーション Web サイトにて計算。（https://simulation.sas.jasso.go.jp/simulation/　2022年９月29日最終閲覧）

奨学生の採用は進学前の予約採用と進学後の在学採用がある。予約採用はどの高等教育機関に進学しても奨学金を受給できることが入学前に確約されている制度である。予約採用者の割合は多く，2020（令和２）年度の新規採用者に占める割合は大学・第１種で82％，第２種で74％であった（日本学生支援機構 2021b：11-12）。

返還は貸与終了後７か月目の月から始まる。第１種奨学金は①毎月の返還額が変動しない定額返還方式，②前年度の課税対象所得に応じて毎月の返還金額が決まる所得連動返還方式，を選択できる。図13－７は返還額のシミュレーションである。モデルケースとして私立自宅外生，月6.4万円を48か月，総額約307万円を借りたと想定する。定額返還方式では毎月約14,000円を18年間返還する。一方，所得連動返還方式（年収270万円，年3.0％上昇と仮定）の場合，最初の17年間は定額返還よりも返還月額が低くなる。ただし返還総額は変化しないため，その分返還期間が長くなっている。このように無理のない返還ができる点が所得連動返還方式のメリットである。

一方，表13－３は第２種奨学金の返還例である。第２種は定額返還方式のみ

表13-3　第２種奨学金の返還例

貸与月額（円）	貸与総額（万円）	返還総額（円）	返還月額（円）	返還回数（回）	返還期間（年）
２万円	96万円	1,126,462	9,386	120	10
４万円	192万円	2,349,227	15,059	156	13
６万円	288万円	3,672,102	19,125	192	16
８万円	384万円	5,167,586	21,531	240	20
10万円	480万円	6,459,510	26,914	240	20
12万円	576万円	7,751,445	32,297	240	20

（注）　貸与期間48ヵ月の場合。定額返還方式のみ。年利率は3.0％（利率は3.0％を上限として変動）と仮定して計算。
（出典）　同上。

である。貸与総額に対して返還総額が大きくなるのは利息付きのためである。年利率３％（上限）と仮定して計算した場合，たとえば月６万円を48か月，288万円を借りたと仮定する。返還総額は約367万円となり，返還月額約１万9,000円を16年間かけて返還することになる。

なぜ，機構の奨学金は第２種奨学金が主流なのだろうか。第２種奨学金が創設されたのは1984（昭和59）年である。当時，「増税なき財政再建」を旗印に掲げていた臨時行政調査会では1982（昭和57）年の答申において外部資金の導入による有利子制度への転換や返還免除制度の廃止により，奨学金事業の量的拡充を図ることが求められた。そこで，無利子貸与制度を存続させることを前提としつつ，国の財政投融資資金の導入によって長期低利の有利子貸与制度を創設することが決定されたのである（文部省 1992）。その後，1999（平成11）年には第２種奨学金は「きぼう21プラン」と通称される制度に変更され，採用基準が緩和されるとともに財政投融資資金からの借入れを拡大し，貸与人数の大幅な拡充が行われた（小林編 2012）。

現在，第１種奨学金は国の一般会計からの借入金と利用者からの返還金を主に原資としているため無利息（無利子）である。しかし，第２種奨学金は財政融資資金からの借入金，財投機関債の発行により調達した資金（2001年度以降），民間金融機関からの借入金（2007年度以降），および過去に貸与した第２種奨学金の返還金を原資としており，これらの借入金に金利が付いているため貸与奨学金の貸付は無利息にはできない。ただし，学生の在学中のみ国の一般会計から利子補給が行われるため無利息となっている。以上のように，第２種奨学金が主流となっている理由は，奨学金事業を拡充するにあたり，国の一般会計ではなく財政投融資資金が利用されたことに由来する。

4　諸外国の大学授業料と奨学金制度

次に，諸外国との比較から日本の大学授業料と奨学金制度の特徴を検討してみよう。図13－8は，経済教育開発機構（以下，OECDとする）加盟国の国公立・私立高等教育機関の学士課程レベルにおける平均授業料，私立在学者割合，公的奨学金受給率を表したものである。学士課程レベルとはOECDの定義では中級レベルの学問知識や職業知識，スキル，能力を習得後に，第一学位または同等の資格を習得するために設置されている課程を指す。履修期間はフルタイム就学で３～４年である（OECD 2021：28）。授業料とは，授業料減免や給付

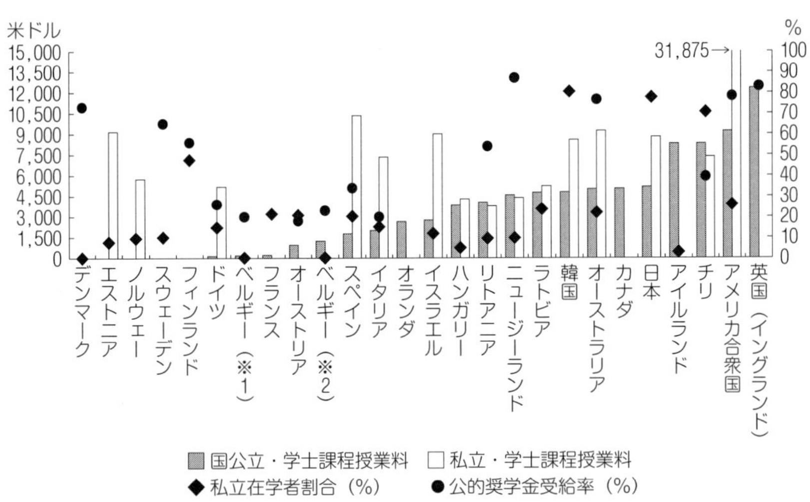

図13－8　OECD諸国における学士課程の年間平均授業料，私立在学者割合，公的奨学金受給率（2019-20年度）

（注）※１フランス語圏，※２フラマン語圏

（出典）OECD（2021：339-341）より作成。

型奨学金等が適用される前の高等教育機関によって課される授業料総額をいう。また，公的奨学金とは政府が提供または保証する給付型・貸与型奨学金をいう。なお，国公立学士課程レベルの授業料は全ての国のデータがあるため図13－8に掲載しているが，他の3項目はデータがない国もある。

まず，図13－8の左側に位置するデンマーク，エストニア，ノルウェー，スウェーデン，フィンランドは国公立の授業料が無償の国々である。私立の授業料はデータがある国では比較的高いが，私立在学者の割合は10％以下が多い。さらに公的奨学金受給率は高く，デンマークでは70％を超えている。これらの国々では多くの学生に非常に手厚い経済的支援が行われているのが特徴である。

国公立で授業料が課されている国々はドイツの148ドルから英国（イングランド）の1万2,330ドルまで大きな幅がある。このうち，3,000ドル以下の低廉な額を設定している国はドイツ，ベルギー，フランス，オーストリア，スペイン，イタリア，オランダ，イスラエルである。これらの国々では私立在学者割合は30％以下が多く，学生の多くが低授業料の恩恵を受けている。進学にあたって授業料負担の障壁は低いが，一方で公的奨学金受給率も30％以下の国が多く，必ずしも支援が充実しているとはいえない。

一方，国公立で3,000～5,000ドル程度を課す国には，ハンガリー，リトアニア，ニュージーランド，ラトビア，韓国，オーストラリア，カナダ，日本がある。私立在学者割合では30％以下の国が多いが，日本や韓国のように約80％という国もある。私立の授業料はさまざまであり，国公立とほぼ同額の国から2倍弱の国まで幅がある。特に，日本と韓国は私立の授業料が約9,000ドルであり，学生の多くが私立に在学し，国公立より高い授業料を負担している点に大きな特徴がある。なお，OECD 報告書では両国の公的奨学金受給率は公表されていない。

最後に国公立の授業料が最も高い国々にはアイルランド，チリ，アメリカ合衆国，英国（イングランド）がある。このうち，チリは日本や韓国と同じく私立在学者割合が約7割であるが，私立の授業料は国公立より低いのが特徴である。学生の約4割は公的奨学金を受給しており，図には示していないが国公立で授業料免除を受ける学生は6割を超えるなど経済的支援は手厚い（OECD：

334)。また，アメリカ合衆国は公立大学の平均授業料が9,000ドルを超えているが，８割以上の学生は公的奨学金を受給している。最後にイングランドの授業料は１万2,000ドルを超えており最も高額である。しかし，授業料は在学中に支払う必要がなく，卒業後に所得連動返還方式で納付する形となっているのが大きな特徴である。このように国際比較すると，私学中心で高授業料負担という日本の特徴が浮かび上がってくる。

なお，日本は1966（昭和41）年に国際人権規約に批准をした際，特に社会権規約第13条２(b)及び(c)の中等教育と高等教育への「無償教育の漸進的な導入」という文言に拘束されない権利を留保していたが，2012（平成24）年に日本政府はこれを撤回している。その後，無償教育の実現に向けた取り組みは前進しているが，今後も引き続き拡充が期待されている。

5　奨学金制度の課題――貸与奨学金の延滞問題

（１）延滞者の動向

最後に奨学金返還の延滞問題について触れておきたい。これまで見てきたように，日本の奨学金事業の８割超は貸与奨学金であるため，貸与終了後は返還しなければならない。特にその大半を占める日本学生支援機構奨学金は延滞が後を絶たない。2020（令和２）年度は，返還されるべき額7,785億円に対して789億円が未返還となり，延滞人数は約29万人であった（日本学生支援機構 2021b：17)。なぜ延滞は起こるのだろうか。日本学生支援機構が行っている延滞者の属性調査によれば，奨学金の返還を３か月以上延滞している利用者に対してその理由を複数回答で尋ねたところ，図13－9のように「本人の低所得」が最も多く，次いで「奨学金の延滞金額の増加」が多かった。低所得を理由に挙げている者の年収は300万円未満が８割以上を占めており，経済的に返還が困難なことが理解できる。また，延滞金額の増加とは，約束の返還期日を過ぎると延滞している割賦金（１回あたりの返還額）の額に対して延滞金が課されるため，延滞が長いとその分金額も増加する。そのためこの増加を延滞理由に挙げる者も多い。

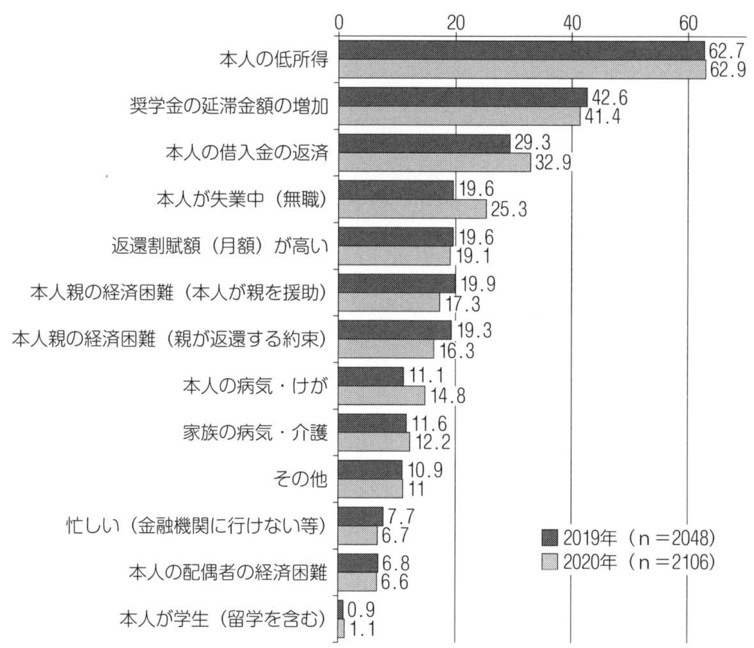

図13－9　延滞が継続している理由（％）

（出典）　日本学生支援機構（2021c, 2022b）より筆者作成。

（2）対 応 策

以上のような状況に対して，現在までどのような対応策が行われているのだろうか。日本学生支援機構は2008（平成20）年より，延滞が3か月以上続く場合に利用者の個人情報を個人信用情報機関へ登録している。延滞が続くと返還期限が到来していない分も含めて延滞者に一括返還を請求し，最終的には裁判所による強制執行の手続きが取られる。しかし，このような返還金の回収強化策に対しては反対の意見も多い。それは，先にも見てきたように返したくても返せない返還者が多いからである。現在，延滞問題を解消する手段として改善が望まれているのは返還制度の拡充である。返還が困難な利用者に対して返還を猶予する制度はこれまでも存在したが，十分とはいえない状況にあった。近年，返還月額を2分の1または3分の1に減額する減額返還制度が整備されたが，最長15年までしか利用できない。また，延滞金は過去には10％を課していた時代もあったが，近年は３％に引き下げられている。しかし，延滞問題の根本的な解決にはならない。

このなかで注目されるのは先述した「所得連動返還方式」である。2017年度に導入された現行制度では前年度課税対象所得の９％を返還するため，無理のない返還ができる。ただし，本制度は第１種奨学金しか利用できないという問題点がある。所得連動返還方式はオーストラリアや英国で広く普及している方法であり，これらの国々では授業料の支払いに導入されている（小林編 2012）。学生は在学中に授業料を納付する必要がなく，卒業後に所得と連動して設定される返還金を，徴税制度を通じて国に支払う。このような授業料後払い・所得連動返還型ローンは高等教育機会の保障の面でも，また奨学金返還の延滞問題の改善という点でも非常に参考となる事例である。今後，諸外国の制度を参考にしつつ日本の実態に即した制度を構築していく必要があるだろう。

発展学習に向けたレポート課題

⑴ 高等学校の生徒を対象とした２つの経済的支援制度について説明しなさい。また出身地域の独自の奨学金制度についても調べなさい。

⑵ 大学生を対象とした経済的支援制度の特徴と課題を整理しなさい。また，貸与奨学金の延滞問題の解決に向けてどのような改革が必要であるか，あなたの考えを具体的に述べなさい。

参考文献

阿部彩（2008）『子どもの貧困――日本の不平等を考える』岩波書店.

経済協力開発機構（OECD）編著（2021）『図表でみる教育 OECD インディケータ（2021年版）』明石書店.

厚生労働省（2020）「2019年国民生活基礎調査の概況」.

小林雅之編著（2012）『教育機会均等への挑戦――授業料と奨学金の８カ国比較』東信堂.

所得連動返還型奨学金制度有識者会議（2016）「新たな所得連動返還型奨学金制度の創設について（審議まとめ）」平成28年９月21日，文部科学省高等教育局.

日本学生支援機構（2021a）「令和元年度奨学事業に関する実態調査結果」.

日本学生支援機構（2021b）『JASSO 年報』令和２年度版.

日本学生支援機構（2021c）「令和元年度奨学金の延滞者に関する属性調査結果」.

日本学生支援機構（2022a）「令和２年度学生生活調査結果」.

日本学生支援機構（2022b）「令和２年度奨学金の延滞者に関する属性調査結果」.

文部省（1992）『学制百二十年史』ぎょうせい.

文部科学省（2021a）「令和３年度学校基本調査（確定値）の公表について」.

文部科学省（2021b）「就学援助実施状況等調査結果」令和３年12月.

College Board（2021）*Trends in College Pricing and Student Aid 2021,* New York: Author.

（吉田香奈）

コラム　子どもの貧困と奨学金

OECDは世帯所得を世帯人員数の平方根で割って調整した所得（等価可処分所得）の中央値の半分の額を貧困線に設定し，これを下回る世帯を貧困世帯と定義している。子どもの貧困率とは，17歳以下の子ども全体に占める貧困世帯の子どもの割合をいう。この定義に基づき厚生労働省が３年おきに実施している「国民生活基礎調査」（大規模調査）では，2018年の日本の子どもの貧困率は13.5%であった（厚生労働省 2020：14)。前回の2015年調査から４ポイント改善したものの，依然として７人に１人の子どもが貧困状態にある。

現代の日本において「子どもの貧困」が存在するというのは考えにくいことかもしれない。注意したいのは，ここでいう貧困が絶対的貧困ではなく相対的貧困であるという点である。絶対的貧困とは人々が生活するために必要な食料や医療などが欠けている状態をいう。これに対して相対的貧困とは人々がある社会の中で生活するために必要な最低限度の生活水準よりも低いレベルに置かれていることを指す（阿部 2008：42-43)。貧困状態にある子どもは，経済的困難だけではなく様々な社会的資源の欠乏状態におかれ，発達の諸段階においてそれらを利用する機会が奪われた結果，人生全体に影響を与えるほどの不利を負うことが多い。これは，貧困の世代間連鎖につながりやすいことが多くの研究で指摘されている。

本章で取り上げた奨学金制度は，貧困状態にある子どもたちが経済的障壁を乗り越えて高校進学や大学進学を果たし，貧困の世代間連鎖を断ち切るために極めて大きな役割を担っている。

（吉田香奈）

第14章

学校関係者による学校支援の制度

——「地域とともにある学校」に向けた学校と地域の連携・協働——

学校は，通学区域をはじめとする「地域」を存立基盤としており，保護者や地域住民の期待と関心が教育活動を支えている。したがって，校長が適切なリーダーシップを発揮するとともに，学校を取り巻くさまざまな人々に対して学校のアカウンタビリティ（説明責任）が果たされなければならない。学校運営における地域との関係では，「開かれた学校」が1980年代半ば頃からのキーワードであった。今日では，加えて「地域とともにある学校」となることが求められる。つまり「地域」は，学校にとって部外者や傍観者ではなく，質の高い学校教育の実現に向けて共に課題解決に取り組む，学校運営の当事者として学校を支援する存在ととらえられる。本章では，地域住民が学校運営に参画する制度（学校評議員，学校運営協議会）や地域学校協働活動について概説し，学校選択制度にともなう学校と地域との関係にも着目する。

1　地域住民による学校運営への参画

（1）学校評議員制度

学校が児童生徒の実態や地域の実情に応じて特色ある教育活動を推進するためには，校長のリーダーシップのもとで学校の自主性・自律性を確立させ，裁量権の拡大を通じて組織的かつ機動的な学校運営を行う必要がある。さらに，学校を意図的に開くことで，保護者や地域住民の信頼を得ることが求められる。そこで，1998（平成10）年の中央教育審議会答申「今後の地方教育行政の在り方について」において「学校評議員制度」に関する提案がなされ，2000（平成12）年1月の学校教育法施行規則の改正によって制度化された。この制度は，

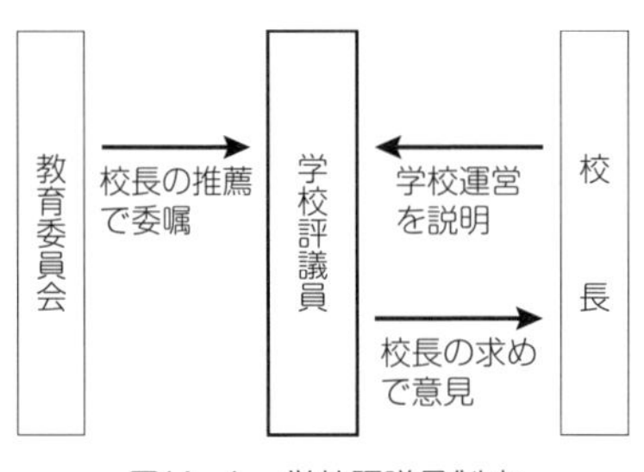

図14－1　学校評議員制度
（出典）筆者作成。

地域に開かれた学校づくりを推進し，学校運営に対する保護者や地域住民の意向を把握・反映しながらその協力を得るとともに，学校としての説明責任を果たすことを目指している[1]。

学校教育法施行規則第49条が示すように，学校評議員は，設置者の定めるところにより「置くことができる」ものであり，設置は義務ではない。学校評議員は，当該学校の教職員以外で教育に関する理解や識見のある者の中から，「校長の推薦」を受けて「設置者が委嘱」する。その役割は，「校長の求めに応じ，学校運営に関し意見を述べることができる」というものである（図14－1）。

実際の学校評議員の属性は，国公私立で若干傾向が異なるが，自治会関係者，PTA 役員（元役員を含む），社会福祉関係者，社会教育関係者，元教職員，学識経験者等である[2]。たとえ熱意ある保護者や地域住民がいたとしても，自ら立候補をすることはできない。また，学校評議員に対して，どの事案について意見を求めるのかは校長が決めることである。たとえば，学校評議員の意見を傾聴することで，特色ある学校づくりへの取り組みや総合的な学習の時間等への支援，地域行事や福祉施設との連携等が進むと期待できる。しかし，学校評議員には明確な権限がなく，建設的な意見を述べたとしても，それらを学校運営の目標や計画にどのように反映させるのかは校長の判断に委ねられるため，多様な意見が確実に反映される仕組みになっているとは言い難い。最終的に校務をつかさどるのは校長だからである。

また，「会合開催数が少なく，学校評議員が学校の実態を十分に把握しておらず，議論が活発化しない」，「地域の名誉職が評議員となるため，地域のご意見番という性格が強く，組織的ではなく個人的な動きになりやすい」等，制度の形骸化も指摘されている[3]。とはいうものの，学校評議員制度は「地域の声を学校運営に反映する仕組み」として重視されており，2014（平成26）年３月時点の設置率は全公立学校の75.4％となっている[4]。学校評議員が学校関係者評価に積極的に関わっている例や，学校運営協議会制度への移行において一定の役割を果たしている地域もある。したがって，学校が直面するさまざまな課題の解決に向けて学校評議員制度を実質的に機能させ，いかにして活性化を図るのか，設置者や校長の意識や姿勢が問われている。

（2）学校運営協議会制度（コミュニティ・スクール）

保護者や地域住民が一定の権限と責任をもって公立学校の運営に参画する学校運営協議会制度では，学校と地域住民が目標や課題を共有しながら共に行動する関係の構築を目指している。かつて，教育改革国民会議の報告「教育を変える17の提案」（2000年12月22日）において，「新しいタイプの学校の設置を促進する」ことが提言された。その後の中央教育審議会で「地域運営学校」に関する提案がなされ，2004（平成16）年４月の「地方教育行政の組織及び運営に関する法律」（地教行法）の改正によって学校運営協議会制度が導入された。同法第47条の５で，10項にわたって規定されている。

学校運営協議会は，学校運営やそのために必要な支援に関して協議する合議制の機関である。当初は学校に「置くことができる」とされたが，2017（平成29）年４月施行の法改正により，教育委員会は「学校運営協議会を置くように努めなければならない」と努力義務化された。学校運営協議会が置かれている学校のことを，コミュニティ・スクール（以下，「CS」とする）と呼んでいる。学校運営協議会の委員は，地域住民，保護者，地域学校協働活動推進員，その他教育委員会が必要と認める者の中から「教育委員会が任命」する。委員の任命に際して，校長は教育委員会に意見を申し出ることができる。

学校運営協議会の権限は，①校長が作成した基本方針を承認すること，②学校運営に関して教育委員会や校長に意見を述べること，③教職員の任用に関して任命権者に意見を述べること，である。校長は，教育課程の編成を含む学校運営の基本方針を作成して委員に説明し，学校運営協議会の「承認」を得る必要がある。この「承認」をもって，校長と共に地域住民が学校運営に対する責任を負うことになる。また，地域住民・保護者の意見を広く反映させる観点から，委員は学校運営全般について教育委員会や校長に対して主体的に意見

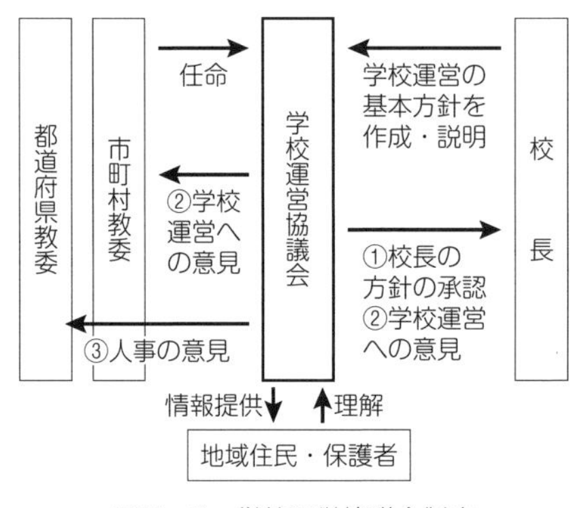

図14－2　学校運営協議会制度

（出典）筆者作成。

を述べることができる。と同時に，地域住民や保護者の理解を深め，連携・協力を推進できるよう，CSでの協議の結果や必要な支援についての情報を地域に対して積極的に提供するよう努める必要がある。さらに，教職員の任用（人事）に関しても教育委員会に意見を述べることができ，その意見は「尊重」されると規定されている。その他，委員の選出方法や人数等，具体的な手続きについては設置者の教育委員会規則で規定される（図14－2）。

文部科学省によれば[5]，図14－3のようにCS導入校数は年々増加しており，2022（令和4）年5月1日現在で1万5,221校である（内訳：幼稚園325，小学校9,121，中学校4,287，義務教育学校111，高等学校975，中等教育学校7，特別支援学校395）。これは全国の公立学校の42.9％に相当し，その範囲は47都道府県内1,213自治体にわたっている。すべての小中学校にCSが導入された市町村がある一方で，CSではないが「類似の仕組み」の導入に留めている自治体も6,152校あり，学校種間でも導入状況に差が生じている。

教育委員会がCSを導入する理由（令和2年度調査[6]）は，図14－4のように，地教行法改正による設置の努力義務化よりも，「学校を中心としたコミュニティづくりに有効と考えたから」が74.5％と最も多く，次いで「学校改善に有効と考えたから」が67.7％等となっている。平成27年度調査[7]と比較すると，「学校改善」，「教育課程の改善・充実」，「学校統廃合」等，学校の運営や教育の質の向上を導入理由とする傾向もうかがえる。

また，CSで議事として多く取り上げられている事項は，「学校評価」，「学校行事」，「地域・保護者との連携」，「地域人材の活用」，「学校運営への必要な支援」，「地域学校協働活動」等である[8]。他方で，教職員の任用等に関する意見が任命権者に対して出されることについては，わずかに教職員加配の要望等が

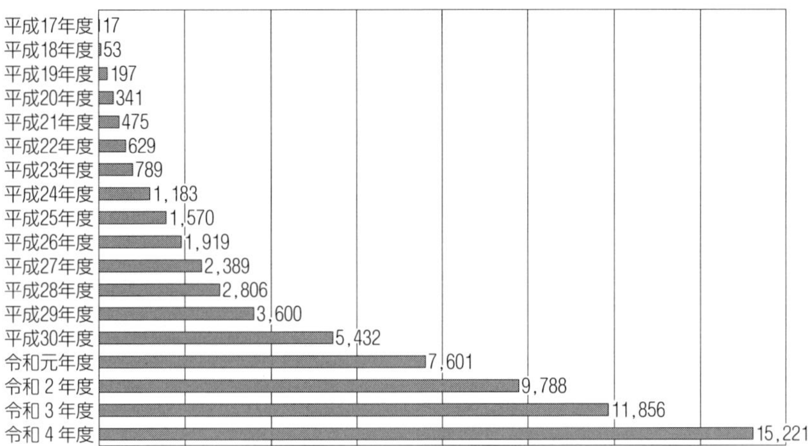

図14－3　コミュニティ・スクールの導入・推進状況（学校数）

（出典）文部科学省 HP をもとに筆者作成。

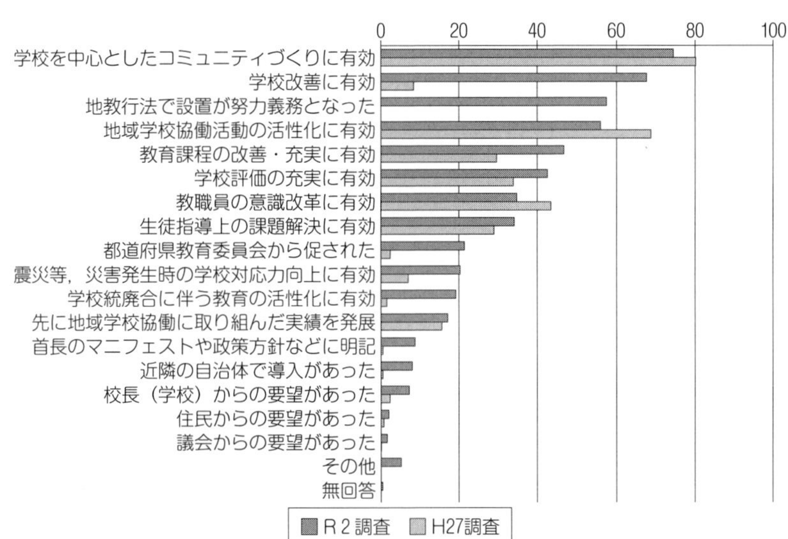

図14－4　コミュニティ・スクールの導入理由または導入しようとしている理由（回答者：教育委員会，n=709，単位：%）

（出典）文部科学省委託事業「学校と地域の新たな協働体制の構築のための実証研究実施報告書第Ⅱ部～コミュニティ・スクールの運営・意識・取組等に関する基礎的調査報告書～」（令和３年３月）三菱 UFJ リサーチ＆コンサルティング株式会社，27頁，図表24をもとに筆者作成。

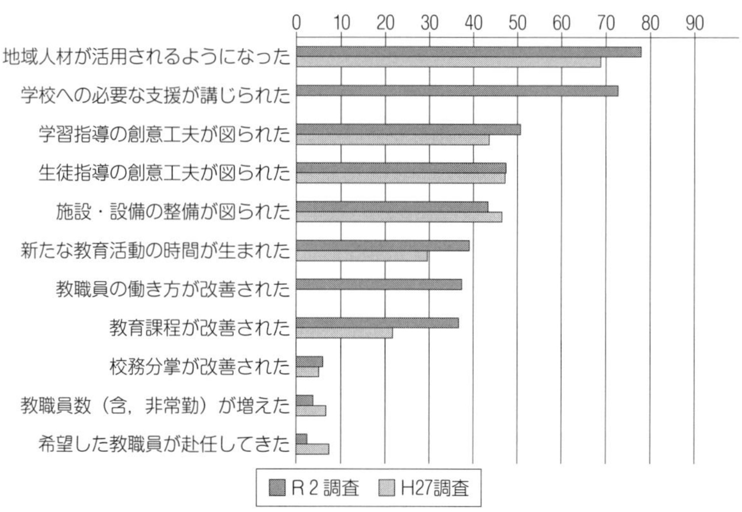

図14－5　学校運営協議会の意見によって実現した具体的事項
（回答者：学校，n＝2,304，単位：％）

（注）「教職員の働き方が改善された」と「学校への必要な支援が講じられた」の選択肢は，平成27年度調査時は設定されていなかった。
（出典）図14－4と同じ資料，70頁，図表63をもとに筆者作成。

あるだけで，93.9％のCSが「そのような意見はなかった」と回答しており[9]，学校運営に特段の混乱は生じていない。CSの導入によって図14－5のような成果も確認されており，学校をとりまく地域コミュニティにおいて教育活動の改善・充実や特色ある学校づくりにつながる連携・協働が見られることがわかる。

CSの意義は，地域住民・保護者等が学校と権限や責任を共有し，当事者として学校運営に参画できる体制を，法的根拠をもって保障していることにある。この仕組みを通じて「熟議」を行い，日常的に活発な意見交流ができる機運を醸成して学校運営における当事者意識や参画意識を高めていくことができれば，「地域とともにある学校」の実現が期待できる。その意味で学校運営協議会は学校にとって良識的な「辛口の友人[10]」であるべきであり，ともすれば閉鎖的になりがちな学校には，まず「内側からカーテンを開く[11]」ことが求められる。

これまで国は，各地の取り組みやCS導入の成果について情報発信を行うとともに，「コミュニティ・スクールを全公立小・中学校の1割に拡大[12]」，「全ての学校においてコミュニティ・スクール化を図ることを目指す[13]」，「学校運営協議会制度を全ての公立学校において導入することを目指し…[14]」等，目標を掲げてCSの拡充を推進してきた。今後も，各自治体や学校，地域の実情に応じた導入・推進が期待されており，近年では，CSと地域学校協働活動の「一体的な推進」が求められている[15]。

2　学校と地域の連携・協働

(1) 学校支援地域本部（学校支援ボランティア）

学校評議員や学校運営協議会は「開かれた学校づくり」に向けた政策として展開されたが，生涯学習・社会教育の観点から「地域の教育力の向上」のための政策として推進されたのが「学校支援地域本部」事業である。2006（平成18）年に改正された教育基本法に，第13条「学校，家庭及び地域住民等の相互の連携協力」が新設された。これを社会総がかりで具体化する方策として，2008（平成20）年度から文部科学省によって全国展開された。地域住民等がボランティアとして学校教育活動の支援に取り組むことを通して，①学校教育の充実，②生涯学習社会の実現，③地域の教育力の向上，を図るのがねらいである。

学校支援地域本部では，従来は教頭等が行ってきた地域住民との調整役を「地域コーディネーター」が担い，「地域教育協議会」で学校の要望や地域側の提案を調整して，地域住民が「学校支援ボランティア」として従事する（図14-6）。地域住民に期待されるのは高度な専門性ではなく，職業経験や生活経験に基づく知見等，地域社会の担い手としての資質や能力を生かしたマンパワーの提供である。学校支援ボランティアは“学校の応援団”と位置づけられ，さまざまな活動を支援する存在として期待された。たとえば，通学路の安全の見守り，校庭等の環境整備，図書室の整備，授業の支援，クラブ活動の指導補助等である。

これらを担うのは，保護者・地域住民の他，退職教員，大学生，社会教育関係者，企業，NPO等である。これにより，子どもたちが多様な大人と触れ合

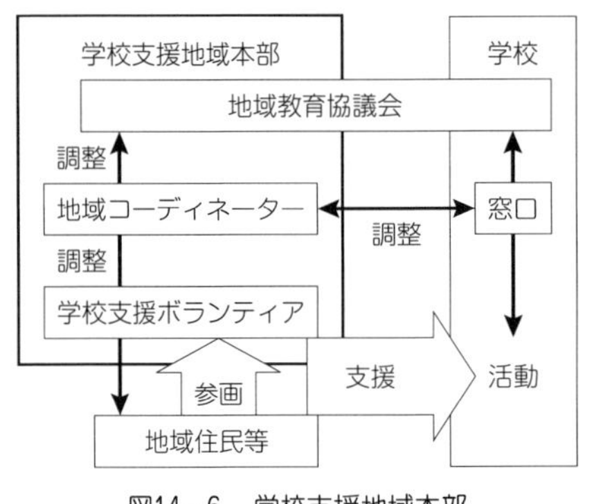

図14－6　学校支援地域本部

（出典）筆者作成。

う機会ができるだけでなく，大人側にも生涯学習の実践の場となる。また，信頼できる“学校の応援団”に教育活動の一部を開放することで，教職員は授業や子どもへの対応に集中できる。地域住民も学校を媒介としたネットワークを拡げることができるため，地域の教育力の向上に資することが期待された。

その後，地域住民の参画を得た取り組みとして，2007（平成19）年度から「放課後子供教室」，2014（平成26）年度から「土曜学習応援団」，2015（平成27）年度から「地域未来塾」等が展開された。これらの各地での実践の蓄積を通して，多様な人々の参画を得た組織的なボランティア活動が定着し，学校と地域の連携が進展してきた。他方で，地域から学校への一方向の活動に留まる例や，活動同士の連携や調整が不十分，人材・場所等の偏りや不足等，持続可能な体制の構築が課題として挙げられてきた。[16)]

（2）地域学校協働本部（地域学校協働活動）

2015（平成27）年12月の中央教育審議会答申「新しい時代の教育や地方創生の実現に向けた学校と地域の連携・協働の在り方と今後の推進方策について」等を受けて，「地域学校協働活動」を通じた「学校を核とした地域づくり」が目指されている。従来の学校支援活動との違いは，地域による一方向の「支援」に留まらず，地域と学校のパートナーシップに基づく双方向の「連携・協働」へと発展させることである。

その推進体制として，多様な地域住民や団体等が参画して緩やかなネットワークを形成する「地域学校協働本部」の整備が求められている。構成員には，地域学校協働活動推進員，PTA 役員，公民館長，自治会，商工会議所，青年団，婦人会，農業委員，民生委員，社会福祉協議会，放課後児童クラブ担当者，まちづくり協議会，大学等有識者，NPO 等の多様な人々が想定されている[17]。本部の整備にあたっては，①コーディネート機能の強化，②多様な活動の実施，③継続的・安定的な実施，が重視され，すでに学校支援地域本部が構築された地域では，それを基盤として持続可能な地域学校協働本部へ発展させることが期待されている。

2017（平成29）年には社会教育法が改正され，「地域学校協働活動」や「地域学校協働活動推進員」が法的に位置付けられた。地域学校協働活動推進員は，「社会的信望があり，かつ，地域学校協働活動の推進に熱意と識見を有する者」（社会教育法第９条の７）の中から教育委員会が「委嘱」する人材であり，CS の委員にも参画する。地域学校協働活動は，地域住民等が学校と協働して行う様々な活動であり，教育委員会として推進体制の整備や普及啓発を行うものである。従来の学校支援活動に加えて，学びによるまちづくりや地域課題解決型学習，家庭教育支援活動，地域行事への参画等もこれに含まれる。

（３）学校選択制にみる学校と地域

通常，公立の義務教育諸学校では，あらかじめ設定された通学区域内で指定された学校に通うことになるが，2003（平成15）年に改正された学校教育法施行規則第32条の規定により，市町村教育委員会が保護者の意見を聴取してから就学校を指定する，いわゆる学校選択制を導入している地域もある。

2012（平成24）年度時点の公立小学校における学校選択制実施率は15.9％であり，形態別では，特認校制（35.9％），特定地域選択制（27.9％），隣接区域選択制（19.2％），自由選択制（10.5％），ブロック選択制（1.0％）となっている[18]。実施状況は都道府県によっても異なるが，導入後，何らかの理由で制度を廃止する設置者もわずかに見られる。廃止あるいは非導入の設置者においては，学校と地域の連携の希薄化（児童生徒・保護者が居住地域の行事に参加する機会が減る，通学時間の拡大によって安全の確保が難しくなる等）を心配する向きが強い。他方で，過疎化や高齢化が進む自治体で小規模特認校として希望者を受け入れている学校では，新たな人的つながりをもとに学校が地域のコミュニティとして活性化した例もある。その場合でも，学校規模の特徴や学校と児童生徒・保護者によるニーズの違い等，様々な検討課題が生じている。

学校選択制について，葉養正明は「子ども，保護者，地域住民の教育期待に応答的な教育を作り出す，というねらいを基礎にしている」(葉養，2006) と述べている。通学当事者の多様な期待の実態をふまえた学校・地域間の「応答性」を高める工夫によって，学校はさらに開かれ，特色が生み出される。学校選択制がもたらす通学範囲の変容は，当該地域の当事者に学校支援体制の構築の必要性を喚起する。つまり，新たな「地域」形成の契機となるのである。

(4) コミュニティ・スクールと地域学校協働活動の一体的推進

これまでに見たように，特に2000年代以降，地域住民による学校運営への参画と，学校の教育活動への地域住民による支援という，大きく二つの方策が展開されてきた。表14-1に示すような違いも踏まえつつ，地域の実情に応じて複数の形態を組み合わせながら，各地で取り組みが進められてきた。文部科学省では，CS設置が努力義務化される以前から，CSと学校支援地域本部を「両輪」と捉えて双方の発展的展開を見据えており[19)]，第2期教育振興基本計画の成果指標としてCSの拡大や学校支援地域本部の体制構築が組み込まれた。その後の進展により，2022 (令和4) 年5月時点で，公立学校の57.9%に相当する2万568校で地域学校協働本部が整備されており，全国の公立学校の31.5%においてCSと地域学校協働本部の両方が整備されている[20)]。

今後は，CSと地域学校協働活動の一体的な推進が求められており，両取組の相乗的な連携・協働を通して多様な課題に対応することや，CSが地域課題解決のためのプラットフォームとして機能すること等が目指されている[21)]。つまり，「地域とともにある学校づくり」と「学校を核とした地域づくり」を両輪で進めていくということである (図14-7)。

変化が激しく予測が困難と言われる未来に向けて社会全体で子どもの育ちを支えていくためには，「よりよい学校教育を通じてよりよい社会を創る」という学習指導要領の理念を学校と地域が共有し，「社会に開かれた教育課程」の実現を目指して，組織的・継続的に連携・協働していくことが重要である。教育委員会には，地域学校協働活動推進員等のコーディネートの下でCSと地域

表14－1　学校評議員制度・学校運営協議会制度・学校支援地域本部の違い

	学校評議員制度	学校運営協議会制度	学校支援地域本部
目的	開かれた学校づくりを一層推進していくため，保護者や地域住民等の意向を反映し，その協力を得るとともに，学校としての説明責任を果たす。	保護者や地域の住民が一定の権限と責任を持って学校運営に参画することにより，そのニーズを迅速かつ的確に学校運営に反映させ，よりよい教育の実現に取り組む。	地域住民が学校の支援を行うことを通じて学校と地域との連携体制の構築を図り，地域全体で学校教育を支援する体制づくりを推進する。
設置	任意設置 ・設置者の定めるところにより，学校評議員を置くことができる。	努力義務 ・教育委員会規則で定めるところにより…，学校運営協議会を置くように努めなければならない。	任意設置
法的根拠	学校教育法施行規則第49条 ・平成12年４月１日施行	地方教育行政の組織及び運営に関する法律第47条の５ ・平成16年９月９日施行 ・平成29年４月１日改正施行	設置を規定する法的根拠はないが，教育基本法第３条および第13条を具体化したもの。 ・平成20年度から全国展開 ・平成29年度からは「地域学校協働活動」の一つとして推進
資格要件	当該学校の教職員以外の者で，教育に関する理解・識見を有する者。	①地域の住民 ②保護者 ③地域学校協働活動推進員 ④その他	希望者や関係者が任意で参加する。 役割①「地域教育協議会」 役割②「地域コーディネーター」 役割③「学校支援ボランティア」
任命	校長が推薦し，設置者が委嘱。	教育委員会が任命（身分：非常勤特別職の地方公務員）	
内容	・学校評議員は，校長の求めに応じて，学校運営に関する意見を述べる。 ・学校評議員に意見を求める事項は，校長が判断する。	具体的な権限 ①校長が作成した基本方針を承認する ②学校運営に関して教育委員会や校長に意見を述べる ③教職員の任用に関して任命権者に意見を述べる（任命権者はこれを尊重する）	学校管理下の教育活動を支援する。 （例） ・学習支援 ・部活動指導補助 ・校内の環境整備 ・子どもの安全確保 ・学校行事等の支援
位置づけ	・個人として活動 ・「校長のご意見番」	・一定の権限をもつ合議制の機関 ・「辛口の友人」	・地域住民によるボランティアの集まりで任意団体 ・「学校の応援団」

（注）　文部科学省『平成23年度学校運営協議会委員・学校関係者評価委員研究協議会冊子資料』125頁を参考に筆者作成。

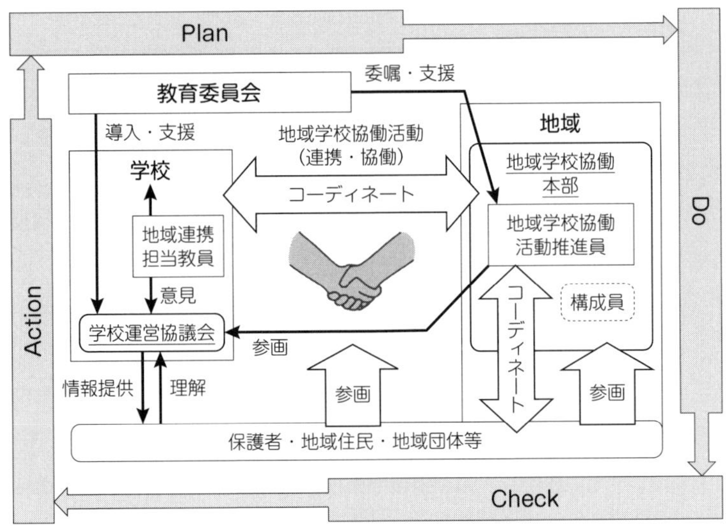

図14－7　CSと地域学校協働活動の一体的推進のイメージ

（出典）筆者作成。

学校協働活動を一体的に推進し，地域全体でのPDCAサイクルを支援していくことが求められる。

発展学習に向けたレポート課題

(1) コミュニティ・スクールや地域学校協働本部の具体的な事例を探し，そこに関わる人々がどのような活動を行っているのか調べてみよう。

(2) 学校と地域でともに確認したい課題や，その解決に向けて共有できる目標やビジョンは何か，考えてみよう。教員，地域住民，コミュニティ・スクール委員，地域学校協働推進員，教育委員会等，様々な立場でディベートをしてみよう。

注

1）　平成12年1月21日文部事務次官「学校教育法施行規則等の一部を改正する省令の施行について（通知）」。

2）　文部科学省「学校評価等実施状況調査（平成26年度間調査結果）」 https://www.mext.go.jp/a_menu/shotou/gakko-hyoka/1369130.htm（2022年 9

月10日最終確認）

3）　コミュニティ・スクールの推進等に関する調査研究協力者会議「コミュニティ・スクールを核とした地域とともにある学校づくりの一層の推進に向けて～全ての学校が地域とともにある学校へと発展し，子供を中心に据えて人々が参画・協働する社会を目指して～」（平成27年３月）。

4）　コミュニティ・スクールの在り方等に関する検討会議「コミュニティ・スクールの在り方等に関する検討会議最終まとめ～学校と地域が協働する新しい時代の学びの日常に向けた対話と信頼に基づく学校運営の実現～」（令和４年３月14日）。

5）　文部科学省「地域と学校の連携・協働体制の実施・導入状況について（令和４年度）」
https://www.mext.go.jp/b_menu/houdou/31/10/1422294_00001.html（2022年９月14日確認）

6）　令和２年度文部科学省委託調査研究「学校と地域の新たな協働体制の構築のための実証研究」，三菱 UFJ リサーチ＆コンサルティング株式会社「学校と地域の新たな協働体制の構築のための実証研究実施報告書第Ⅱ部～コミュニティ・スクールの運営・意識・取組等に関する基礎的調査報告書～」（令和３年３月），27頁，図表24を参照。

7）　平成27年度文部科学省委託調査研究「学校の総合マネジメント力の強化に関する調査研究」，佐藤晴雄「総合マネジメント力強化に向けたコミュニティ・スクールの在り方に関する調査研究」
https://www.mext.go.jp/component/a_menu/education/detail/__icsFiles/afieldfile/2016/07/05/1374021_01.pdf（2022年９月10日最終確認）

8）　前掲６資料，54頁，図表45を参照。

9）　前掲６資料，62頁，図表54を参照。

10）　文部科学省主催「平成20年度コミュニティ・スクール推進フォーラム（京都会場）」における小松郁夫氏の基調講演より。

11）　文部科学省主催「平成24年度地域とともにある学校づくり推進協議会（大阪会場）」におけるパネリスト・笠井賢治氏（大阪府池田市立池田中学校校長）の発言より。

12）　第２期教育振興基本計画（平成25年６月14日）の基本的方向性４「絆づくりと活力あるコミュニティの形成」の成果目標８「互助・共助による活力あるコミュニティの形成」において，成果指標の一つに掲げられている。

13）　教育再生実行会議第６次提言「『学び続ける』社会，全員参加型社会，地方創生

を実現する教育の在り方について」(平成27年3月4日)において,「教育がエンジンとなって『地方創生』を」の一方策に挙げられている。

14) 第3期教育振興基本計画(平成30年6月15日)の,今後の教育政策に関する基本的な方針1の目標(6)「家庭・地域の教育力の向上,学校との連携・協働の推進」に掲げられている。

15) 前掲4資料を参照。

16) 中央教育審議会「新しい時代の教育や地方創生の実現に向けた学校と地域の連携・協働の在り方と今後の推進方策について(答申)」(平成27年12月21日)

17) 文部科学省パンフレット「地域学校協働活動 地域と学校でつくる学びの未来」(令和元年7月)

18) 文部科学省「小・中学校における学校選択制の実施状況について(平成24年10月1日現在)」
http://www.mext.go.jp/component/a_menu/education/detail/__icsFiles/afieldfile/2013/09/18/1288472_01.pdf(2013年9月30日最終確認)

19) 文部科学省,2013年『2013年全国コミュニティ・スクール研究大会 in 京都 冊子資料』,108頁参照。

20) 前掲5資料を参照。

21) 前掲4資料を参照。

参考文献

熊谷愼之輔・志々田まなみ・佐々木保孝・天野かおり(2021)『地域学校協働のデザインとマネジメント——コミュニティ・スクールと地域学校協働本部による学びあい・育ちあい』学文社.

佐藤晴雄(2017)『コミュニティ・スクールの成果と展望——スクール・ガバナンスとソーシャル・キャピタルとしての役割』ミネルヴァ書房.

高見茂・服部憲児編(2016)『教育行政提要(平成版)』協同出版.

葉養正明(2006)『よみがえれ公立学校——地域の核としての新しい学校づくり』紫峰図書.

文部科学省 Web サイト https://www.mext.go.jp/

(宮村裕子)

コラム　地域と連携・協働する学校や教員に求められることとは？

日々多忙を極める教員にとって「地域連携（地域対応）」には，さらなる負担感を招くイメージがあるだろう。では，そうした仕事は周辺的な校務ととらえて，専属のスタッフに任せてしまえばよいのだろうか。

地域には様々な住民・組織・団体が存在し，学校教育に対する関心や理解度も異なるため，対応に時間や手間を要することもある。しかし公立学校では，地域での生活状況や文化的環境，住民の交流の頻度等がいわゆる「地域の教育力」の基盤を形作り，子どもの生活習慣や学力・体力にも影響するため，「地域」の存在を抜きには考えられない。

「社会に開かれた教育課程」の実現に向けて地域との連携・協働が求められる昨今においては，学校教育を学校内に閉じずに家庭や地域と目標を共有し，児童生徒や地域の実情に応じて地域の人的・物的資源を活用したり社会教育との連携を図ったりすることが重要である。その際，十分な調整がないまま「丸投げ」の形で連携すると，ニーズのミスマッチが生じて十分な効果を得ることはできない。その地域に定着しているという意味で地域住民はいわば「土の人」であるのに対して，教職員はいずれ人事異動で学校を去る「風の人」であり，若手教員はその地域の資源について不案内であることも多い。地域課題解決学習においても教員が個人で動くことには限界があるため，地域連携は学校全体で組織的に行われる必要がある。

2013（平成25）年の中央教育審議会答申では，「地域連携担当教職員（仮称）」を置くことが提唱された。すでに校務分掌の一つに位置付けている学校もあるが，地域学校協働活動推進員との窓口を明確にする意味で，学校にこうした教員を置くことも一つの方法である。2014（平成26）年度から「地域連携教員」を設置している栃木県では，社会教育主事資格のある教員が地域との連絡調整や情報収集等にあたっており，約９割の地域連携教員がその設置について重要性を感じているという。

こうした担当教員を置いていない学校においても，地域との連携・協働を「チーム学校」で取り組む必要がある。その際，個人情報管理の徹底や，一部の教職員に負担が偏らないよう配慮することが求められる。まずは，学校・地域の関係者が「熟議（ワークショップ）」を通して交流し，互いの信頼関係を築くこと，そして，そうした大人の背中を子どもたちに見せることが大切である。

（宮村裕子）

第15章

入試制度

——学びの質を保証する選抜とは——

本章では入試制度について考える。私たちの多くは「受験」を経験してきているので，入試制度について考えようとすると，選抜によって選ばれたり選ばれなかったりする人びとの気持ちのありように注意を向けがちだ。もちろん，選抜が人々に与えるストレスの問題は考慮に値するが，重要なのはそれだけではない。それぞれの学校で学ぶ人を決めることは，その学校が提供する教育や期待される学習成果と密接に関係している。学校が優れたカリキュラムを用意していても，入ってきた人に期待したほどの能力がなかったり，逆に能力と熱意にあふれて入学したのに，物足りないカリキュラムしかなかったりすると，十分な学習成果をあげることができない。教育を行う側にとっても，教育を受ける側にとっても，それぞれの学校で学ぶ人が適切に選ばれているかどうかは大切な課題なのだ。入試制度は各学校段階や個々の学校で学ぶ人を直接的に決定する制度だ。本章では入学試験だけに限らず，入学者選抜や入学者選考の方法をまとめて入試制度とよび，それぞれの学校がそこで学ぶ人をどうやって決めているかについて考える。日本の入試制度がどのような特徴をもち，近年，どういった傾向にあるのかについての知識を得ることが目的だ。大学の入学者選抜を中心に考えていくことにしよう。

1　日本の大学入学者選抜制度

日本の大学入試には① 能力・適性の原則（大学教育を受けるにふさわしい能力・適性等を備えた者を選抜する），② 公正・妥当の原則（出身階層，親の経済力，思想・信条にかかわりなく公平に選抜する），③ 下級学校の教育尊重の原則（高校教育を損なわない）という三原則がある（佐々木，1984）。この方

表15－1　大規模共通テストの変遷

	一期・二期校制 （1949年度～）	共通一次試験 （1979年度～）	大学入試センター試験 （1990年度～）
目的	・各都道府県に大学を設置し，都市部への進学集中を抑止 ・複数の特定銘柄大学への受験を阻止	・一度の試験ではなく面接を含む多側面から選抜 ・難問／奇問を廃し，良質な問題確保 ・大学間学校歴による差別意識の緩和	・学習達成度を判断する良質な問題の確保 ・大学入試の多様化→偏差値による進路決定や学校歴差別の解消
特徴	・国立大学を一期校，二期校に分類 ・試験日程は一期校３月初旬，二期校３月下旬 ・大学独自の試験内容	・国公立大学で同日，同問題にて試験 ・高校の教育課程を元にした５教科７科目のマークシート方式 ・１月の共通一次，３月の二次試験の二段階選抜 ・1987年度からは，受験機会複数化で最大３大学の国公立大学受験が可能に	・６教科30科目のマークシート方式 ・１月のセンター試験，２～３月の各大学の二次試験からなる二段階選抜制度 ・大学の特色に合わせて，利用教科や科目数を決定 ・国公立大学のみならず，私立大学でも一次試験として利用可能
課題	・一期校，二期校の分類に学部の偏り ・分類による学校歴差別 ・一期校を中心とした特定銘柄大学に向けての受験競争 ・難問／奇問の出題	・一発勝負方式で受験競争が激化 ・1987年度からの受験機会複数化による入学辞退者の増加 ・大学ごとの偏差値による学校歴差別 ・偏差値重視の進路指導	・思考力や問題解決能力が必要な時代に合う試験内容とはいえないとの指摘あり

（出典）　腰越滋（2020）36頁表３，37頁表４から作成。

針は毎年，文部科学省が各大学宛に通知する「大学入学者選抜実施要項」（実施要項）でも強調されており，その遵守が求められている。以下では2023（令和５）年度の実施要項に基づき，入学者選抜の制度を具体的に見ていく。

（1）大学入学共通テスト

表15－1にまとめたのは，入学者選抜を目的とする，大規模共通テストの目的，特徴，課題である。表から，国公立大学のために整備された大規模共通テストだったが，大学入試センター試験以降は私立大学も利用できるようになったこと，共通一次試験以前は各大学が独自の入学試験を実施していたが，共通

一次試験以降は大学の特色に合わせて指定された科目について，入学志願者が同じ日に共通の試験を受けるようになったことがわかる。

2021年度入試（2021年１月実施）から，それまでの大学入試センター試験に代わって，大学入学共通テストが実施されている。大学入学共通テストは，高等学校教育と大学教育，大学入学者選抜を連続したものとして一体的に改革しようとする「高大接続改革」によって導入された。2007年改正学校教育法にある学力の三要素――① 基礎的な知識及び技能，② これらを活用して課題を解決するために必要な思考力・判断力・表現力等の能力，③ 主体的に学習に取り組む態度――のうち，とくに②を意識した問題作成が行われている。2022（令和４）年度試験では，全国の864大学（708大学，７専門職大学，149短期大学）が利用し，48万8,384人が受験した（独立行政法人大学入試センター2021，2022）。

（２）多様な入試方法

日本では，入学者の選抜にあたり，ほとんどの大学が個別の学力試験を実施している。国公立大学は一次選抜で大規模共通テストを利用し，二次選抜に独自の学力試験を実施している。私立大学も大学ごとに独自の学力試験を実施している。これらの学力試験による入学者選抜を一般選抜と呼ぶ。

実施要項では，一般選抜のほか，総合型選抜，学校推薦型選抜，多様な背景を持った者を対象とする選抜など，多様な入試方法を採用することを求めている。総合型選抜は書類審査と面接等を組み合わせることによって，入学志願者の能力・適性や学習に対する意欲，目的意識等を総合的に評価・判定する方法で，入学志願者の意志で出願できる公募制の形をとる。評価の対象となるのは，入学志願者本人が記載する活動報告書，大学入学希望理由書などの資料である。学校推薦型選抜は出身高等学校長の推薦に基づき，調査書を主な資料として判定をする入試方法である。多様な背景を持った者を対象とする選抜は，家庭環境，居住地域，国籍，性別等の要因により，進学機会の確保に困難があると認められる者，あるいは各大学において入学者の多様性を確保する観点から対象になると考えられる者を対象とし，入学志願者の努力のプロセスや意欲，目的

表15－2　国公私立大学の入学者に占める選抜方法別入学者割合の推移

（%）

		R3 (2021)	R1 (2019)	H29 (2017)	H27 (2015)	H25 (2013)	H23 (2011)
国立大学	一般選抜	82.1	83.2	84.0	84.6	84.4	84.2
	学校推薦型選抜	12.1	12.2	12.2	12.1	12.3	12.5
	総合型選抜	5.5	4.1	3.3	2.7	2.6	2.7
公立大学	一般選抜	69.7	71.7	72.6	73.2	73.3	73.7
	学校推薦型選抜	26.1	25.1	24.4	24.0	24.1	23.7
	総合型選抜	3.8	2.8	2.4	2.2	1.9	1.8
私立大学	一般選抜	41.5	45.6	48.5	49.0	48.9	48.4
	学校推薦型選抜	43.5	42.6	40.5	40.1	40.3	40.7
	総合型選抜	14.7	11.6	10.7	10.5	10.3	10.4

（出典）文部科学省「国公私立大学・短期大学入学者選抜実施状況」各年度版から作成。

意識等を重視して評価・判定する入試方法である。理工系分野における女子等が例としてあげられている。

その他にも高等学校の専門教育を主とする学科または総合学科卒業の入学志願者を対象に実施される専門学科・総合学科卒業生選抜や，帰国生徒や社会人を対象とした入学者選抜があり，どの方法で定員のどの程度を選抜するかは各大学の判断に委ねられている。ただし，いずれの選抜においても，入学志願者が大学教育を受けるために必要な知識・技能，思考力・判断力・表現力等の適切な評価が必要とされており，志願者には小論文やプレゼンテーション，口頭試問，あるいは資格・検定試験の成績等または大学入学共通テストの活用のいずれかが求められる。

表15－2は国公私立大学の入学者について，割合の高い一般選抜，学校推薦型選抜，総合型選抜の３つをとりあげ，2011年から2021年までの選抜方法別入学者割合の推移を示したものである。一般選抜による入学者の割合は低下する傾向にあり，とくに私立大学では48.4%から41.5%に大きく減少している。2021年度の私立大学の学校推薦型選抜と総合型選抜を合わせた割合は58.2%であり，一般選抜よりも高い。「一般」選抜はもはや一般的ではないのである。

2　大学入学者選抜制度の分類

これらの入学者選抜方法について，吉田（2011）を参照し，① 入学者選抜のイニシアチブが後期中等教育（高校）側にあるのか，高等教育（大学）側にあるのか，② 選抜の基準として教科学力を重視するのか，それ以外の要素を重視するのかという二軸を用いて，4つのタイプに分類した（図15－1）。学校推薦型選抜は，高校が学校内の基準に基づいて推薦対象を決めるため，選抜のイニシアチブが高校側にあると考える。それに対して，一般選抜や総合型選抜は大学側が入学者に求める学力（能力）の基準を決定するため，選抜のイニシアチブは大学側にあるが，その基準の重点が教科学力にあるのか，資格や大会入賞経験など，それ以外の学力（能力）にあるのかが異なっているため，別の象限に位置付けられる。

図15－1の整理によって，大学入試センター試験と大学入学共通テストの違いを表すことができる。センター試験や一般選抜で用いられる学力試験は，大学の教員がそれぞれの専門的見地から試験問題を作成している。見方を変えれば，高校教育の内容を試験範囲とした上で，どういうことをどのように学んできてほしいかを，大学から受験生に伝えるメッセージの役割を，試験問題は果たしている（大塚，2020）。そして，大学教員が試験問題を作成するという点で，選抜のイニシアチブを大学がもっていると考えることができる。

一方，大学入学共通テストは，高等学校教育と大学教育，大学入学者選抜を連続したものとして一体的に改革しようとする「高大接続改革」によって導入され，その柱として学力の三要素が据えられた。学力の三要素は小学校，中学校，高校までの教育課程の目標であり，「高大接続改革」はそれを大学教育にまで拡張しようとしたもの

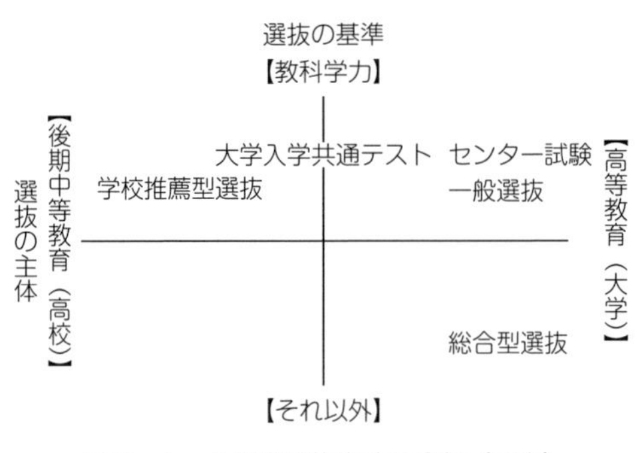

図15－1　入学者選抜方法の分類（日本）

と位置づけられる（荒井，2020）。実際，大学入学共通テストの問題作成には高校の現職教師がスタッフとして加わり，問題作成にあたっては高校学習指導要領の内容に沿うことが強く求められるようになった。その意味で，大学入試センター試験に比べると，大学入学共通テストのイニシアチブは高校のほうに少し寄ったと考えることができる。

図15－1から読み取れることはもう一つある。表15－2と見比べると，日本の大学入試は選抜において教科学力を重視する第一象限のタイプから，教科以外の学力（能力）を重視する第四象限のタイプの割合が高まっている。このような変化の背後には，進学率の上昇によって高等教育の大衆化が生じ，以前よりも幅広い学力や多様な教育経験の人を受け入るようになったことや，日本の高等教育の大部分が私立大学によって担われており，私立大学にとって入学者を確保することが経営上重要であることなどがある。

大学進学を志す高校生からみれば，こういった状態は，目指す大学の入学者選抜の方法や内容によって，高校までに身につける能力（学力）のなかみや水準が異なっていることを意味している。日本では，大学で学ぶために最低限どれだけの学力が必要かについての明確な基準に関する社会的な合意は形成されていないといえる。

3　世界の入学者選抜制度

では，世界各国の大学入学者選抜制度はどうなっているだろうか。図15－2は欧米と韓国の大学入学者選抜の方法を図15－1と同じように示したものである。以下では第二象限にある国と，それ以外に分けて見ていく。

（1）後期中等教育までの教科学力を重視する国

第二象限に位置づくのは，後期中等教育修了時の教科修得状況を厳しく問い，一定の基準をクリアしないと大学進学ができない国である。これらの国で導入されている学力試験は後期中等教育の質保証と大学で教育を受ける資格の有無を判断する役割を担っている。大学で学ぶために最低限どれだけの学力が必要

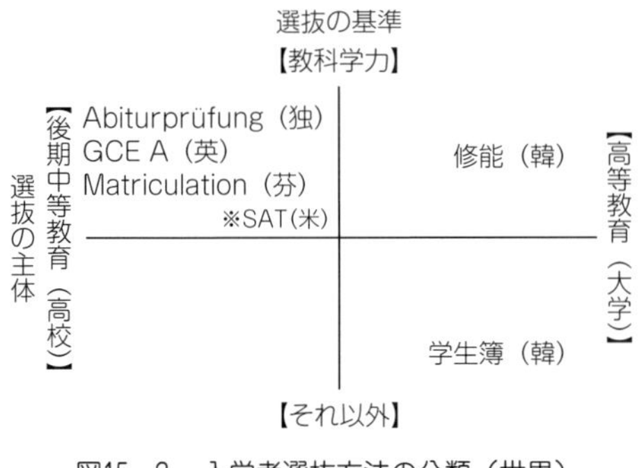

図15－2　入学者選抜方法の分類（世界）

かについて，社会的な合意が形成されているといえる。

イギリスの大学入学者選抜には統一的な規定がない。進学希望者はGCE A レベル（General Certification of Education Advanced Level：主として18歳以上を対象），GCE AS レベル（General Certification of Education Advanced Subsidiary Level：主として17歳以上を対象），GCSE（General Certificate of Secondary Education：主として16歳以上を対象）などの科目別の学力認定試験を受けることになっている。大学進学の場合，後期中等教育修了時に受ける A レベルの試験が合否に大きな影響を及ぼしている（山村，2016）。

ドイツではアビトゥア試験（Abiturprüfung）の総合成績が一定のレベルに到達した者に対して大学入学資格アビトゥア（Abitur）が付与される。アビトゥア試験の総点の３分の２は在学時の成績，残る３分の１がギムナジウム卒業時に実施される５教科の試験によってつけられるため，アビトゥアは大学で学ぶために必要な最低限の学力を中等教育修了時に修得したという証明である。アビトゥアがあればどこの大学にでも入学することができ，志願者はこの試験の結果をもとに希望する大学の学部に願書を出し，定員以内であれば入学が許可される。医学部などの一部の専門分野では入学制限（numerus clausus）が行われ，入学者の選抜が行われるが，アビトゥア試験に合格した者であれば一定期間「待機」することによって，最終的には希望する大学・学部に入学できる仕組みが取り入れられている（木戸，2016）。

フィンランドではマトリキュレーション（Matriculation Exam）といわれる高校卒業資格認定のための試験が実施されている。すべての高校生に対して実施され，国語，第２国語，外国語の必須テスト３科目と，数学，一般科目から選ぶ１科目以上，合わせて４科目以上を受験する。マトリキュレーションは，知識の応用，問題解決能力，分析能力，批判的志向能力等の，より深いレベルの能力を測定することを目指して実施されており，「何をあなたが知っているか」「あなたが考えることができるものは何か」を問う小論文が多く出題されている。受験回数には制限があり，必須テストに不合格になった場合は，連続する３年間に２回だけ再受験できる。選択テストは期間の限りなく２回だけ再受験ができる（藤井ほか，2002）。

いずれの場合も後期中等教育修了時点での教科学力の状況を厳しく評価し，一定の修得基準をクリアすることが高等教育進学の条件となっている。大学が設ける基準ではなく，後期中等教育修了時の修得が問われるという意味で，選抜のイニシアチブは後期中等教育のほうにあるといえる。

（２）それ以外の国

図15－２の第一象限と第二象限には韓国がある。また図では第二象限にあるが，その特徴から，アメリカもここに含めて考えることにする。

韓国の大学入試は，定時募集入学選考（定時募集）と随時募集入学選考（随時募集）という二つの募集方法と，それに対応した大学修学能力試験（修能試験）と学生生活記録簿（学生簿）選考という二つの評価方法がある（二階，2019）。修能試験は大学入学者の適正選抜，高校教育の正常化，選抜における公平性の確保を目的に導入された年に一度の統一試験である。一方，学生簿は高校３年間の活動がオンラインシステム上で記録された公式の資料であり，成績に加えてボランティア活動や大会受賞記録，クラブ活動などが記録されている。定時募集では修能試験に基づく選考が，随時募集では学生簿選考が利用されている。大学によって入学定員に占める定時募集と随時募集の割合は異なるが，全体でみると随時募集の割合は年々増加しており，2020年度の入試では77.3％に至った。また，学生簿選考は授業科目の習熟度を評価する教科型と，教科と授業科目以外の活動を総合的に評価する学生簿総合選考（総合選考）にさらに分けられるが，二階（2019）によれば，ソウルの上位大学で総合選考の採用率が高い傾向がある。

アメリカでは州ごとに教育課程が異なっているため，大学入学者選抜のための全国一斉の共通試験を実施することができない。そこで，多くの大学ではカレッジボード（College Board）による科学的標準テストSAT（Scholastic Assessment Test）あるいはACT（American College Testing Program）の受験を入学者に課している。現在のSATにはSAT Reasoning TestとSAT Subject Testの2種がある。SAT Reasoning Testは大学での学習に必要とされるスキルの程度を測るもので，SATといえば大抵の場合，こちらを指す。試験内容はリーディングと文法，数学で，年に複数回の試験日が設けられており，受験回数の制限はない（College Board website）。SAT Subject Testは，歴史・社会学，数学，自然科学，英語，外国語の5教科の学力を個別に測るもので，受験生は大学から指示された場合に指定科目を受験する。各大学では，SATの他にも高校の成績や課外活動など様々な指標を併用して入学者の選考をしているため，選抜における学力の重要性は大学によって異なる（渡邉，2015）。

韓国でもアメリカでも学力試験が課されるが，後期中等教育修了時の教科学力の修得状況が問われるわけではない。また，どの程度教科学力を重視するか，その判断が個別の大学に委ねられているという点で，入学者選抜のイニシアチブは高等教育の側にあるといえる。

4　よりよい入試制度のあり方を考える

大学で学ぶ人をどう決めるかについて，大学入学者選抜制度の違いを，選抜基準と選抜主体に注目してみてきた。こういった方法の違いは後期中等教育修了後の進路形成や大学教育の質にも大きな影響を与えている。

（1）「修得主義」と「履修主義」

これまでの整理を修得主義と履修主義という観点からとらえなおそう。修得主義とは，児童生徒が所定の教育課程を履修して，目標に関し一定の成果を上げて単位を修得することが必要だとする考え方をいう（課程主義ともいう）。目標に関して一定の成果を上げることを修得とよぶ。児童生徒が十分な学力保障をされずに学校を卒業していく現状を危惧する立場から，到達度を評価したうえで未到達科目については補習教育を充実させるなどの指導が望ましいとする主張がなされている。未到達科目について補習を行い，確実に修得させようという主張だ。また，入試で厳しい選抜をして簡単に卒業させるよりも，入試そのものを全体に緩める方向にしたうえで，入学後にしっかり勉強させる仕組みなども提案されている。この提案も，しっかり勉強させることによって，学習内容を確実に修得させようとする主張といえる。

一方，履修主義とは，児童生徒が所定の教育課程を，その能力に応じて，一定年限の間，履修すればよいとする考え方をいう（年齢主義ともいう)。この考え方のもとでは，とくに最終の合格を決める試験は必要とされず，所定の目標を満足させるだけの履修成果を上げる修得はとくに求められていない。日本の義務教育や高校教育は，それが必修科目であっても，与えられた教育を修得しなくても履修すれば卒業できる仕組みになっている。

修得主義と履修主義という概念を手に入れて，再度，図15－1，図15－2を見てみよう。図15－2の第二象限，前節（1）の国々は修得主義を採用している。それに対して，日本や韓国，アメリカは履修主義を採用していると考えることができる。履修主義を採用している国で課される学力試験は個々の大学の入学定員枠を争う競争としての性格を強くもっている。それに対して，修得主義を採用している国で課される学力試験は，大学一般への入学資格を問うものであり，入学枠をめぐる競争には用いられない。

（2）進路形成や教育に与える影響

後期中等教育修了時に教科学力の修得が厳しく問われる国では，勉強は好きではないが，みんなが行くから大学へ行こうという進路選択は難しいので，早くから自分の適性や将来について考えることになる。学校での勉強には向いていないと自覚した者に対しては十分な職業教育・訓練の機会が用意されているし，当然ながら，職に就いた後に，より深く勉強したくなった者は資格さえ満たせば大学で学ぶことが可能な仕組みが整っている。大学に進学しない者にとって，進学しないことは，選抜にもれたことを意味するのではなく，他の職業的適性をみつけたことを意味する。

そして大学では，学習に対する強い意志をもち，かつ一定の学力と学習スキルが保証されて入学してきた学生に対して，存分に高度に専門的な教育を施すことができる。学習に対する態度や，それに基づく大学教育の完遂可能性も測られているので，十分な教育効果を期待することもできる。当然，大学で学んだことと卒業後に従事した職業との関連性は高い。

一方，履修主義をとり，大学入学者の選抜が各学校の入学者定員枠を争う競争試験のかたちをとる国では，大学のタイプも大学入学者選抜で重視される能力（学力）も多様で，大学進学率も高い傾向がある。後期中等教育修了時にそれまでの教科学力の修得を厳しく問われないので，勉強自体は得意でなくても，とりあえず大学へ行くという進路選択が起こりうる。大学進学機会が学力によらず，広く開かれているといえる。ただし，大学に入学することはできても，そこで学習を続けるだけの基礎的な知識やスキルに欠けている場合には，大学にふさわしい高度に専門的な教育を享受できなかったり，学習を完遂できなかったりなどの問題が生じる。

（3）よりよい入試制度のあり方を考える

本章では，学校では履修と修得のどちらをより重視すべきか，どのような入試制度がもっともよいのかといった事柄について結論を出すことを目的としていない。教育を行う側にとっても，教育を受ける側にとっても，それぞれの学校で学ぶ人が適切に選ばれているかどうかはとても大切な問題だと冒頭で述べた。大学に限らず，学校でのよりよい学びとその保証を考えるためには，カリキュラムや教授方法といったことと同様に，果たしてその学校で学ぶために最低限どれだけの学力や学習スキルが必要かについても議論がされなければならない。それぞれの学校がそこで学ぶ人をどうやって決めるかについて，より直接的に決定する入試制度は重要な制度といえる。

日本の私立大学では，入学者に占める教科学力を中心とする一般選抜の割合が減少し，代わりに総合型選抜という，高校までの経験や活動の成果を重視する選抜の割合が増加していることを見てきた。教科学力以外の活動を重視した選抜方法は，一部の受験生を受験競争の重圧から解放し，自らの興味や関心に基づく活動に取り組むことを可能にしたと評価することもできる。

しかし，例えば韓国の総合選考では創意的活動や小論文作成など，学校教育では習得できないことが多く含まれており，親の経済力や情報力によって学生間に格差が生じることが明らかになっている。またアメリカの大学入学者選抜でも，高校までの学校内のクラブ活動や学校外のボランティア活動など，様々な活動経験が評価の対象となるが，その経験をすることができるのは誰かという点で韓国同様，経済力や情報力による格差の問題が指摘されている。

総合型選抜において評価される高校時代の留学経験や起業経験，部活動や語学での大会表彰経験といった事柄は通常の学力に増して，家庭や地域といった環境の影響を受ける。そういった経験を提供できる学校や地域は限られており，かつ費用がかかるからである。また，そういった経験に価値があることを親が情報として理解しているかどうかも差をもたらす。つまり，入学をめぐる競争には家族の経済力や情報力によってあらかじめ制限がかけられているのだ。入学者選抜は，子どもの能力（学力）を基準にしているようにみえて，実際には家族の格差を測っているともいえる。

1970年代に日本の高校を観察し，結果を『日本の高校』としてまとめた文化人類学者のローレン（Rohlen, T. P.）は，収入面での相対的な平等性と，家庭環境面での著しい格差の欠如，公立小中学校で実施される画一的な教育を踏まえ，日本の義務教育は実質的に平等な教育を行っていると述べた。そして，すべての生徒を一様に扱ってきた学校制度が，それぞれの能力に応じた能力に合わせた差異化の仕組みとして機能し始めるのは高校入学からで，そのために生徒を振り分けるのが高校受験だと指摘した（Rohlen，1983＝1988）。

ローレンの指摘からおよそ50年，高校進学率は98％に達し，1960年代にあった高校進学層と非進学層の格差はみかけ上なくなった。代わりに立ち上がってきたのは，進学校から課題集中校まで，細かく分化した高校階層構造だ。日本では，義務教育でも修得について問われることがない。したがって少子化のなかで定員割れを起こした高校では，小学校低学年レベルの学力のままでも入学することができる。課題集中校と呼ばれる高校に通う生徒の多くは，経済的に恵まれていないだけでなく，家庭内の人間関係に問題を抱えていたり，ヤングケアラーとして同居する家族のケアに多くの時間を割いていたりする。高校教育がほぼ義務化した社会で高卒学歴を持てないことのデメリットを知っている高校教員は，彼らの知識の修得ではなく，履修を保証して，なんとか学校を卒業させる。そして彼らは，生きていくために現代社会で欠かせない知識——たとえば社会保障の仕組みや金融取引の知識など——をほとんど理解しないまま，社会に出ていくことになる。

十分な学力を持たないまま高校を卒業していく者がいる一方で，親の高い経済力や情報力を強みとして大学に進学する者がいるのが今の日本社会だ。そしてそこに入試制度は関わっている。誰もが納得できる，真っ当で公平な入試制度のあり方を考えるために，学校教育はどうしたら学びの質を保証できるか，そしてそこで学ぶ人たちの未来をどう保障できるのかについて考えよう。

発展学習へ向けてのレポート課題

本章で述べてきたことは，学校教育の質保証をどう考えるかという問題でもある。図15－2の第二象限に位置する国では，後期中等教育の質保証がなされているが，日本ではそうではない。高校までの学びの質保証が重視されていないことは①大学教育を行う側，②教育を受ける側，③大学での学びのあり方にどのような影響を及ぼしているか考えてみよう。

参考文献

荒井克弘（2020）「高大接続の現在」中村高康編『大学入試がわかる本——改革を議論するための基礎知識』岩波書店.

College Board, SAT Suite of Assessments　https://satsuite.collegeboard.org/（2022. 09. 11最終閲覧）

独立行政法人大学入試センター（2021）「令和４年度大学入学共通テスト利用大学・専門職大学・短期大学について」
https://www.dnc.ac.jp/albums/abm.php?f=abm00040859.pdf&n=%E5%88%A5%E6%B7%BB%E2%91%A2%E5%88%A9%E7%94%A8%E5%A4%A7%E5%AD%A6%E6%95%B0.pdf（2022年９月11日最終閲覧）

独立行政法人大学入試センター（2022）「令和４年度大学入学共通テスト実施結果の概要」
https://www.dnc.ac.jp/albums/abm.php?f=abm00040999.pdf&n=%E5%88%A5

%E6%B7%BB2_%E5%AE%9F%E6%96%BD%E7%B5%90%E6%9E%9C%E3%81%AE%E6%A6%82%E8%A6%81.pdf（2022年９月11日最終閲覧）

藤井光昭・柳井晴夫・荒井克弘編（2002）『大学入試における総合試験の国際比較――我が国の入試改善に向けて』多賀出版。

木戸裕（2016）「ドイツの大学入学制度改革――グローバルな視点から」『比較教育学研究』第53号：14-27.

腰越滋（2020）「共通テストの歴史と現状」中村高康編『大学入試がわかる本――改革を議論するための基礎知識』岩波書店.

二階宏之（2019）「韓国の大学入試制度改編」『IDE スクエア――海外研究員レポート』（2019年１月）

大塚雄作（2020）「大学入試における共通試験実施に関わる諸問題―センター試験実施の経験から」中村高康編『大学入試がわかる本―改革を議論するための基礎知識』岩波書店.

大内裕和・中村高康（2021）「入試改革から見えてくる高大接続問題」『現代思想』2021年４月号：8-31.

Rohlen, T. P.（1983）*Japan's High Schools,* University of California Press（友田泰正訳（1988）『日本の高校――成功と代償』サイマル出版会）

齊藤良子・鈴木佑記・八木堅二・柴田徳光（2022）「日韓中泰米の教育システム比較――アフターコロナを見据えて」『国士館大学政治研究』第13号：145-170.

Sandel M. J., 2020, *THE TYRANNY OF MERIT : What's Become of the Common Good ?,* Farrar Straus & Giroux.（鬼澤忍訳（2021）『実力も運のうち――能力主義は正義か？』早川書房.）

佐々木享（1984）『大学入試制度』大月書店.

山村滋（2016）「イギリスにおける大学入学者選抜制度改革――GCE 試験制度改革の分析」『比較教育学研究』第53号：3-13.

渡邊雅子（2015）「大学入試でテストされる能力のタイポロジー――アメリカ，日本，イラン，フランスの大学入試問題比較から」『名古屋大学大学院教育発達科学研究科紀要（教育科学）』第62巻第１号：1-17.

吉田文（2011）「大学と高校の接続の動向と課題」『高等教育研究』第14集：169-181.

コラム　能力主義／学歴偏重主義という差別

ハーバード大学哲学教授のサンデル（Sandel M. J.）は，高学歴エリートの多くが，自らに与えられている報酬は学歴のおかげで，その学歴は自らの才能と努力によって勝ち取ったものであり，したがって自分は報酬に値するという考え方を共有していると指摘した（Sandel，2020＝2021）。学歴を自らの能力の代理指標だと考えて疑わない態度を能力主義／学歴偏重主義と呼ぼう。

人々が大卒学歴を獲得できるかどうかは，本人の努力以外の環境の影響を大きく受けている。大学進学に対する本人の努力を支えた家庭の経済・社会・文化的な環境，家庭内の人間関係，進学をサポートしてくれた学校，教師といった要因に加え，才能や素質は遺伝的な影響も大きく，本人だけの努力では獲得できない。努力ができる環境にいるということも本人の努力とは無関係である。また，その才能や素質を育てて報いを与えてくれる社会で暮らしている幸運も，本人の努力とは無関係である（例えばアフガニスタンの女性を考えてほしい)。したがって，個人が獲得した学歴が，その個人の能力だけを単純に表していると考えることはできない。

それにも関わらず，人びとには次の３つの傾向があるとサンデルは指摘する。① 学歴の高い人々は，人種やジェンダーといった要因で貧困状態にある者に比べて，学歴が低いことが理由で貧困状態にある者をより蔑視する傾向にあり，そのことを問題だと思っていない。② その背景には「学業成績が悪いのは個人の努力不足であり，したがって大学へ行けなかった努力の足りない人が結果として困窮した状況にあるのは，努力をしなかった彼らの落ち度を示している。」という自己責任の考え方がある。③ 学歴の低い人もこの考え方を共有しており，自らに対する自信を失っている。

ここから見えてくるのは，「能力」や「学歴」が，他者の困窮状態を個人的なものとし，彼らに対する差別を正当化する根拠になっているという事実だ。「誰でも努力はできる」「努力は必ず報われる」というのは根拠のない信念にすぎない。「能力がある」人が報われる社会ではなく，「能力がない」人も「能力がある」人も等しく尊重される社会のあり方を考える必要がある。

（寺崎里水）

資料編

日本国憲法（抄）
教育基本法
学校教育法（抄）
学校教育法施行規則（抄）
私立学校法（抄）
私立学校振興助成法（抄）
地方公務員法（抄）
教育公務員特例法（抄）
教育職員免許法（抄）
義務教育費国庫負担法（抄）
市町村立学校職員給与負担法（抄）
地方教育行政の組織及び運営に関する法律（抄）
食育基本法（抄）
学校給食法（抄）
学校保健安全法（抄）
義務教育諸学校の教科用図書の無償措置に関する法律（抄）
高等学校等就学支援金の支給に関する法律（抄）
いじめ防止対策推進法（抄）
義務教育の段階における普通教育に相当する教育の機会の確保等に関する法律（抄）
中央教育審議会答申「「令和の日本型学校教育」の構築を目指して」（抄）

日本国憲法（抄）
（昭和21年11月３日憲法）

日本国民は，正当に選挙された国会における代表者を通じて行動し，われらとわれらの子孫のために，諸国民との協和による成果と，わが国全土にわたつて自由のもたらす恵沢を確保し，政府の行為によつて再び戦争の惨禍が起ることのないやうにすることを決意し，ここに主権が国民に存することを宣言し，この憲法を確定する。そもそも国政は，国民の厳粛な信託によるものであつて，その権威は国民に由来し，その権力は国民の代表者がこれを行使し，その福利は国民がこれを享受する。これは人類普遍の原理であり，この憲法は，かかる原理に基くものである。われらは，これに反する一切の憲法，法令及び詔勅を排除する。

日本国民は，恒久の平和を念願し，人間相互の関係を支配する崇高な理想を深く自覚するのであつて，平和を愛する諸国民の公正と信義に信頼して，われらの安全と生存を保持しようと決意した。われらは，平和を維持し，専制と隷従，圧迫と偏狭を地上から永遠に除去しようと努めてゐる国際社会において，名誉ある地位を占めたいと思ふ。われらは，全世界の国民が，ひとしく恐怖と欠乏から免かれ，平和のうちに生存する権利を有することを確認する。

われらは，いづれの国家も，自国のことのみに専念して他国を無視してはならないのであつて，政治道徳の法則は，普遍的なものであり，この法則に従ふことは，自国の主権を維持し，他国と対等関係に立たうとする各国の責務であると信ずる。

日本国民は，国家の名誉にかけ，全力をあげてこの崇高な理想と目的を達成することを誓ふ。

第３章　国民の権利及び義務

第11条　国民は，すべての基本的人権の享有を妨げられない。この憲法が国民に保障する基本的人権は，侵すことのできない永久の権利として，現在及び将来の国民に与へられる。

第12条　この憲法が国民に保障する自由及び権利は，国民の不断の努力によつて，これを保持しなければならない。又，国民は，これを濫用してはならないのであつて，常に公共の福祉のためにこれを利用する責任を負ふ。

第13条　すべて国民は，個人として尊重される。生命，自由及び幸福追求に対する国民の権利については，公共の福祉に反しない限り，立法その他の国政の上で，最大の尊重を必要とする。

第14条　すべて国民は，法の下に平等であつて，人種，信条，性別，社会的身分又は門地により，政治的，経済的又は社会的関係において，差別されない。

②　華族その他の貴族の制度は，これを認めない。

③　栄誉，勲章その他の栄典の授与は，いかなる特権も伴はない。栄典の授与は，現にこれを有し，又は将来これを受ける者の一代に限り，その効力を有する。

第15条　公務員を選定し，及びこれを罷免することは，国民固有の権利である。

②　すべて公務員は，全体の奉仕者であつて，一部の奉仕者ではない。

③　公務員の選挙については，成年者による普通選挙を保障する。

④　すべて選挙における投票の秘密は，これを侵してはならない。選挙人は，その選択に関し公的にも私的にも責任を問はれない。

第19条　思想及び良心の自由は，これを侵してはならない。

第20条　信教の自由は，何人に対してもこれを保障する。いかなる宗教団体も，国から特権を受け，又は政治上の権力を行使してはならない。

②　何人も，宗教上の行為，祝典，儀式又は行事に参加することを強制されない。

③　国及びその機関は，宗教教育その他いかなる宗教的活動もしてはならない。

第21条　集会，結社及び言論，出版その他一切の表現の自由は，これを保障する。

②　検閲は，これをしてはならない。通信の秘密は，これを侵してはならない。

第22条　何人も，公共の福祉に反しない限り，居住，移転及び職業選択の自由を有する。

②　何人も，外国に移住し，又は国籍を離脱する自由を侵されない。

第23条　学問の自由は，これを保障する。

第25条　すべて国民は，健康で文化的な最低限度の生活を営む権利を有する。

②　国は，すべての生活部面について，社会福祉，社会保障及び公衆衛生の向上及び増進に努めなければならない。

第26条　すべて国民は，法律の定めるところにより，その能力に応じて，ひとしく教育を受ける権利を有する。

②　すべて国民は，法律の定めるところにより，その保護する子女に普通教育を受けさせる義務を負ふ。義務教育は，これを無償とする。

第27条　すべて国民は，勤労の権利を有し，義務を負ふ。

②　賃金，就業時間，休息その他の勤労条件に関する基準は，法律でこれを定める。

③　児童は，これを酷使してはならない。

第30条　国民は，法律の定めるところにより，納税の義務を負ふ。

第31条　何人も，法律の定める手続によらなければ，その生命若しくは自由を奪はれ，又はその他の刑罰を科せられない。

第７章　財　政

第89条　公金その他の公の財産は，宗教上の組織若しくは団体の使用，便益若しくは維持のため，又は公の支配に属しない慈善，教育若しくは博愛の事業に対し，これを支出し，又はその利用に供してはならない。

第９章　改正

第96条　この憲法の改正は，各議院の総議員の３分の２以上の賛成で，国会が，これを発議し，国民に提案してその承認を経なければならない。この承認には，特別の国民投票又は国会の定める選挙の際行はれる投票において，その過半数の賛成を必要とする。

②　憲法改正について前項の承認を経たときは，天

皇は，国民の名で，この憲法と一体を成すものとして，直ちにこれを公布する。

第10章　最高法規

第97条　この憲法が日本国民に保障する基本的人権は，人類の多年にわたる自由獲得の努力の成果であつて，これらの権利は，過去幾多の試錬に堪へ，現在及び将来の国民に対し，侵すことのできない永久の権利として信託されたものである。

第98条　この憲法は，国の最高法規であつて，その条規に反する法律，命令，詔勅及び国務に関するその他の行為の全部又は一部は，その効力を有しない。

②　日本国が締結した条約及び確立された国際法規は，これを誠実に遵守することを必要とする。

教育基本法
（平成18年法律第120号）

我々日本国民は，たゆまぬ努力によって築いてきた民主的で文化的な国家を更に発展させるとともに，世界の平和と人類の福祉の向上に貢献することを願うものである。

我々は，この理想を実現するため，個人の尊厳を重んじ，真理と正義を希求し，公共の精神を尊び，豊かな人間性と創造性を備えた人間の育成を期するとともに，伝統を継承し，新しい文化の創造を目指す教育を推進する。

ここに，我々は，日本国憲法の精神にのっとり，我が国の未来を切り拓ひらく教育の基本を確立し，その振興を図るため，この法律を制定する。

第１章　教育の目的及び理念

（教育の目的）

第１条　教育は，人格の完成を目指し，平和で民主的な国家及び社会の形成者として必要な資質を備えた心身ともに健康な国民の育成を期して行われなければならない。

（教育の目標）

第２条　教育は，その目的を実現するため，学問の自由を尊重しつつ，次に掲げる目標を達成するよう行われるものとする。

一　幅広い知識と教養を身に付け，真理を求める態度を養い，豊かな情操と道徳心を培うとともに，健やかな身体を養うこと。

二　個人の価値を尊重して，その能力を伸ばし，創造性を培い，自主及び自律の精神を養うとともに，職業及び生活との関連を重視し，勤労を重んずる態度を養うこと。

三　正義と責任，男女の平等，自他の敬愛と協力を重んずるとともに，公共の精神に基づき，主体的に社会の形成に参画し，その発展に寄与する態度を養うこと。

四　生命を尊び，自然を大切にし，環境の保全に寄与する態度を養うこと。

五　伝統と文化を尊重し，それらをはぐくんできた我が国と郷土を愛するとともに，他国を尊重し，国際社会の平和と発展に寄与する態度を養うこと。

（生涯学習の理念）

第３条　国民一人一人が，自己の人格を磨き，豊かな人生を送ることができるよう，その生涯にわたって，あらゆる機会に，あらゆる場所において学習することができ，その成果を適切に生かすことのできる社会の実現が図られなければならない。

（教育の機会均等）

第４条　すべて国民は，ひとしく，その能力に応じた教育を受ける機会を与えられなければならず，人種，信条，性別，社会的身分，経済的地位又は門地によって，教育上差別されない。

２　国及び地方公共団体は，障害のある者が，その障害の状態に応じ，十分な教育を受けられるよう，教育上必要な支援を講じなければならない。

３　国及び地方公共団体は，能力があるにもかかわらず，経済的理由によって修学が困難な者に対して，奨学の措置を講じなければならない。

第２章　教育の実施に関する基本

（義務教育）

第５条　国民は，その保護する子に，別に法律で定めるところにより，普通教育を受けさせる義務を負う。

２　義務教育として行われる普通教育は，各個人の有する能力を伸ばしつつ社会において自立的に生きる基礎を培い，また，国家及び社会の形成者として必要とされる基本的な資質を養うことを目的として行われるものとする。

３　国及び地方公共団体は，義務教育の機会を保障し，その水準を確保するため，適切な役割分担及び相互の協力の下，その実施に責任を負う。

４　国又は地方公共団体の設置する学校における義務教育については，授業料を徴収しない。

（学校教育）

第６条　法律に定める学校は，公の性質を有するものであって，国，地方公共団体及び法律に定める法人のみが，これを設置することができる。

２　前項の学校においては，教育の目標が達成されるよう，教育を受ける者の心身の発達に応じて，体系的な教育が組織的に行われなければならない。この場合において，教育を受ける者が，学校生活を営む上で必要な規律を重んずるとともに，自ら進んで学習に取り組む意欲を高めることを重視して行われなければならない。

（大学）

第７条　大学は，学術の中心として，高い教養と専門的能力を培うとともに，深く真理を探究して新たな知見を創造し，これらの成果を広く社会に提供することにより，社会の発展に寄与するものとする。

２　大学については，自主性，自律性その他の大学における教育及び研究の特性が尊重されなければならない。

（私立学校）

第８条　私立学校の有する公の性質及び学校教育において果たす重要な役割にかんがみ，国及び地方公共団体は，その自主性を尊重しつつ，助成その他の適当な方法によって私立学校教育の振興に努めなければならない。

（教員）

第９条　法律に定める学校の教員は，自己の崇高な使命を深く自覚し，絶えず研究と修養に励み，その職責の遂行に努めなければならない。

2　前項の教員については，その使命と職責の重要性にかんがみ，その身分は尊重され，待遇の適正が期せられるとともに，養成と研修の充実が図られなければならない。

（家庭教育）

第10条　父母その他の保護者は，子の教育について第一義的責任を有するものであって，生活のために必要な習慣を身に付けさせるとともに，自立心を育成し，心身の調和のとれた発達を図るよう努めるものとする。

2　国及び地方公共団体は，家庭教育の自主性を尊重しつつ，保護者に対する学習の機会及び情報の提供その他の家庭教育を支援するために必要な施策を講ずるよう努めなければならない。

（幼児期の教育）

第11条　幼児期の教育は，生涯にわたる人格形成の基礎を培う重要なものであることにかんがみ，国及び地方公共団体は，幼児の健やかな成長に資する良好な環境の整備その他適当な方法によって，その振興に努めなければならない。

（社会教育）

第12条　個人の要望や社会の要請にこたえ，社会において行われる教育は，国及び地方公共団体によって奨励されなければならない。

2　国及び地方公共団体は，図書館，博物館，公民館その他の社会教育施設の設置，学校の施設の利用，学習の機会及び情報の提供その他の適当な方法によって社会教育の振興に努めなければならない。

（学校，家庭及び地域住民等の相互の連携協力）

第13条　学校，家庭及び地域住民その他の関係者は，教育におけるそれぞれの役割と責任を自覚するとともに，相互の連携及び協力に努めるものとする。

（政治教育）

第14条　良識ある公民として必要な政治的教養は，教育上尊重されなければならない。

2　法律に定める学校は，特定の政党を支持し，又はこれに反対するための政治教育その他政治的活動をしてはならない。

（宗教教育）

第15条　宗教に関する寛容の態度，宗教に関する一般的な教養及び宗教の社会生活における地位は，教育上尊重されなければならない。

2　国及び地方公共団体が設置する学校は，特定の宗教のための宗教教育その他宗教的活動をしてはならない。

第3章　教育行政

（教育行政）

第16条　教育は，不当な支配に服することなく，この法律及び他の法律の定めるところにより行われるべきものであり，教育行政は，国と地方公共団体との適切な役割分担及び相互の協力の下，公正かつ適正に行われなければならない。

2　国は，全国的な教育の機会均等と教育水準の維持向上を図るため，教育に関する施策を総合的に策定し，実施しなければならない。

3　地方公共団体は，その地域における教育の振興を図るため，その実情に応じた教育に関する施策を策定し，実施しなければならない。

4　国及び地方公共団体は，教育が円滑かつ継続的に実施されるよう，必要な財政上の措置を講じなければならない。

（教育振興基本計画）

第17条　政府は，教育の振興に関する施策の総合的かつ計画的な推進を図るため，教育の振興に関する施策についての基本的な方針及び講ずべき施策その他必要な事項について，基本的な計画を定め，これを国会に報告するとともに，公表しなければならない。

2　地方公共団体は，前項の計画を参酌し，その地域の実情に応じ，当該地方公共団体における教育の振興のための施策に関する基本的な計画を定めるよう努めなければならない。

第4章　法令の制定

第18条　この法律に規定する諸条項を実施するため，必要な法令が制定されなければならない。

学校教育法（抄）

（昭和22年3月31日　法律第26号）

第1章　総　則

第1条　この法律で，学校とは，幼稚園，小学校，中学校，義務教育学校，高等学校，中等教育学校，特別支援学校，大学及び高等専門学校とする。

第2条　学校は，国（国立大学法人法（平成15年法律第112号）第2条第1項に規定する国立大学法人及び独立行政法人国立高等専門学校機構を含む。以下同じ。），地方公共団体（地方独立行政法人法（平成15年法律第118号）第68条第1項に規定する公立大学法人（以下「公立大学法人」という。）を含む。次項及び第127条において同じ。）及び私立学校法（昭和24年法律第270号）第3条に規定する学校法人（以下「学校法人」という。）のみが，これを設置することができる。

②　この法律で，国立学校とは，国の設置する学校を，公立学校とは，地方公共団体の設置する学校を，私立学校とは，学校法人の設置する学校をいう。

第3条　学校を設置しようとする者は，学校の種類に応じ，文部科学大臣の定める設備，編制その他に関する設置基準に従い，これを設置しなければならない。

第5条　学校の設置者は，その設置する学校を管理し，法令に特別の定のある場合を除いては，その学校の経費を負担する。

第6条　学校においては，授業料を徴収することができる。ただし，国立又は公立の小学校及び中学校，義務教育学校，中等教育学校の前期課程又は特別支援学校の小学部及び中学部における義務教育については，これを徴収することができない。

第9条　次の各号のいずれかに該当する者は，校長又は教員となることができない。

一　禁錮以上の刑に処せられた者

二　教育職員免許法第10条第1項第2号又は第3号に該当することにより免許状がその効力を失い，当該失効の日から3年を経過しない者

三　教育職員免許法第11条第1項から第3項までの規定により免許状取上げの処分を受け，3年を経

過しない者
四　日本国憲法施行の日以後において，日本国憲法又はその下に成立した政府を暴力で破壊することを主張する政党その他の団体を結成し，又はこれに加入した者

第11条　校長及び教員は，教育上必要があると認めるときは，文部科学大臣の定めるところにより，児童，生徒及び学生に懲戒を加えることができる。ただし，体罰を加えることはできない。

第12条　学校においては，別に法律で定めるところにより，幼児，児童，生徒及び学生並びに職員の健康の保持増進を図るため，健康診断を行い，その他その保健に必要な措置を講じなければならない。

第２章　義務教育

第16条　保護者（子に対して親権を行う者（親権を行う者のないときは，未成年後見人）をいう。以下同じ。）は，次条に定めるところにより，子に九年の普通教育を受けさせる義務を負う。

第17条　保護者は，子の満六歳に達した日の翌日以後における最初の学年の初めから，満12歳に達した日の属する学年の終わりまで，これを小学校，義務教育学校の前期課程又は特別支援学校の小学部に就学させる義務を負う。ただし，子が，満12歳に達した日の属する学年の終わりまでに小学校の課程，義務教育学校の前期課程又は特別支援学校の小学部の課程を修了しないときは，満15歳に達した日の属する学年の終わり（それまでの間においてこれらの課程を修了したときは，その修了した日の属する学年の終わり）までとする。

②　保護者は，子が小学校の課程，義務教育学校の前期課程又は特別支援学校の小学部の課程を修了した日の翌日以後における最初の学年の初めから，満15歳に達した日の属する学年の終わりまで，これを中学校，義務教育学校の後期課程，中等教育学校の前期課程又は特別支援学校の中学部に就学させる義務を負う。

③　前２項の義務の履行の督促その他これらの義務の履行に関し必要な事項は，政令で定める。

第18条　前条第１項又は第２項の規定によつて，保護者が就学させなければならない子（以下それぞれ「学齢児童」又は「学齢生徒」という。）で，病弱，発育不完全その他やむを得ない事由のため，就学困難と認められる者の保護者に対しては，市町村の教育委員会は，文部科学大臣の定めるところにより，同条第１項又は第２項の義務を猶予又は免除することができる。

第19条　経済的理由によつて，就学困難と認められる学齢児童又は学齢生徒の保護者に対しては，市町村は，必要な援助を与えなければならない。

第20条　学齢児童又は学齢生徒を使用する者は，その使用によつて，当該学齢児童又は学齢生徒が，義務教育を受けることを妨げてはならない。

第21条　義務教育として行われる普通教育は，教育基本法（平成18年法律第120号）第５条第２項に規定する目的を実現するため，次に掲げる目標を達成するよう行われるものとする。

一　学校内外における社会的活動を促進し，自主，自律及び協同の精神，規範意識，公正な判断力並びに公共の精神に基づき主体的に社会の形成に参画し，その発展に寄与する態度を養うこと。
二　学校内外における自然体験活動を促進し，生命及び自然を尊重する精神並びに環境の保全に寄与する態度を養うこと。
三　我が国と郷土の現状と歴史について，正しい理解に導き，伝統と文化を尊重し，それらをはぐくんできた我が国と郷土を愛する態度を養うとともに，進んで外国の文化の理解を通じて，他国を尊重し，国際社会の平和と発展に寄与する態度を養うこと。
四　家族と家庭の役割，生活に必要な衣，食，住，情報，産業その他の事項について基礎的な理解と技能を養うこと。
五　読書に親しませ，生活に必要な国語を正しく理解し，使用する基礎的な能力を養うこと。
六　生活に必要な数量的な関係を正しく理解し，処理する基礎的な能力を養うこと。
七　生活にかかわる自然現象について，観察及び実験を通じて，科学的に理解し，処理する基礎的な能力を養うこと。
八　健康，安全で幸福な生活のために必要な習慣を養うとともに，運動を通じて体力を養い，心身の調和的発達を図ること。
九　生活を明るく豊かにする音楽，美術，文芸その他の芸術について基礎的な理解と技能を養うこと。
十　職業についての基礎的な知識と技能，勤労を重んずる態度及び個性に応じて将来の進路を選択する能力を養うこと。

第３章　幼稚園

第22条　幼稚園は，義務教育及びその後の教育の基礎を培うものとして，幼児を保育し，幼児の健やかな成長のために適当な環境を与えて，その心身の発達を助長することを目的とする。

第23条　幼稚園における教育は，前条に規定する目的を実現するため，次に掲げる目標を達成するよう行われるものとする。

一　健康，安全で幸福な生活のために必要な基本的な習慣を養い，身体諸機能の調和的発達を図ること。
二　集団生活を通じて，喜んでこれに参加する態度を養うとともに家族や身近な人への信頼感を深め，自主，自律及び協同の精神並びに規範意識の芽生えを養うこと。
三　身近な社会生活，生命及び自然に対する興味を養い，それらに対する正しい理解と態度及び思考力の芽生えを養うこと。
四　日常の会話や，絵本，童話等に親しむことを通じて，言葉の使い方を正しく導くとともに，相手の話を理解しようとする態度を養うこと。
五　音楽，身体による表現，造形等に親しむことを通じて，豊かな感性と表現力の芽生えを養うこと。

第26条　幼稚園に入園することのできる者は，満３歳から，小学校就学の始期に達するまでの幼児とする。

第４章　小学校

第29条　小学校は，心身の発達に応じて，義務教育

として行われる普通教育のうち基礎的なものを施すことを目的とする。
第30条　小学校における教育は，前条に規定する目的を実現するために必要な程度において第21条各号に掲げる目標を達成するよう行われるものとする。
②　前項の場合においては，生涯にわたり学習する基盤が培われるよう，基礎的な知識及び技能を習得させるとともに，これらを活用して課題を解決するために必要な思考力，判断力，表現力その他の能力をはぐくみ，主体的に学習に取り組む態度を養うことに，特に意を用いなければならない。
第32条　小学校の修業年限は，６年とする。
第34条　小学校においては，文部科学大臣の検定を経た教科用図書又は文部科学省が著作の名義を有する教科用図書を使用しなければならない。
(略)
第35条　市町村の教育委員会は，次に掲げる行為の一又は二以上を繰り返し行う等性行不良であつて他の児童の教育に妨げがあると認める児童があるときは，その保護者に対して，児童の出席停止を命ずることができる。
一　他の児童に傷害，心身の苦痛又は財産上の損失を与える行為
二　職員に傷害又は心身の苦痛を与える行為
三　施設又は設備を損壊する行為
四　授業その他の教育活動の実施を妨げる行為
②　市町村の教育委員会は，前項の規定により出席停止を命ずる場合には，あらかじめ保護者の意見を聴取するとともに，理由及び期間を記載した文書を交付しなければならない。
③　前項に規定するもののほか，出席停止の命令の手続に関し必要な事項は，教育委員会規則で定めるものとする。
④　市町村の教育委員会は，出席停止の命令に係る児童の出席停止の期間における学習に対する支援その他の教育上必要な措置を講ずるものとする。
第37条　小学校には，校長，教頭，教諭，養護教諭及び事務職員を置かなければならない。
②　小学校には，前項に規定するもののほか，副校長，主幹教諭，指導教諭，栄養教諭その他必要な職員を置くことができる。
③　第一項の規定にかかわらず，副校長を置くときその他特別の事情のあるときは教頭を，養護をつかさどる主幹教諭を置くときは養護教諭を，特別の事情のあるときは事務職員を，それぞれ置かないことができる。
④　校長は，校務をつかさどり，所属職員を監督する。
⑤　副校長は，校長を助け，命を受けて校務をつかさどる。
⑥　副校長は，校長に事故があるときはその職務を代理し，校長が欠けたときはその職務を行う。この場合において，副校長が二人以上あるときは，あらかじめ校長が定めた順序で，その職務を代理し，又は行う。
⑦　教頭は，校長（副校長を置く小学校にあつては，校長及び副校長）を助け，校務を整理し，及び必要に応じ児童の教育をつかさどる。
⑧　教頭は，校長（副校長を置く小学校にあつては，校長及び副校長）に事故があるときは校長の職務を代理し，校長（副校長を置く小学校にあつては，校長及び副校長）が欠けたときは校長の職務を行う。この場合において，教頭が二人以上あるときは，あらかじめ校長が定めた順序で，校長の職務を代理し，又は行う。
⑨　主幹教諭は，校長（副校長を置く小学校にあつては，校長及び副校長）及び教頭を助け，命を受けて校務の一部を整理し，並びに児童の教育をつかさどる。
⑩　指導教諭は，児童の教育をつかさどり，並びに教諭その他の職員に対して，教育指導の改善及び充実のために必要な指導及び助言を行う。
⑪　教諭は，児童の教育をつかさどる。
⑫　養護教諭は，児童の養護をつかさどる。
⑬　栄養教諭は，児童の栄養の指導及び管理をつかさどる。
⑭　事務職員は，事務をつかさどる。
⑮　助教諭は，教諭の職務を助ける。
⑯　講師は，教諭又は助教諭に準ずる職務に従事する。
⑰　養護助教諭は，養護教諭の職務を助ける。
⑱　特別の事情のあるときは，第一項の規定にかかわらず，教諭に代えて助教諭又は講師を，養護教諭に代えて養護助教諭を置くことができる。
⑲　学校の実情に照らし必要があると認めるときは，第九項の規定にかかわらず，校長（副校長を置く小学校にあつては，校長及び副校長）及び教頭を助け，命を受けて校務の一部を整理し，並びに児童の養護又は栄養の指導及び管理をつかさどる主幹教諭を置くことができる。
第38条　市町村は，その区域内にある学齢児童を就学させるに必要な小学校を設置しなければならない。ただし，教育上有益かつ適切であると認めるときは，義務教育学校の設置をもつてこれに代えることができる。
第42条　小学校は，文部科学大臣の定めるところにより当該小学校の教育活動その他の学校運営の状況について評価を行い，その結果に基づき学校運営の改善を図るため必要な措置を講ずることにより，その教育水準の向上に努めなければならない。
第43条　小学校は，当該小学校に関する保護者及び地域住民その他の関係者の理解を深めるとともに，これらの者との連携及び協力の推進に資するため，当該小学校の教育活動その他の学校運営の状況に関する情報を積極的に提供するものとする。

第５章　中学校

第45条　中学校は，小学校における教育の基礎の上に，心身の発達に応じて，義務教育として行われる普通教育を施すことを目的とする。
第46条　中学校における教育は，前条に規定する目的を実現するため，第21条各号に掲げる目標を達成するよう行われるものとする。

第５章の２　義務教育学校

第49条の２　義務教育学校は，心身の発達に応じて，義務教育として行われる普通教育を基礎的なものから一貫して施すことを目的とする。

第49条の3　義務教育学校における教育は，前条に規定する目的を実現するため，第21条各号に掲げる目標を達成するよう行われるものとする。
第49条の5　義務教育学校の課程は，これを前期6年の前期課程及び後期3年の後期課程に区分する。
第49条の6　義務教育学校の前期課程における教育は，第49条の2に規定する目的のうち，心身の発達に応じて，義務教育として行われる普通教育のうち基礎的なものを施すことを実現するために必要な程度において第21条各号に掲げる目標を達成するよう行われるものとする。
②　義務教育学校の後期課程における教育は，第49条の2に規定する目的のうち，前期課程における教育の基礎の上に，心身の発達に応じて，義務教育として行われる普通教育を施すことを実現するため，第21条各号に掲げる目標を達成するよう行われるものとする。

第6章　高等学校

第50条　高等学校は，中学校における教育の基礎の上に，心身の発達及び進路に応じて，高度な普通教育及び専門教育を施すことを目的とする。
第51条　高等学校における教育は，前条に規定する目的を実現するため，次に掲げる目標を達成するよう行われるものとする。
一　義務教育として行われる普通教育の成果を更に発展拡充させて，豊かな人間性，創造性及び健やかな身体を養い，国家及び社会の形成者として必要な資質を養うこと。
二　社会において果たさなければならない使命の自覚に基づき，個性に応じて将来の進路を決定させ，一般的な教養を高め，専門的な知識，技術及び技能を習得させること。
三　個性の確立に努めるとともに，社会について，広く深い理解と健全な批判力を養い，社会の発展に寄与する態度を養うこと。
第60条　高等学校には，校長，教頭，教諭及び事務職員を置かなければならない。
②　高等学校には，前項に規定するもののほか，副校長，主幹教諭，指導教諭，養護教諭，栄養教諭，養護助教諭，実習助手，技術職員その他必要な職員を置くことができる。
③　第一項の規定にかかわらず，副校長を置くときは，教頭を置かないことができる。
④　実習助手は，実験又は実習について，教諭の職務を助ける。
⑤　特別の事情のあるときは，第一項の規定にかかわらず，教諭に代えて助教諭又は講師を置くことができる。
⑥　技術職員は，技術に従事する。

第7章　中等教育学校

第63条　中等教育学校は，小学校における教育の基礎の上に，心身の発達及び進路に応じて，義務教育として行われる普通教育並びに高度な普通教育及び専門教育を一貫して施すことを目的とする。
第64条　中等教育学校における教育は，前条に規定する目的を実現するため，次に掲げる目標を達成するよう行われるものとする。
一　豊かな人間性，創造性及び健やかな身体を養い，国家及び社会の形成者として必要な資質を養うこと。
二　社会において果たさなければならない使命の自覚に基づき，個性に応じて将来の進路を決定させ，一般的な教養を高め，専門的な知識，技術及び技能を習得させること。
三　個性の確立に努めるとともに，社会について，広く深い理解と健全な批判力を養い，社会の発展に寄与する態度を養うこと。
第66条　中等教育学校の課程は，これを前期3年の前期課程及び後期3年の後期課程に区分する。
第67条　中等教育学校の前期課程における教育は，第63条に規定する目的のうち，小学校における教育の基礎の上に，心身の発達に応じて，義務教育として行われる普通教育を施すことを実現するため，第21条各号に掲げる目標を達成するよう行われるものとする。
②　中等教育学校の後期課程における教育は，第63条に規定する目的のうち，心身の発達及び進路に応じて，高度な普通教育及び専門教育を施すことを実現するため，第64条各号に掲げる目標を達成するよう行われるものとする。

第8章　特別支援教育

第72条　特別支援学校は，視覚障害者，聴覚障害者，知的障害者，肢体不自由者又は病弱者（身体虚弱者を含む。以下同じ。）に対して，幼稚園，小学校，中学校又は高等学校に準ずる教育を施すとともに，障害による学習上又は生活上の困難を克服し自立を図るために必要な知識技能を授けることを目的とする。
第76条　特別支援学校には，小学部及び中学部を置かなければならない。ただし，特別の必要のある場合においては，そのいずれかのみを置くことができる。
②　特別支援学校には，小学部及び中学部のほか，幼稚部又は高等部を置くことができ，また，特別の必要のある場合においては，前項の規定にかかわらず，小学部及び中学部を置かないで幼稚部又は高等部のみを置くことができる。
第80条　都道府県は，その区域内にある学齢児童及び学齢生徒のうち，視覚障害者，聴覚障害者，知的障害者，肢体不自由者又は病弱者で，その障害が第75条の政令で定める程度のものを就学させるに必要な特別支援学校を設置しなければならない。
第81条　幼稚園，小学校，中学校，義務教育学校，高等学校及び中等教育学校においては，次項各号のいずれかに該当する幼児，児童及び生徒その他教育上特別の支援を必要とする幼児，児童及び生徒に対し，文部科学大臣の定めるところにより，障害による学習上又は生活上の困難を克服するための教育を行うものとする。
②　小学校，中学校，義務教育学校，高等学校及び中等教育学校には，次の各号のいずれかに該当する児童及び生徒のために，特別支援学級を置くことができる。
一　知的障害者
二　肢体不自由者

三　身体虚弱者
四　弱視者
五　難聴者
六　その他障害のある者で，特別支援学級において教育を行うことが適当なもの
③　前項に規定する学校においては，疾病により療養中の児童及び生徒に対して，特別支援学級を設け，又は教員を派遣して，教育を行うことができる。

第９章　大　学

第83条　大学は，学術の中心として，広く知識を授けるとともに，深く専門の学芸を教授研究し，知的，道徳的及び応用的能力を展開させることを目的とする。
②　大学は，その目的を実現するための教育研究を行い，その成果を広く社会に提供することにより，社会の発展に寄与するものとする。
第83条の２　前条の大学のうち，深く専門の学芸を教授研究し，専門性が求められる職業を担うための実践的かつ応用的な能力を展開させることを目的とするものは，専門職大学とする。
（略）
第90条　大学に入学することのできる者は，高等学校若しくは中等教育学校を卒業した者若しくは通常の課程による12年の学校教育を修了した者（通常の課程以外の課程によりこれに相当する学校教育を修了した者を含む。）又は文部科学大臣の定めるところにより，これと同等以上の学力があると認められた者とする。
（略）②
第99条　大学院は，学術の理論及び応用を教授研究し，その深奥をきわめ，又は高度の専門性が求められる職業を担うための深い学識及び卓越した能力を培い，文化の進展に寄与することを目的とする。
②　大学院のうち，学術の理論及び応用を教授研究し，高度の専門性が求められる職業を担うための深い学識及び卓越した能力を培うことを目的とするものは，専門職大学院とする。
（略）
第104条　大学（専門職大学及び第108条第２項の大学（以下この条において「短期大学」という。）を除く。以下この項及び第７項において同じ。）は，文部科学大臣の定めるところにより，大学を卒業した者に対し，学士の学位を授与するものとする。
②　専門職大学は，文部科学大臣の定めるところにより，専門職大学を卒業した者（第87条の２第１項の規定によりその課程を前期課程及び後期課程に区分している専門職大学にあつては，前期課程を修了した者を含む。）に対し，文部科学大臣の定める学位を授与するものとする。
③　大学院を置く大学は，文部科学大臣の定めるところにより，大学院（専門職大学院を除く。）の課程を修了した者に対し修士又は博士の学位を，専門職大学院の課程を修了した者に対し文部科学大臣の定める学位を授与するものとする。
④　大学院を置く大学は，文部科学大臣の定めるところにより，前項の規定により博士の学位を授与された者と同等以上の学力があると認める者に対し，博士の学位を授与することができる。
⑤　短期大学（専門職短期大学を除く。以下この項において同じ。）は，文部科学大臣の定めるところにより，短期大学を卒業した者に対し，短期大学士の学位を授与するものとする。
（略）
第108条　大学は，第83条第１項に規定する目的に代えて，深く専門の学芸を教授研究し，職業又は実際生活に必要な能力を育成することを主な目的とすることができる。
②　前項に規定する目的をその目的とする大学は，第87条第１項の規定にかかわらず，その修業年限を２年又は３年とする。
（略）

第10章　高等専門学校

第115条　高等専門学校は，深く専門の学芸を教授し，職業に必要な能力を育成することを目的とする。
②　高等専門学校は，その目的を実現するための教育を行い，その成果を広く社会に提供することにより，社会の発展に寄与するものとする。
第117条　高等専門学校の修業年限は，五年とする。ただし，商船に関する学科については，５年６月とする。
第121条　高等専門学校を卒業した者は，準学士と称することができる。
第122条　高等専門学校を卒業した者は，文部科学大臣の定めるところにより，大学に編入学することができる。

第11章　専修学校

第124条　第１条に掲げるもの以外の教育施設で，職業若しくは実際生活に必要な能力を育成し，又は教養の向上を図ることを目的として次の各号に該当する組織的な教育を行うもの（当該教育を行うにつき他の法律に特別の規定があるもの及び我が国に居住する外国人を専ら対象とするものを除く。）は，専修学校とする。
一　修業年限が１年以上であること。
二　授業時数が文部科学大臣の定める授業時数以上であること。
三　教育を受ける者が常時40人以上であること。
第125条　専修学校には，高等課程，専門課程又は一般課程を置く。
②　専修学校の高等課程においては，中学校若しくはこれに準ずる学校若しくは義務教育学校を卒業した者若しくは中等教育学校の前期課程を修了した者又は文部科学大臣の定めるところによりこれと同等以上の学力があると認められた者に対して，中学校における教育の基礎の上に，心身の発達に応じて前条の教育を行うものとする。
③　専修学校の専門課程においては，高等学校若しくはこれに準ずる学校若しくは中等教育学校を卒業した者又は文部科学大臣の定めるところによりこれに準ずる学力があると認められた者に対して，高等学校における教育の基礎の上に，前条の教育を行うものとする。
④　専修学校の一般課程においては，高等課程又は専門課程の教育以外の前条の教育を行うものとする。
第126条　高等課程を置く専修学校は，高等専修学

校と称することができる。
② 専門課程を置く専修学校は，専門学校と称することができる。
第132条 専修学校の専門課程（修業年限が2年以上であることその他の文部科学大臣の定める基準を満たすものに限る。）を修了した者（第90条第1項に規定する者に限る。）は，文部科学大臣の定めるところにより，大学に編入学することができる。

第12章 雑 則

第134条 第1条に掲げるもの以外のもので，学校教育に類する教育を行うもの（当該教育を行うにつき他の法律に特別の規定があるもの及び第124条に規定する専修学校の教育を行うものを除く。）は，各種学校とする。
（略）

学校教育法施行規則（抄）
（昭和22年5月23日文部省令第11号）

第1章 総 則

〔学校施設設備と教育環境〕
第1条 学校には，その学校の目的を実現するために必要な校地，校舎，校具，運動場，図書館又は図書室，保健室その他の設備を設けなければならない。
② 学校の位置は，教育上適切な環境に，これを定めなければならない。
〔指導要録〕
第24条 校長は，その学校に在学する児童等の指導要録（学校教育法施行令第31条に規定する児童等の学習及び健康の状況を記録した書類の原本をいう。以下同じ。）を作成しなければならない。
② 校長は，児童等が進学した場合においては，その作成に係る当該児童等の指導要録の抄本又は写しを作成し，これを進学先の校長に送付しなければならない。
③ 校長は，児童等が転学した場合においては，その作成に係る当該児童等の指導要録の写しを作成し，その写し（転学してきた児童等については転学により送付を受けた指導要録（就学前の子どもに関する教育，保育等の総合的な提供の推進に関する法律施行令（平成26年政令第203号）第八条に規定する園児の学習及び健康の状況を記録した書類の原本を含む。）の写しを含む。）及び前項の抄本又は写しを転学先の校長，保育所の長又は認定こども園の長に送付しなければならない。
〔出席簿〕
第25条 校長（学長を除く。）は，当該学校に在学する児童等について出席簿を作成しなければならない。
〔懲戒〕
第26条 校長及び教員が児童等に懲戒を加えるに当つては，児童等の心身の発達に応ずる等教育上必要な配慮をしなければならない。
② 懲戒のうち，退学，停学及び訓告の処分は，校長（大学にあつては，学長の委任を受けた学部長を含む。）が行う。
③ 前項の退学は，市町村立の小学校，中学校（学校教育法第71条の規定により高等学校における教育と一貫した教育を施すもの（以下「併設型中学校」という。）を除く。）若しくは義務教育学校又は公立の特別支援学校に在学する学齢児童又は学齢生徒を除き，次の各号のいずれかに該当する児童等に対して行うことができる。
一 性行不良で改善の見込がないと認められる者
二 学力劣等で成業の見込がないと認められる者
三 正当の理由がなくて出席常でない者
四 学校の秩序を乱し，その他学生又は生徒としての本分に反した者
④ 第2項の停学は，学齢児童又は学齢生徒に対しては，行うことができない。
⑤ 学長は，学生に対する第2項の退学，停学及び訓告の処分の手続を定めなければならない。

第2章 義務教育

〔保護者の意見の聴取〕
第32条 市町村の教育委員会は，学校教育法施行令第5条第2項（同令第6条において準用する場合を含む。次項において同じ。）の規定により就学予定者の就学すべき小学校，中学校又は義務教育学校（次項において「就学校」という。）を指定する場合には，あらかじめ，その保護者の意見を聴取することができる。この場合においては，意見の聴取の手続に関し必要な事項を定め，公表するものとする。
2 市町村の教育委員会は，学校教育法施行令第5条第2項の規定による就学校の指定に係る通知において，その指定の変更についての同令第8条に規定する保護者の申立ができる旨を示すものとする。

第4章 小学校

第1節 設備編制
〔学級数〕
第41条 小学校の学級数は，12学級以上18学級以下を標準とする。ただし，地域の実態その他により特別の事情のあるときは，この限りでない。
〔校務分掌〕
第43条 小学校においては，調和のとれた学校運営が行われるためにふさわしい校務分掌の仕組みを整えるものとする。
〔教務主任・学年主任〕
第44条 小学校には，教務主任及び学年主任を置くものとする。
（略）
3 教務主任及び学年主任は，指導教諭又は教諭をもつて，これに充てる。
4 教務主任は，校長の監督を受け，教育計画の立案その他の教務に関する事項について連絡調整及び指導，助言に当たる。
5 学年主任は，校長の監督を受け，当該学年の教育活動に関する事項について連絡調整及び指導，助言に当たる。
〔職員会議〕
第48条 小学校には，設置者の定めるところにより，校長の職務の円滑な執行に資するため，職員会議を置くことができる。
2 職員会議は，校長が主宰する。
〔学校評議員〕
第49条 小学校には，設置者の定めるところにより，

学校評議員を置くことができる。
2　学校評議員は，校長の求めに応じ，学校運営に関し意見を述べることができる。
3　学校評議員は，当該小学校の職員以外の者で教育に関する理解及び識見を有するもののうちから，校長の推薦により，当該小学校の設置者が委嘱する。

第２節　教育課程

〔小学校の教育課程編成〕
第50条　小学校の教育課程は，国語，社会，算数，理科，生活，音楽，図画工作，家庭，体育及び外国語の各教科（以下この節において「各教科」という。），特別の教科である道徳，外国語活動，総合的な学習の時間並びに特別活動によつて編成するものとする。
2　私立の小学校の教育課程を編成する場合は，前項の規定にかかわらず，宗教を加えることができる。この場合においては，宗教をもつて前項の特別の教科である道徳に代えることができる。
〔教育課程の基準〕
第52条　小学校の教育課程については，この節に定めるもののほか，教育課程の基準として文部科学大臣が別に公示する小学校学習指導要領によるものとする。
〔中学校連携型小学校の教育課程編成〕
第52条の２　小学校（第79条の９第２項に規定する中学校併設型小学校を除く。）においては，中学校における教育との一貫性に配慮した教育を施すため，当該小学校の設置者が当該中学校の設置者との協議に基づき定めるところにより，教育課程を編成することができる。
2　前項の規定により教育課程を編成する小学校（以下「中学校連携型小学校」という。）は，第74条の２第１項の規定により教育課程を編成する中学校と連携し，その教育課程を実施するものとする。
〔教育課程編成の特例〕
第53条　小学校においては，必要がある場合には，一部の各教科について，これらを合わせて授業を行うことができる。
〔課程の修了・卒業の認定〕
第57条　小学校において，各学年の課程の修了又は卒業を認めるに当たつては，児童の平素の成績を評価して，これを定めなければならない。
〔卒業証書授与〕
第58条　校長は，小学校の全課程を修了したと認めた者には，卒業証書を授与しなければならない。

第３節　学年及び授業日

〔学年〕
第59条　小学校の学年は，４月１日に始まり，翌年３月31日に終わる。
〔授業終始の時刻〕
第60条　授業終始の時刻は，校長が定める。
〔公立小学校の休業日〕
第61条　公立小学校における休業日は，次のとおりとする。ただし，第三号に掲げる日を除き，当該学校を設置する地方公共団体の教育委員会（公立大学法人の設置する小学校にあつては，当該公立大学法人の理事長。第三号において同じ。）が必要と認める場合は，この限りでない。
一　国民の祝日に関する法律（昭和23年法律第178号）に規定する日
二　日曜日及び土曜日
三　学校教育法施行令第29条第１項の規定により教育委員会が定める日

第４節　職　員

〔学校用務員〕
第65条　学校用務員は，学校の環境の整備その他の用務に従事する。
〔医療的ケア看護職員〕
第65条の２　医療的ケア看護職員は，小学校における日常生活及び社会生活を営むために恒常的に医療的ケア（人工呼吸器による呼吸管理，喀痰かくたん吸引その他の医療行為をいう。）を受けることが不可欠である児童の療養上の世話又は診療の補助に従事する。
〔スクールカウンセラー〕
第65条の３　スクールカウンセラーは，小学校における児童の心理に関する支援に従事する。
〔スクールソーシャルワーカー〕
第65条の４　スクールソーシャルワーカーは，小学校における児童の福祉に関する支援に従事する。
〔情報通信技術支援員〕
第65条の５　情報通信技術支援員は，教育活動その他の学校運営における情報通信技術の活用に関する支援に従事する。
〔特別支援教育支援員〕
第65条の６　特別支援教育支援員は，教育上特別の支援を必要とする児童の学習上又は生活上必要な支援に従事する。
〔教員業務支援員〕
第65条の７　教員業務支援員は，教員の業務の円滑な実施に必要な支援に従事する。

第５節　学校評価

〔学校運営自己評価と結果公表の義務〕
第66条　小学校は，当該小学校の教育活動その他の学校運営の状況について，自ら評価を行い，その結果を公表するものとする。
2　前項の評価を行うに当たつては，小学校は，その実情に応じ，適切な項目を設定して行うものとする。
〔保護者等による学校評価〕
第67条　小学校は，前条第１項の規定による評価の結果を踏まえた当該小学校の児童の保護者その他の当該小学校の関係者（当該小学校の職員を除く。）による評価を行い，その結果を公表するよう努めるものとする。
〔学校評価結果の報告義務〕
第68条　小学校は，第66条第１項の規定による評価の結果及び前条の規定により評価を行つた場合はその結果を，当該小学校の設置者に報告するものとする。

第５章　中学校

〔生徒指導主事〕
第70条　中学校には，生徒指導主事を置くものとする。
（略）
3　生徒指導主事は，指導教諭又は教諭をもつて，これに充てる。

4 生徒指導主事は，校長の監督を受け，生徒指導に関する事項をつかさどり，当該事項について連絡調整及び指導，助言に当たる。

〔進路指導主事〕

第71条 中学校には，進路指導主事を置くものとする。

（略）

3 進路指導主事は，指導教諭又は教諭をもつて，これに充てる。校長の監督を受け，生徒の職業選択の指導その他の進路の指導に関する事項をつかさどり，当該事項について連絡調整及び指導，助言に当たる。

〔中学校の教育課程編成〕

第72条 中学校の教育課程は，国語，社会，数学，理科，音楽，美術，保健体育，技術・家庭及び外国語の各教科（以下本章及び第７章中「各教科」という。），特別の教科である道徳，総合的な学習の時間並びに特別活動によつて編成するものとする。

〔教育課程の基準〕

第74条 中学校の教育課程については，この章に定めるもののほか，教育課程の基準として文部科学大臣が別に公示する中学校学習指導要領によるものとする。

〔小学校連携型中学校の教育課程編成〕

第74条の２ 中学校（併設型中学校，第75条第２項に規定する連携型中学校及び第79条の９第２項に規定する小学校併設型中学校を除く。）においては，小学校における教育との一貫性に配慮した教育を施すため，当該中学校の設置者が当該小学校の設置者との協議に基づき定めるところにより，教育課程を編成することができる。

2 前項の規定により教育課程を編成する中学校（以下「小学校連携型中学校」という。）は，中学校連携型小学校と連携し，その教育課程を実施するものとする。

〔連携型中学校の教育課程編成〕

第75条 中学校（併設型中学校，小学校連携型中学校及び第79条の９第２項に規定する小学校併設型中学校を除く。）においては，高等学校における教育との一貫性に配慮した教育を施すため，当該中学校の設置者が当該高等学校の設置者との協議に基づき定めるところにより，教育課程を編成することができる。

2 前項の規定により教育課程を編成する中学校（以下「連携型中学校」という。）は，第87条第１項の規定により教育課程を編成する高等学校と連携し，その教育課程を実施するものとする。

〔進学生徒の調査書等の送付〕

第78条 校長は，中学校卒業後，高等学校，高等専門学校その他の学校に進学しようとする生徒のある場合には，調査書その他必要な書類をその生徒の進学しようとする学校の校長に送付しなければならない。ただし，第90条第３項（第135条第５項において準用する場合を含む。）及び同条第４項の規定に基づき，調査書を入学者の選抜のための資料としない場合は，調査書の送付を要しない。

第78条の２ 部活動指導員は，中学校におけるスポーツ，文化，科学等に関する教育活動（中学校の教育課程として行われるものを除く。）に係る技術的な指導に従事する。

第５章の２ 義務教育学校並びに中学校併設型小学校及び小学校併設型中学校

第１節 義務教育学校

〔学級数〕

第79条の３ 義務教育学校の学級数は，18学級以上27学級以下を標準とする。ただし，地域の実態その他により特別の事情のあるときは，この限りでない。

第２節 中学校併設型小学校及び小学校併設型中学校

〔中学校併設型小学校・小学校併設型中学校〕

第79条の９ 同一の設置者が設置する小学校（中学校連携型小学校を除く。）及び中学校（併設型中学校，小学校連携型中学校及び連携型中学校を除く。）においては，義務教育学校に準じて，小学校における教育と中学校における教育を一貫して施すことができる。

（略）

第６章 高等学校

第１節 設備，編制，学科及び教育課程

〔高等学校の教育課程編成〕

第83条 高等学校の教育課程は，別表第三に定める各教科に属する科目，総合的な探究の時間及び特別活動によつて編成するものとする。

〔教育課程の基準〕

第84条 高等学校の教育課程については，この章に定めるもののほか，教育課程の基準として文部科学大臣が別に公示する高等学校学習指導要領によるものとする。

〔一貫教育のための教育課程編成〕

第87条 高等学校（学校教育法第71条の規定により中学校における教育と一貫した教育を施すもの（以下「併設型高等学校」という。）を除く。）においては，中学校における教育との一貫性に配慮した教育を施すため，当該高等学校の設置者が当該中学校の設置者との協議に基づき定めるところにより，教育課程を編成することができる。

2 前項の規定により教育課程を編成する高等学校（以下「連携型高等学校」という。）は，連携型中学校と連携し，その教育課程を実施するものとする。

第２節 入学，退学，転学，留学，休学及び卒業等

〔入学の許可・入学者の選抜〕

第90条 高等学校の入学は，第78条の規定により送付された調査書その他必要な書類，選抜のための学力検査（以下この条において「学力検査」という。）の成績等を資料として行う入学者の選抜に基づいて，校長が許可する。

2 学力検査は，特別の事情のあるときは，行わないことができる。

3 調査書は，特別の事情のあるときは，入学者の選抜のための資料としないことができる。

4 連携型高等学校における入学者の選抜は，第75条第１項の規定により編成する教育課程に係る連携型中学校の生徒については，調査書及び学力検査の成績以外の資料により行うことができる。

5 公立の高等学校（公立大学法人の設置する高等学校を除く。）に係る学力検査は，当該高等学校を

設置する都道府県又は市町村の教育委員会が行う。

第７章　中等教育学校並びに併設型中学校及び併設型高等学校

第１節　中等教育学校

〔前期課程の授業時数〕

第107条　次条第１項において準用する第72条に規定する中等教育学校の前期課程の各学年における各教科，特別の教科である道徳，総合的な学習の時間及び特別活動のそれぞれの授業時数並びに各学年におけるこれらの総授業時数は，別表第四に定める授業時数を標準とする。

第110条　中等教育学校の入学は，設置者の定めるところにより，校長が許可する。

２　前項の場合において，公立の中等教育学校については，学力検査を行わないものとする。

第２節　併設型中学校及び併設型高等学校

〔一貫教育のための教育課程〕

第115条　併設型中学校及び併設型高等学校においては，中学校における教育と高等学校における教育を一貫して施すため，設置者の定めるところにより，教育課程を編成するものとする。

〔入学者の選抜〕

第116条　第90条第１項の規定にかかわらず，併設型高等学校においては，当該高等学校に係る併設型中学校の生徒については入学者の選抜は行わないものとする。

第８章　特別支援教育

〔小学部の教育課程〕

第126条　特別支援学校の小学部の教育課程は，国語，社会，算数，理科，生活，音楽，図画工作，家庭，体育及び外国語の各教科，特別の教科である道徳，外国語活動，総合的な学習の時間，特別活動並びに自立活動によつて編成するものとする。

２　前項の規定にかかわらず，知的障害者である児童を教育する場合は，生活，国語，算数，音楽，図画工作及び体育の各教科，特別の教科である道徳，特別活動並びに自立活動によつて教育課程を編成するものとする。ただし，必要がある場合には，外国語活動を加えて教育課程を編成することができる。

〔中学部の教育課程〕

第127条　特別支援学校の中学部の教育課程は，国語，社会，数学，理科，音楽，美術，保健体育，技術・家庭及び外国語の各教科，特別の教科である道徳，総合的な学習の時間，特別活動並びに自立活動によつて編成するものとする。

２　前項の規定にかかわらず，知的障害者である生徒を教育する場合は，国語，社会，数学，理科，音楽，美術，保健体育及び職業・家庭の各教科，特別の教科である道徳，総合的な学習の時間，特別活動並びに自立活動によつて教育課程を編成するものとする。ただし，必要がある場合には，外国語科を加えて教育課程を編成することができる。

〔高等部の教育課程〕

第128条　特別支援学校の高等部の教育課程は，別表第３及び別表第５に定める各教科に属する科目，総合的な探究の時間，特別活動並びに自立活動によつて編成するものとする。

２　前項の規定にかかわらず，知的障害者である生徒を教育する場合は，国語，社会，数学，理科，音楽，美術，保健体育，職業，家庭，外国語，情報，家政，農業，工業，流通・サービス及び福祉の各教科，第129条に規定する特別支援学校高等部学習指導要領で定めるこれら以外の教科及び特別の教科である道徳，総合的な探究の時間，特別活動並びに自立活動によつて教育課程を編成するものとする。

〔教育課程の基準〕

第129条　特別支援学校の幼稚部の教育課程その他の保育内容並びに小学部，中学部及び高等部の教育課程については，この章に定めるもののほか，教育課程その他の保育内容又は教育課程の基準として文部科学大臣が別に公示する特別支援学校幼稚部教育要領，特別支援学校小学部・中学部学習指導要領及び特別支援学校高等部学習指導要領によるものとする。

〔個別の教育支援計画〕

第134条の２　校長は，特別支援学校に在学する児童等について個別の教育支援計画（学校と医療，保健，福祉，労働等に関する業務を行う関係機関及び民間団体（次項において「関係機関等」という。）との連携の下に行う当該児童等に対する長期的な支援に関する計画をいう。）を作成しなければならない。

２　校長は，前項の規定により個別の教育支援計画を作成するに当たつては，当該児童等又はその保護者の意向を踏まえつつ，あらかじめ，関係機関等と当該児童等の支援に関する必要な情報の共有を図らなければならない。

〔１学級の児童・生徒の数〕

第136条　小学校，中学校若しくは義務教育学校又は中等教育学校の前期課程における特別支援学級の１学級の児童又は生徒の数は，法令に特別の定めのある場合を除き，15人以下を標準とする。

私立学校法（抄）
（昭和24年法律第270号）

第１章　総　則

（この法律の目的）

第１条　この法律は，私立学校の特性にかんがみ，その自主性を重んじ，公共性を高めることによつて，私立学校の健全な発達を図ることを目的とする。

第３条　この法律において「学校法人」とは，私立学校の設置を目的として，この法律の定めるところにより設立される法人をいう。

（所轄庁）

第４条　この法律中「所轄庁」とあるのは，第一号，第三号及び第五号に掲げるものにあつては文部科学大臣とし，第二号及び第四号に掲げるものにあつては都道府県知事（第二号に掲げるもののうち地方自治法（昭和22年法律第67号）第252条の19第１項の指定都市又は同法第252条の22第１項の中核市（以下この条において「指定都市等」という。）の区域内の幼保連携型認定こども園にあつては，当該指定都市等の長）とする。

一　私立大学及び私立高等専門学校

二　前号に掲げる私立学校以外の私立学校並びに私

立専修学校及び私立各種学校
三　第一号に掲げる私立学校を設置する学校法人
四　第二号に掲げる私立学校を設置する学校法人及び第64条第4項の法人
五　第一号に掲げる私立学校と第二号に掲げる私立学校，私立専修学校又は私立各種学校とを併せて設置する学校法人

第2章　私立学校に関する教育行政

（学校教育法の特例）
第5条　私立学校（幼保連携型認定こども園を除く。第8条第1項において同じ。）には，学校教育法第14条の規定は，適用しない。
（私立学校審議会）
第9条　この法律の規定によりその権限に属せしめられた事項を審議させるため，都道府県に，私立学校審議会を置く。
2　私立学校審議会は，私立大学及び私立高等専門学校以外の私立学校並びに私立専修学校及び私立各種学校に関する重要事項について，都道府県知事に建議することができる。

第3章　学校法人

第1節　通則
（学校法人の責務）
第24条　学校法人は，自主的にその運営基盤の強化を図るとともに，その設置する私立学校の教育の質の向上及びその運営の透明性の確保を図るよう努めなければならない。
（収益事業）
第26条　学校法人は，その設置する私立学校の教育に支障のない限り，その収益を私立学校の経営に充てるため，収益を目的とする事業を行うことができる。
（略）
第3節　管理
第1款　役員及び理事会
（役員）
第35条　学校法人には，役員として，理事5人以上及び監事2人以上を置かなければならない。
2　理事のうち1人は，寄附行為の定めるところにより，理事長となる。
（理事会）
第36条　学校法人に理事をもつて組織する理事会を置く。
2　理事会は，学校法人の業務を決し，理事の職務の執行を監督する。
（略）
7　理事会の議事について特別の利害関係を有する理事は，議決に加わることができない。
（役員の職務等）
第37条　理事長は，学校法人を代表し，その業務を総理する。
2　理事（理事長を除く。）は，寄附行為の定めるところにより，学校法人を代表し，理事長を補佐して学校法人の業務を掌理し，理事長に事故があるときはその職務を代理し，理事長が欠けたときはその職務を行う。
（略）
（役員の選任）
第38条　理事となる者は，次の各号に掲げる者とする。
一　当該学校法人の設置する私立学校の校長（学長及び園長を含む。以下同じ。）
二　当該学校法人の評議員のうちから，寄附行為の定めるところにより選任された者（寄附行為をもつて定められた者を含む。次号及び第44条第1項において同じ。）
三　前二号に規定する者のほか，寄附行為の定めるところにより選任された者
（略）
5　理事又は監事には，それぞれその選任の際現に当該学校法人の役員又は職員でない者が含まれるようにしなければならない。
（略）
7　役員のうちには，各役員について，その配偶者又は3親等以内の親族が1人を超えて含まれることになつてはならない。
（略）

私立学校振興助成法（抄）
（昭和50年法律第61号）

（目的）
第1条　この法律は，学校教育における私立学校の果たす重要な役割にかんがみ，国及び地方公共団体が行う私立学校に対する助成の措置について規定することにより，私立学校の教育条件の維持及び向上並びに私立学校に在学する幼児，児童，生徒又は学生に係る修学上の経済的負担の軽減を図るとともに私立学校の経営の健全性を高め，もつて私立学校の健全な発達に資することを目的とする。
（学校法人の責務）
第3条　学校法人は，この法律の目的にかんがみ，自主的にその財政基盤の強化を図り，その設置する学校に在学する幼児，児童，生徒又は学生に係る修学上の経済的負担の適正化を図るとともに，当該学校の教育水準の向上に努めなければならない。
（私立大学及び私立高等専門学校の経常的経費についての補助）
第4条　国は，大学又は高等専門学校を設置する学校法人に対し，当該学校における教育又は研究に係る経常的経費について，その2分の1以内を補助することができる。
（略）
（補助金の減額等）
第5条　国は，学校法人又は学校法人の設置する大学若しくは高等専門学校が次の各号の一に該当する場合には，その状況に応じ，前条第1項の規定により当該学校法人に交付する補助金を減額して交付することができる。
一　法令の規定，法令の規定に基づく所轄庁の処分又は寄附行為に違反している場合
二　学則に定めた収容定員を超える数の学生を在学させている場合
三　在学している学生の数が学則に定めた収容定員に満たない場合
四　借入金の償還が適正に行われていない等財政状況が健全でない場合

五　その他教育条件又は管理運営が適正を欠く場合

（所轄庁の権限）

第12条　所轄庁は，この法律の規定により助成を受ける学校法人に対して，次の各号に掲げる権限を有する。

一　助成に関し必要があると認める場合において，当該学校法人からその業務若しくは会計の状況に関し報告を徴し，又は当該職員に当該学校法人の関係者に対し質問させ，若しくはその帳簿，書類その他の物件を検査させること。

二　当該学校法人が，学則に定めた収容定員を著しく超えて入学又は入園させた場合において，その是正を命ずること。

三　当該学校法人の予算が助成の目的に照らして不適当であると認める場合において，その予算について必要な変更をすべき旨を勧告すること。

四　当該学校法人の役員が法令の規定，法令の規定に基づく所轄庁の処分又は寄附行為に違反した場合において，当該役員の解職をすべき旨を勧告すること。

地方公務員法（抄）
（昭和25年法律第261号）

第１章　総　則

（この法律の目的）

第１条　この法律は，地方公共団体の人事機関並びに地方公務員の任用，人事評価，給与，勤務時間その他の勤務条件，休業，分限及び懲戒，服務，退職管理，研修，福祉及び利益の保護並びに団体等人事行政に関する根本基準を確立することにより，地方公共団体の行政の民主的かつ能率的な運営並びに特定地方独立行政法人の事務及び事業の確実な実施を保障し，もつて地方自治の本旨の実現に資することを目的とする。

第３章　職員に適用される基準

第２節　任用

（任用の根本基準）

第15条　職員の任用は，この法律の定めるところにより，受験成績，人事評価その他の能力の実証に基づいて行わなければならない。

（欠格条項）

第16条　次の各号のいずれかに該当する者は，条例で定める場合を除くほか，職員となり，又は競争試験若しくは選考を受けることができない。

一　禁錮以上の刑に処せられ，その執行を終わるまで又はその執行を受けることがなくなるまでの者

二　当該地方公共団体において懲戒免職の処分を受け，当該処分の日から２年を経過しない者

三　人事委員会又は公平委員会の委員の職にあつて，第60条から第63条までに規定する罪を犯し，刑に処せられた者

四　日本国憲法施行の日以後において，日本国憲法又はその下に成立した政府を暴力で破壊することを主張する政党その他の団体を結成し，又はこれに加入した者

（採用の方法）

第17条の２　人事委員会を置く地方公共団体においては，職員の採用は，競争試験によるものとする。ただし，人事委員会規則（競争試験等を行う公平委員会を置く地方公共団体においては，公平委員会規則。以下この節において同じ。）で定める場合には，選考（競争試験以外の能力の実証に基づく試験をいう。以下同じ。）によることを妨げない。

（略）

（条件付採用）

第22条　職員の採用は，全て条件付のものとし，当該職員がその職において六月を勤務し，その間その職務を良好な成績で遂行したときに正式採用になるものとする。この場合において，人事委員会等は，人事委員会規則（人事委員会を置かない地方公共団体においては，地方公共団体の規則）で定めるところにより，条件付採用の期間を一年に至るまで延長することができる。

第３節　人事評価

（人事評価の根本基準）

第23条　職員の人事評価は，公正に行われなければならない。

２　任命権者は，人事評価を任用，給与，分限その他の人事管理の基礎として活用するものとする。

第24条　職員の給与は，その職務と責任に応ずるものでなければならない。

２　職員の給与は，生計費並びに国及び他の地方公共団体の職員並びに民間事業の従事者の給与その他の事情を考慮して定められなければならない。

（略）

第５節　分限及び懲戒

（分限及び懲戒の基準）

第27条　すべて職員の分限及び懲戒については，公正でなければならない。

２　職員は，この法律で定める事由による場合でなければ，その意に反して，降任され，若しくは免職されず，この法律又は条例で定める事由による場合でなければ，その意に反して，休職されず，又，条例で定める事由による場合でなければ，その意に反して降給されることがない。

３　職員は，この法律で定める事由による場合でなければ，懲戒処分を受けることがない。

（降任，免職，休職等）

第28条　職員が，次の各号に掲げる場合のいずれかに該当するときは，その意に反して，これを降任し，又は免職することができる。

一　人事評価又は勤務の状況を示す事実に照らして，勤務実績がよくない場合

二　心身の故障のため，職務の遂行に支障があり，又はこれに堪えない場合

三　前二号に規定する場合のほか，その職に必要な適格性を欠く場合

四　職制若しくは定数の改廃又は予算の減少により廃職又は過員を生じた場合

２　職員が，次の各号に掲げる場合のいずれかに該当するときは，その意に反して，これを休職することができる。

一　心身の故障のため，長期の休養を要する場合

二　刑事事件に関し起訴された場合

３　職員の意に反する降任，免職，休職及び降給の手続及び効果は，法律に特別の定めがある場合を除

くほか，条例で定めなければならない。

4　職員は，第16条各号（第二号を除く。）のいずれかに該当するに至つたときは，条例に特別の定めがある場合を除くほか，その職を失う。

（懲戒）

第29条　職員が次の各号の一に該当する場合においては，これに対し懲戒処分として戒告，減給，停職又は免職の処分をすることができる。

一　この法律若しくは第57条に規定する特例を定めた法律又はこれに基く条例，地方公共団体の規則若しくは地方公共団体の機関の定める規程に違反した場合

二　職務上の義務に違反し，又は職務を怠つた場合

三　全体の奉仕者たるにふさわしくない非行のあつた場合

第6節　服務

（服務の根本基準）

第30条　すべて職員は，全体の奉仕者として公共の利益のために勤務し，且つ，職務の遂行に当つては，全力を挙げてこれに専念しなければならない。

（服務の宣誓）

第31条　職員は，条例の定めるところにより，服務の宣誓をしなければならない。

（法令等及び上司の職務上の命令に従う義務）

第32条　職員は，その職務を遂行するに当つて，法令，条例，地方公共団体の規則及び地方公共団体の機関の定める規程に従い，且つ，上司の職務上の命令に忠実に従わなければならない。

（信用失墜行為の禁止）

第33条　職員は，その職の信用を傷つけ，又は職員の職全体の不名誉となるような行為をしてはならない。

（秘密を守る義務）

第34条　職員は，職務上知り得た秘密を漏らしてはならない。その職を退いた後も，また，同様とする。

2　法令による証人，鑑定人等となり，職務上の秘密に属する事項を発表する場合においては，任命権者（退職者については，その退職した職又はこれに相当する職に係る任命権者）の許可を受けなければならない。

3　前項の許可は，法律に特別の定がある場合を除く外，拒むことができない。

（職務に専念する義務）

第35条　職員は，法律又は条例に特別の定がある場合を除く外，その勤務時間及び職務上の注意力のすべてをその職責遂行のために用い，当該地方公共団体がなすべき責を有する職務にのみ従事しなければならない。

（政治的行為の制限）

第36条　職員は，政党その他の政治的団体の結成に関与し，若しくはこれらの団体の役員となつてはならず，又はこれらの団体の構成員となるように，若しくはならないように勧誘運動をしてはならない。

2　職員は，特定の政党その他の政治的団体又は特定の内閣若しくは地方公共団体の執行機関を支持し，又はこれに反対する目的をもつて，あるいは公の選挙又は投票において特定の人又は事件を支持し，又はこれに反対する目的をもつて，次に掲げる政治的行為をしてはならない。ただし，当該職員の属する地方公共団体の区域（当該職員が都道府県の支庁若しくは地方事務所又は地方自治法第252条の19第1項の指定都市の区若しくは総合区に勤務する者であるときは，当該支庁若しくは地方事務所又は区若しくは総合区の所管区域）外において，第一号から第三号まで及び第五号に掲げる政治的行為をすることができる。

一　公の選挙又は投票において投票をするように，又はしないように勧誘運動をすること。

二　署名運動を企画し，又は主宰する等これに積極的に関与すること。

三　寄附金その他の金品の募集に関与すること。

四　文書又は図画を地方公共団体又は特定地方独立行政法人の庁舎（特定地方独立行政法人にあつては，事務所。以下この号において同じ。），施設等に掲示し，又は掲示させ，その他地方公共団体又は特定地方独立行政法人の庁舎，施設，資材又は資金を利用し，又は利用させること。

五　前各号に定めるものを除く外，条例で定める政治的行為

3　何人も前二項に規定する政治的行為を行うよう職員に求め，職員をそそのかし，若しくはあおつてはならず，又は職員が前2項に規定する政治的行為をなし，若しくはなさないことに対する代償若しくは報復として，任用，職務，給与その他職員の地位に関してなんらかの利益若しくは不利益を与え，与えようと企て，若しくは約束してはならない。

4　職員は，前項に規定する違法な行為に応じなかつたことの故をもつて不利益な取扱を受けることはない。

5　本条の規定は，職員の政治的中立性を保障することにより，地方公共団体の行政及び特定地方独立行政法人の業務の公正な運営を確保するとともに職員の利益を保護することを目的とするものであるという趣旨において解釈され，及び運用されなければならない。

（争議行為等の禁止）

第37条　職員は，地方公共団体の機関が代表する使用者としての住民に対して同盟罷業，怠業その他の争議行為をし，又は地方公共団体の機関の活動能率を低下させる怠業的行為をしてはならない。又，何人も，このような違法な行為を企て，又はその遂行を共謀し，そそのかし，若しくはあおつてはならない。

2　職員で前項の規定に違反する行為をしたものは，その行為の開始とともに，地方公共団体に対し，法令又は条例，地方公共団体の規則若しくは地方公共団体の機関の定める規程に基いて保有する任命上又は雇用上の権利をもつて対抗することができなくなるものとする。

（営利企業への従事等の制限）

第38条　職員は，任命権者の許可を受けなければ，商業，工業又は金融業その他営利を目的とする私企業（以下この項及び次条第1項において「営利企業」という。）を営むことを目的とする会社その他の団体の役員その他人事委員会規則（人事委員会を置かない地方公共団体においては，地方公共団体の規則）で定める地位を兼ね，若しくは自ら営利企業を営み，又は報酬を得ていかなる事業若しくは事務

にも従事してはならない。ただし，非常勤職員（短時間勤務の職を占める職員及び第22条の２第１項第二号に掲げる職員を除く。）については，この限りでない。
２　人事委員会は，人事委員会規則により前項の場合における任命権者の許可の基準を定めることができる。
第７節　研　修
（研修）
第39条　職員には，その勤務能率の発揮及び増進のために，研修を受ける機会が与えられなければならない。
２　前項の研修は，任命権者が行うものとする。
３　地方公共団体は，研修の目標，研修に関する計画の指針となるべき事項その他研修に関する基本的な方針を定めるものとする。
４　人事委員会は，研修に関する計画の立案その他研修の方法について任命権者に勧告することができる。

教育公務員特例法（抄）
（昭和24年法律第１号）

第１章　総　則

（この法律の趣旨）
第１条　この法律は，教育を通じて国民全体に奉仕する教育公務員の職務とその責任の特殊性に基づき，教育公務員の任免，人事評価，給与，分限，懲戒，服務及び研修等について規定する。
（定義）
第２条　この法律において「教育公務員」とは，地方公務員のうち，学校（学校教育法（昭和22年法律第26号）第１条に規定する学校及び就学前の子どもに関する教育，保育等の総合的な提供の推進に関する法律（平成18年法律第77号）第２条第７項に規定する幼保連携型認定こども園（以下「幼保連携型認定こども園」という。）をいう。以下同じ。）であつて地方公共団体が設置するもの（以下「公立学校」という。）の学長，校長（園長を含む。以下同じ。），教員及び部局長並びに教育委員会の専門的教育職員をいう。
２　この法律において「教員」とは，公立学校の教授，准教授，助教，副校長（副園長を含む。以下同じ。），教頭，主幹教諭（幼保連携型認定こども園の主幹養護教諭及び主幹栄養教諭を含む。以下同じ。），指導教諭，教諭，助教諭，養護教諭，養護助教諭，栄養教諭，主幹保育教諭，指導保育教諭，保育教諭，助保育教諭及び講師をいう。
（略）

第２章　任免，人事評価，給与，分限及び懲戒

第２節　大学以外の公立学校の校長及び教員
（採用及び昇任の方法）
第11条　公立学校の校長の採用（現に校長の職以外の職に任命されている者を校長の職に任命する場合を含む。）並びに教員の採用（現に教員の職以外の職に任命されている者を教員の職に任命する場合を含む。以下この条において同じ。）及び昇任（採用に該当するものを除く。）は，選考によるものとし，その選考は，大学附置の学校にあつては当該大学の学長が，大学附置の学校以外の公立学校（幼保連携型認定こども園を除く。）にあつてはその校長及び教員の任命権者である教育委員会の教育長が，大学附置の学校以外の公立学校（幼保連携型認定こども園に限る。）にあつてはその校長及び教員の任命権者である地方公共団体の長が行う。
（条件付任用）
第12条　公立の小学校，中学校，義務教育学校，高等学校，中等教育学校，特別支援学校，幼稚園及び幼保連携型認定こども園（以下「小学校等」という。）の教諭，助教諭，保育教諭，助保育教諭及び講師（以下「教諭等」という。）に係る地方公務員法第22条に規定する採用については，同条中「６月」とあるのは「１年」として同条の規定を適用する。
（略）

第３章　服　務

（兼職及び他の事業等の従事）
第17条　教育公務員は，教育に関する他の職を兼ね，又は教育に関する他の事業若しくは事務に従事することが本務の遂行に支障がないと任命権者（地方教育行政の組織及び運営に関する法律第37条第１項に規定する県費負担教職員については，市町村（特別区を含む。以下同じ。）の教育委員会。第23条第２項及び第24条第２項において同じ。）において認める場合には，給与を受け，又は受けないで，その職を兼ね，又はその事業若しくは事務に従事することができる。
（略）
（公立学校の教育公務員の政治的行為の制限）
第18条　公立学校の教育公務員の政治的行為の制限については，当分の間，地方公務員法第36条の規定にかかわらず，国家公務員の例による。
２　前項の規定は，政治的行為の制限に違反した者の処罰につき国家公務員法（昭和22年法律第120号）第111条の１の例による趣旨を含むものと解してはならない。

第４章　研　修

（研修）
第21条　教育公務員は，その職責を遂行するために，絶えず研究と修養に努めなければならない。
２　教育公務員の任命権者は，教育公務員（公立の小学校等の校長及び教員（臨時的に任用された者その他の政令で定める者を除く。以下この章において同じ。）を除く。）の研修について，それに要する施設，研修を奨励するための方途その他研修に関する計画を樹立し，その実施に努めなければならない。
（研修の機会）
第22条　教育公務員には，研修を受ける機会が与えられなければならない。
２　教員は，授業に支障のない限り，本属長の承認を受けて，勤務場所を離れて研修を行うことができる。
３　教育公務員は，任命権者の定めるところにより，現職のままで，長期にわたる研修を受けることができる。

（校長及び教員としての資質の向上に関する指標の策定に関する指針）
第22条の2　文部科学大臣は，公立の小学校等の校長及び教員の計画的かつ効果的な資質の向上を図るため，次条第一項に規定する指標の策定に関する指針（以下「指針」という。）を定めなければならない。
2　指針においては，次に掲げる事項を定めるものとする。
一　公立の小学校等の校長及び教員の資質の向上に関する基本的な事項
二　次条第１項に規定する指標の内容に関する事項
三　その他公立の小学校等の校長及び教員の資質の向上を図るに際し配慮すべき事項
3　文部科学大臣は，指針を定め，又はこれを変更したときは，遅滞なく，これを公表しなければならない。
（校長及び教員としての資質の向上に関する指標）
第22条の3　公立の小学校等の校長及び教員の任命権者は，指針を参酌し，その地域の実情に応じ，当該校長及び教員の職責，経験及び適性に応じて向上を図るべき校長及び教員としての資質に関する指標（以下「指標」という。）を定めるものとする。
2　公立の小学校等の校長及び教員の任命権者は，指標を定め，又はこれを変更しようとするときは，あらかじめ第22条の５第１項に規定する協議会において協議するものとする。
（略）
（教員研修計画）
第22条の4　公立の小学校等の校長及び教員の任命権者は，指標を踏まえ，当該校長及び教員の研修について，毎年度，体系的かつ効果的に実施するための計画（以下この条において「教員研修計画」という。）を定めるものとする。
2　教員研修計画においては，おおむね次に掲げる事項を定めるものとする。
一　任命権者が実施する第23条第１項に規定する初任者研修，第24条第２項に規定する中堅教諭等資質向上研修その他の研修（以下この項において「任命権者実施研修」という。）に関する基本的な方針
二　任命権者実施研修の体系に関する事項
三　任命権者実施研修の時期，方法及び施設に関する事項
四　研修を奨励するための方途に関する事項
五　前各号に掲げるもののほか，研修の実施に関し必要な事項として文部科学省令で定める事項
（略）
（協議会）
第22条の5　公立の小学校等の校長及び教員の任命権者は，指標の策定に関する協議並びに当該指標に基づく当該校長及び教員の資質の向上に関して必要な事項についての協議を行うための協議会（以下「協議会」という。）を組織するものとする。
2　協議会は，次に掲げる者をもつて構成する。
一　指標を策定する任命権者
二　公立の小学校等の校長及び教員の研修に協力する大学その他の当該校長及び教員の資質の向上に関係する大学として文部科学省令で定める者
三　その他当該任命権者が必要と認める者
（略）
（初任者研修）
第23条　公立の小学校等の教諭等の任命権者は，当該教諭等（臨時的に任用された者その他の政令で定める者を除く。）に対して，その採用（現に教諭等の職以外の職に任命されている者を教諭等の職に任命する場合を含む。附則第５条第１項において同じ。）の日から１年間の教諭又は保育教諭の職務の遂行に必要な事項に関する実践的な研修（以下「初任者研修」という。）を実施しなければならない。
2　任命権者は，初任者研修を受ける者（次項において「初任者」という。）の所属する学校の副校長，教頭，主幹教諭（養護又は栄養の指導及び管理をつかさどる主幹教諭を除く。），指導教諭，教諭，主幹保育教諭，指導保育教諭，保育教諭又は講師のうちから，指導教員を命じるものとする。
3　指導教員は，初任者に対して教諭又は保育教諭の職務の遂行に必要な事項について指導及び助言を行うものとする。
（中堅教諭等資質向上研修）
第24条　公立の小学校等の教諭等（臨時的に任用された者その他の政令で定める者を除く。以下この項において同じ。）の任命権者は，当該教諭等に対して，個々の能力，適性等に応じて，公立の小学校等における教育に関し相当の経験を有し，その教育活動その他の学校運営の円滑かつ効果的な実施において中核的な役割を果たすことが期待される中堅教諭等としての職務を遂行する上で必要とされる資質の向上を図るために必要な事項に関する研修（以下「中堅教諭等資質向上研修」という。）を実施しなければならない。
2　任命権者は，中堅教諭等資質向上研修を実施するに当たり，中堅教諭等資質向上研修を受ける者の能力，適性等について評価を行い，その結果に基づき，当該者ごとに中堅教諭等資質向上研修に関する計画書を作成しなければならない。
（指導改善研修）
第25条　公立の小学校等の教諭等の任命権者は，児童，生徒又は幼児（以下「児童等」という。）に対する指導が不適切であると認定した教諭等に対して，その能力，適性等に応じて，当該指導の改善を図るために必要な事項に関する研修（以下「指導改善研修」という。）を実施しなければならない。
2　指導改善研修の期間は，１年を超えてはならない。ただし，特に必要があると認めるときは，任命権者は，指導改善研修を開始した日から引き続き二年を超えない範囲内で，これを延長することができる。
3　任命権者は，指導改善研修を実施するに当たり，指導改善研修を受ける者の能力，適性等に応じて，その者ごとに指導改善研修に関する計画書を作成しなければならない。
4　任命権者は，指導改善研修の終了時において，指導改善研修を受けた者の児童等に対する指導の改善の程度に関する認定を行わなければならない。
5　任命権者は，第一項及び前項の認定に当たつては，教育委員会規則（幼保連携型認定こども園にあつては，地方公共団体の規則。次項において同じ。）

で定めるところにより，教育学，医学，心理学その他の児童等に対する指導に関する専門的知識を有する者及び当該任命権者の属する都道府県又は市町村の区域内に居住する保護者（親権を行う者及び未成年後見人をいう。）である者の意見を聴かなければならない。
（略）
（指導改善研修後の措置）
第25条の２　任命権者は，前条第四項の認定において指導の改善が不十分でなお児童等に対する指導を適切に行うことができないと認める教諭等に対して，免職その他の必要な措置を講ずるものとする。

第５章　大学院修学休業

（大学院修学休業の許可及びその要件等）
第26条　公立の小学校等の主幹教諭，指導教諭，教諭，養護教諭，栄養教諭，主幹保育教諭，指導保育教諭，保育教諭又は講師（以下「主幹教諭等」という。）で次の各号のいずれにも該当するものは，任命権者の許可を受けて，３年を超えない範囲内で年を単位として定める期間，大学（短期大学を除く。）の大学院の課程若しくは専攻科の課程又はこれらの課程に相当する外国の大学の課程（次項及び第28条第２項において「大学院の課程等」という。）に在学してその課程を履修するための休業（以下「大学院修学休業」という。）をすることができる。
（略）
（大学院修学休業の効果）
第27条　大学院修学休業をしている主幹教諭等は，地方公務員としての身分を保有するが，職務に従事しない。
２　大学院修学休業をしている期間については，給与を支給しない。

教育職員免許法（抄）
（昭和24年法律第147号）

第１章　総　則

（この法律の目的）
第１条　この法律は，教育職員の免許に関する基準を定め，教育職員の資質の保持と向上を図ることを目的とする。
（定義）
第２条　この法律において「教育職員」とは，学校（学校教育法（昭和22年法律第26号）第１条に規定する幼稚園，小学校，中学校，義務教育学校，高等学校，中等教育学校及び特別支援学校（第３項において「第一条学校」という。）並びに就学前の子どもに関する教育，保育等の総合的な提供の推進に関する法律（平成18年法律第77号）第２条第７項に規定する幼保連携型認定こども園（以下「幼保連携型認定こども園」という。）をいう。以下同じ。）の主幹教諭（幼保連携型認定こども園の主幹養護教諭及び主幹栄養教諭を含む。以下同じ。），指導教諭，教諭，助教諭，養護教諭，養護助教諭，栄養教諭，主幹保育教諭，指導保育教諭，保育教諭，助保育教諭及び講師（以下「教員」という。）をいう。
（略）
（免許）
第３条　教育職員は，この法律により授与する各相当の免許状を有する者でなければならない。
（略）
４　義務教育学校の教員（養護又は栄養の指導及び管理をつかさどる主幹教諭，養護教諭，養護助教諭並びに栄養教諭を除く。）については，第１項の規定にかかわらず，小学校の教員の免許状及び中学校の教員の免許状を有する者でなければならない。
５　中等教育学校の教員（養護又は栄養の指導及び管理をつかさどる主幹教諭，養護教諭，養護助教諭並びに栄養教諭を除く。）については，第１項の規定にかかわらず，中学校の教員の免許状及び高等学校の教員の免許状を有する者でなければならない。
（略）
（免許状を要しない非常勤の講師）
第３条の２　次に掲げる事項の教授又は実習を担任する非常勤の講師については，前条の規定にかかわらず，各相当学校の教員の相当免許状を有しない者を充てることができる。
一　小学校における次条第６項第一号に掲げる教科の領域の一部に係る事項
二　中学校における次条第５項第一号に掲げる教科及び第16条の３第１項の文部科学省令で定める教科の領域の一部に係る事項
三　義務教育学校における前二号に掲げる事項
四　高等学校における次条第５項第二号に掲げる教科及び第16条の３第１項の文部科学省令で定める教科の領域の一部に係る事項
五　中等教育学校における第二号及び前号に掲げる事項
六　特別支援学校（幼稚部を除く。）における第一号，第二号及び第四号に掲げる事項並びに自立教科等の領域の一部に係る事項
七　教科に関する事項で文部科学省令で定めるもの
（略）

第２章　免許状

（種類）
第４条　免許状は，普通免許状，特別免許状及び臨時免許状とする。
２　普通免許状は，学校（義務教育学校，中等教育学校及び幼保連携型認定こども園を除く。）の種類ごとの教諭の免許状，養護教諭の免許状及び栄養教諭の免許状とし，それぞれ専修免許状，一種免許状及び二種免許状（高等学校教諭の免許状にあつては，専修免許状及び一種免許状）に区分する。
３　特別免許状は，学校（幼稚園，義務教育学校，中等教育学校及び幼保連携型認定こども園を除く。）の種類ごとの教諭の免許状とする。
４　臨時免許状は，学校（義務教育学校，中等教育学校及び幼保連携型認定こども園を除く。）の種類ごとの助教諭の免許状及び養護助教諭の免許状とする。
５　中学校及び高等学校の教員の普通免許状及び臨時免許状は，次に掲げる各教科について授与するものとする。
一　中学校の教員にあつては，国語，社会，数学，理科，音楽，美術，保健体育，保健，技術，家庭，職業（職業指導及び職業実習（農業，工業，商業，

水産及び商船のうちいずれか一以上の実習とする。以下同じ。）を含む。），職業指導，職業実習，外国語（英語，ドイツ語，フランス語その他の各外国語に分ける。）及び宗教
二　高等学校の教員にあつては，国語，地理歴史，公民，数学，理科，音楽，美術，工芸，書道，保健体育，保健，看護，看護実習，家庭，家庭実習，情報，情報実習，農業，農業実習，工業，工業実習，商業，商業実習，水産，水産実習，福祉，福祉実習，商船，商船実習，職業指導，外国語（英語，ドイツ語，フランス語その他の各外国語に分ける。）及び宗教
6　小学校教諭，中学校教諭及び高等学校教諭の特別免許状は，次に掲げる教科又は事項について授与するものとする。
一　小学校教諭にあつては，国語，社会，算数，理科，生活，音楽，図画工作，家庭，体育及び外国語（英語，ドイツ語，フランス語その他の各外国語に分ける。）
二　中学校教諭にあつては，前項第一号に掲げる各教科及び第16条の3第1項の文部科学省令で定める教科
三　高等学校教諭にあつては，前項第二号に掲げる各教科及びこれらの教科の領域の一部に係る事項で第16条の4第1項の文部科学省令で定めるもの並びに第16条の3第1項の文部科学省令で定める教科
第4条の2　特別支援学校の教員の普通免許状及び臨時免許状は，一又は二以上の特別支援教育領域について授与するものとする。
2　特別支援学校において専ら自立教科等の教授を担任する教員の普通免許状及び臨時免許状は，前条第2項の規定にかかわらず，文部科学省令で定めるところにより，障害の種類に応じて文部科学省令で定める自立教科等について授与するものとする。
3　特別支援学校教諭の特別免許状は，前項の文部科学省令で定める自立教科等について授与するものとする。
（授与）
第5条　普通免許状は，別表第1，別表第2若しくは別表第2の2に定める基礎資格を有し，かつ，大学若しくは文部科学大臣の指定する養護教諭養成機関において別表第1，別表第2若しくは別表第2の2に定める単位を修得した者又はその免許状を授与するため行う教育職員検定に合格した者に授与する。ただし，次の各号のいずれかに該当する者には，授与しない。
一　18歳未満の者
二　高等学校を卒業しない者（通常の課程以外の課程におけるこれに相当するものを修了しない者を含む。）。ただし，文部科学大臣において高等学校を卒業した者と同等以上の資格を有すると認めた者を除く。
三　禁錮以上の刑に処せられた者
四　第10条第1項第二号又は第三号に該当することにより免許状がその効力を失い，当該失効の日から3年を経過しない者
五　第11条第1項から第3項までの規定により免許状取上げの処分を受け，当該処分の日から3年を経過しない者
六　日本国憲法施行の日以後において，日本国憲法又はその下に成立した政府を暴力で破壊することを主張する政党その他の団体を結成し，又はこれに加入した者
2　特別免許状は，教育職員検定に合格した者に授与する。ただし，前項各号のいずれかに該当する者には，授与しない。
3　前項の教育職員検定は，次の各号のいずれにも該当する者について，教育職員に任命し，又は雇用しようとする者が，学校教育の効果的な実施に特に必要があると認める場合において行う推薦に基づいて行うものとする。
一　担当する教科に関する専門的な知識経験又は技能を有する者
二　社会的信望があり，かつ，教員の職務を行うのに必要な熱意と識見を持つている者
（略）
5　臨時免許状は，普通免許状を有する者を採用することができない場合に限り，第1項各号のいずれにも該当しない者で教育職員検定に合格したものに授与する。ただし，高等学校助教諭の臨時免許状は，次の各号のいずれかに該当する者以外の者には授与しない。
（略）
6　免許状は，都道府県の教育委員会（以下「授与権者」という。）が授与する。
（教育職員検定）
第6条　教育職員検定は，受検者の人物，学力，実務及び身体について，授与権者が行う。
2　学力及び実務の検定は，第5条第2項及び第5項，前条第3項並びに第18条の場合を除くほか，別表第3又は別表第5から別表第8までに定めるところによつて行わなければならない。
3　一以上の教科についての教諭の免許状を有する者に他の教科についての教諭の免許状を授与するため行う教育職員検定は，第1項の規定にかかわらず，受検者の人物，学力及び身体について行う。この場合における学力の検定は，前項の規定にかかわらず，別表第四の定めるところによつて行わなければならない。
（効力）
第9条　普通免許状は，全ての都道府県（中学校及び高等学校の教員の宗教の教科についての免許状にあつては，国立学校又は公立学校の場合を除く。以下この条において同じ。）において効力を有する。
2　特別免許状は，その免許状を授与した授与権者の置かれる都道府県においてのみ効力を有する。
3　臨時免許状は，その免許状を授与したときから3年間，その免許状を授与した授与権者の置かれる都道府県においてのみ効力を有する。
（二種免許状を有する者の一種免許状の取得に係る努力義務）
第9条の2　教育職員で，その有する相当の免許状（主幹教諭（養護又は栄養の指導及び管理をつかさどる主幹教諭を除く。）及び指導教諭についてはその有する相当学校の教諭の免許状，養護をつかさどる主幹教諭についてはその有する養護教諭の免許状，栄養の指導及び管理をつかさどる主幹教諭について

はその有する栄養教諭の免許状，講師についてはその有する相当学校の教員の相当免許状）が二種免許状であるものは，相当の一種免許状の授与を受けるように努めなければならない。

第3章　免許状の失効及び取上げ

（失効）
第10条　免許状を有する者が，次の各号のいずれかに該当する場合には，その免許状はその効力を失う。
一　第5条第1項第三号又は第六号に該当するに至つたとき。
二　公立学校の教員であつて懲戒免職の処分を受けたとき。
三　公立学校の教員（地方公務員法（昭和25年法律第261号）第29条の2第1項各号に掲げる者に該当する者を除く。）であつて同法第28条第1項第一号又は第三号に該当するとして分限免職の処分を受けたとき。
2　前項の規定により免許状が失効した者は，速やかに，その免許状を免許管理者に返納しなければならない。
（取上げ）
第11条　国立学校，公立学校（公立大学法人が設置するものに限る。次項第一号において同じ。）又は私立学校の教員が，前条第一項第二号に規定する者の場合における懲戒免職の事由に相当する事由により解雇されたと認められるときは，免許管理者は，その免許状を取り上げなければならない。
2　免許状を有する者が，次の各号のいずれかに該当する場合には，免許管理者は，その免許状を取り上げなければならない。
一　国立学校，公立学校又は私立学校の教員（地方公務員法第29条の2第1項各号に掲げる者に相当する者を含む。）であつて，前条第1項第三号に規定する者の場合における同法第28条第1項第一号又は第三号に掲げる分限免職の事由に相当する事由により解雇されたと認められるとき。
二　地方公務員法第29条の2第1項各号に掲げる者に該当する公立学校の教員であつて，前条第1項第三号に規定する者の場合における同法第28条第1項第一号又は第三号に掲げる分限免職の事由に相当する事由により免職の処分を受けたと認められるとき。
3　免許状を有する者（教育職員以外の者に限る。）が，法令の規定に故意に違反し，又は教育職員たるにふさわしくない非行があつて，その情状が重いと認められるときは，免許管理者は，その免許状を取り上げることができる。
（略）
（失効等の場合の公告等）
第13条　免許管理者は，この章の規定により免許状が失効したとき，又は免許状取上げの処分を行つたときは，その免許状の種類及び失効又は取上げの事由並びにその者の氏名及び本籍地を官報に公告するとともに，その旨をその者の所轄庁及びその免許状を授与した授与権者に通知しなければならない。
（略）
（免許状授与の特例）
第16条　普通免許状は，第5条第1項の規定によるほか，普通免許状の種類に応じて文部科学大臣又は文部科学大臣が委嘱する大学の行う試験（以下「教員資格認定試験」という。）に合格した者で同項各号に該当しないものに授与する。
（略）
（特定免許状失効者等に係る免許状の再授与）
第16条の2　教育職員等による児童生徒性暴力等の防止等に関する法律（令和3年法律第57号）第2条第6項に規定する特定免許状失効者等（第5条第1項各号のいずれかに該当する者を除く。）の免許状の再授与については，この法律に定めるもののほか，教育職員等による児童生徒性暴力等の防止等に関する法律の定めるところによる。
第16条の5　中学校又は高等学校の教諭の免許状を有する者は，第3条第1項から第4項までの規定にかかわらず，それぞれその免許状に係る教科に相当する教科その他教科に関する事項で文部科学省令で定めるものの教授又は実習を担任する小学校若しくは義務教育学校の前期課程の主幹教諭，指導教諭，教諭若しくは講師又は特別支援学校の小学部の主幹教諭，指導教諭，教諭若しくは講師となることができる。ただし，特別支援学校の小学部の主幹教諭，指導教諭，教諭又は講師となる場合は，特別支援学校の教員の免許状を有する者でなければならない。
2　工芸，書道，看護，情報，農業，工業，商業，水産，福祉若しくは商船又は看護実習，情報実習，農業実習，工業実習，商業実習，水産実習，福祉実習若しくは商船実習の教科又は前条第一項に規定する文部科学省令で定める教科の領域の一部に係る事項について高等学校の教諭の免許状を有する者は，第3条第1項から第5項までの規定にかかわらず，それぞれその免許状に係る教科に相当する教科その他教科に関する事項で文部科学省令で定めるものの教授又は実習を担任する中学校，義務教育学校の後期課程若しくは中等教育学校の前期課程の主幹教諭，指導教諭，教諭若しくは講師又は特別支援学校の中学部の主幹教諭，指導教諭，教諭若しくは講師となることができる。ただし，特別支援学校の中学部の主幹教諭，指導教諭，教諭又は講師となる場合は，特別支援学校の教員の免許状を有する者でなければならない。

義務教育費国庫負担法（抄）
（昭和27年法律第303号）

（この法律の目的）
第1条　この法律は，義務教育について，義務教育無償の原則に則り，国民のすべてに対しその妥当な規模と内容とを保障するため，国が必要な経費を負担することにより，教育の機会均等とその水準の維持向上とを図ることを目的とする。
（教職員の給与及び報酬等に要する経費の国庫負担）
第2条　国は，毎年度，各都道府県ごとに，公立の小学校，中学校，義務教育学校，中等教育学校の前期課程並びに特別支援学校の小学部及び中学部（学校給食法（昭和29年法律第160号）第6条に規定する施設を含むものとし，以下「義務教育諸学校」という。）に要する経費のうち，次に掲げるものについて，その実支出額の3分の1を負担する。ただし，特別の事情があるときは，各都道府県ごとの国庫負担額の最高限度を政令で定めることができる。
一　市（地方自治法（昭和22年法律第67号）第252条の19第1項の指定都市（以下「指定都市」という。）を除き，特別区を含む。）町村立の義務教育諸学校に係る市町村立学校職員給与負担法（昭和23年法律第135号）第1条に掲げる職員の給料その他の給与（退職手当，退職年金及び退職一時金並びに旅費を除く。）及び報酬等に要する経費（以下「教職員の給与及び報酬等に要する経費」という。）
二　都道府県立の中学校（学校教育法（昭和22年法律第26号）第71条の規定により高等学校における教育と一貫した教育を施すものに限る。），中等教育学校及び特別支援学校に係る教職員の給与及び報酬等に要する経費
三　都道府県立の義務教育諸学校（前号に規定するものを除く。）に係る教職員の給与及び報酬等に要する経費（学校生活への適応が困難であるため相当の期間学校を欠席していると認められる児童又は生徒に対して特別の指導を行うための教育課程及び夜間その他特別の時間において主として学齢を経過した者に対して指導を行うための教育課程の実施を目的として配置される教職員に係るものに限る。）

第3条　国は，毎年度，各指定都市ごとに，公立の義務教育諸学校に要する経費のうち，指定都市の設置する義務教育諸学校に係る教職員の給与及び報酬等に要する経費について，その実支出額の3分の1を負担する。ただし，特別の事情があるときは，各指定都市ごとの国庫負担額の最高限度を政令で定めることができる。

市町村立学校職員給与負担法（抄）
（昭和23年法律第135号）

第1条　市（地方自治法（昭和22年法律第67号）第252条の19第1項の指定都市（次条において「指定都市」という。）を除き，特別区を含む。）町村立の小学校，中学校，義務教育学校，中等教育学校の前期課程及び特別支援学校の校長（中等教育学校の前期課程にあつては，当該課程の属する中等教育学校の校長とする。），副校長，教頭，主幹教諭，指導教諭，教諭，養護教諭，栄養教諭，助教諭，養護助教諭，寄宿舎指導員，講師（常勤の者及び地方公務員法（昭和25年法律第261号）第28条の5第1項に規定する短時間勤務の職を占める者に限る。），学校栄養職員（学校給食法（昭和29年法律第160号）第7条に規定する職員のうち栄養の指導及び管理をつかさどる主幹教諭並びに栄養教諭以外の者をいい，同法第6条に規定する施設の当該職員を含む。以下同じ。）及び事務職員のうち次に掲げる職員であるものの給料，扶養手当，地域手当，住居手当，初任給調整手当，通勤手当，単身赴任手当，特殊勤務手当，特地勤務手当（これに準ずる手当を含む。），へき地手当（これに準ずる手当を含む。），時間外勤務手当（学校栄養職員及び事務職員に係るものとする。），宿日直手当，管理職員特別勤務手当，管理職手当，期末手当，勤勉手当，義務教育等教員特別手当，寒冷地手当，特定任期付職員業績手当，退職手当，退職年金及び退職一時金並びに旅費（都道府県が定める支給に関する基準に適合するものに限る。）（以下「給料その他の給与」という。）並びに定時制通信教育手当（中等教育学校の校長に係るものとする。）並びに講師（公立義務教育諸学校の学級編制及び教職員定数の標準に関する法律（昭和33年法律第116号。以下「義務教育諸学校標準法」という。）第17条第2項に規定する非常勤の講師に限る。）の報酬，職務を行うために要する費用の弁償及び期末手当（次条において「報酬等」という。）は，都道府県の負担とする。
一　義務教育諸学校標準法第6条第1項の規定に基づき都道府県が定める都道府県小中学校等教職員定数及び義務教育諸学校標準法第10条第1項の規定に基づき都道府県が定める都道府県特別支援学校教職員定数に基づき配置される職員（義務教育諸学校標準法第18条各号に掲げる者を含む。）
二　公立高等学校の適正配置及び教職員定数の標準等に関する法律（昭和36年法律第188号。以下「高等学校標準法」という。）第15条の規定に基づき都道府県が定める特別支援学校高等部教職員定数に基づき配置される職員（特別支援学校の高等部に係る高等学校標準法第241条各号に掲げる者を含む。）
三　特別支援学校の幼稚部に置くべき職員の数として都道府県が定める数に基づき配置される職員

地方教育行政の組織及び運営に関する法律（抄）
（昭和31年法律第162号）

第1章　総則

（この法律の趣旨）
第1条　この法律は，教育委員会の設置，学校その他の教育機関の職員の身分取扱その他地方公共団体における教育行政の組織及び運営の基本を定めることを目的とする。
（基本理念）
第1条の2　地方公共団体における教育行政は，教育基本法（平成18年法律第120号）の趣旨にのつとり，教育の機会均等，教育水準の維持向上及び地域の実情に応じた教育の振興が図られるよう，国との適切な役割分担及び相互の協力の下，公正かつ適正に行われなければならない。
（大綱の策定等）
第1条の3　地方公共団体の長は，教育基本法第17条第1項に規定する基本的な方針を参酌し，その地域の実情に応じ，当該地方公共団体の教育，学術及び文化の振興に関する総合的な施策の大綱（以下単に「大綱」という。）を定めるものとする。
2　地方公共団体の長は，大綱を定め，又はこれを変更しようとするときは，あらかじめ，次条第一項の総合教育会議において協議するものとする。
3　地方公共団体の長は，大綱を定め，又はこれを変更したときは，遅滞なく，これを公表しなければならない。
4　第1項の規定は，地方公共団体の長に対し，第21条に規定する事務を管理し，又は執行する権限を与えるものと解釈してはならない。
（総合教育会議）
第1条の4　地方公共団体の長は，大綱の策定に関

する協議及び次に掲げる事項についての協議並びにこれらに関する次項各号に掲げる構成員の事務の調整を行うため，総合教育会議を設けるものとする。
一　教育を行うための諸条件の整備その他の地域の実情に応じた教育，学術及び文化の振興を図るため重点的に講ずべき施策
二　児童，生徒等の生命又は身体に現に被害が生じ，又はまさに被害が生ずるおそれがあると見込まれる場合等の緊急の場合に講ずべき措置
2　総合教育会議は，次に掲げる者をもつて構成する。
一　地方公共団体の長
二　教育委員会
3　総合教育会議は，地方公共団体の長が招集する。
4　教育委員会は，その権限に属する事務に関して協議する必要があると思料するときは，地方公共団体の長に対し，協議すべき具体的事項を示して，総合教育会議の招集を求めることができる。
（略）

第２章　教育委員会の設置及び組織

第１節　教育委員会の設置，教育長及び委員並びに会議

（設置）
第２条　都道府県，市（特別区を含む。以下同じ。）町村及び第21条に規定する事務の全部又は一部を処理する地方公共団体の組合に教育委員会を置く。
（組織）
第３条　教育委員会は，教育長及び４人の委員をもつて組織する。ただし，条例で定めるところにより，都道府県若しくは市又は地方公共団体の組合のうち都道府県若しくは市が加入するものの教育委員会にあつては教育長及び５人以上の委員，町村又は地方公共団体の組合のうち町村のみが加入するものの教育委員会にあつては教育長及び２人以上の委員をもつて組織することができる。
（任命）
第４条　教育長は，当該地方公共団体の長の被選挙権を有する者で，人格が高潔で，教育行政に関し識見を有するもののうちから，地方公共団体の長が，議会の同意を得て，任命する。
2　委員は，当該地方公共団体の長の被選挙権を有する者で，人格が高潔で，教育，学術及び文化（以下単に「教育」という。）に関し識見を有するもののうちから，地方公共団体の長が，議会の同意を得て，任命する。
3　次の各号のいずれかに該当する者は，教育長又は委員となることができない。
一　破産手続開始の決定を受けて復権を得ない者
二　禁錮以上の刑に処せられた者
4　教育長及び委員の任命については，そのうち委員の定数に１を加えた数の２分の１以上の者が同一の政党に所属することとなつてはならない。
5　地方公共団体の長は，第２項の規定による委員の任命に当たつては，委員の年齢，性別，職業等に著しい偏りが生じないように配慮するとともに，委員のうちに保護者（親権を行う者及び未成年後見人をいう。第47条の５第２項第二号及び第五項において同じ。）である者が含まれるようにしなければならない。
（任期）
第５条　教育長の任期は３年とし，委員の任期は４年とする。ただし，補欠の教育長又は委員の任期は，前任者の残任期間とする。
2　教育長及び委員は，再任されることができる。
（罷免）
第７条　地方公共団体の長は，教育長若しくは委員が心身の故障のため職務の遂行に堪えないと認める場合又は職務上の義務違反その他教育長若しくは委員たるに適しない非行があると認める場合においては，当該地方公共団体の議会の同意を得て，その教育長又は委員を罷免することができる。
（略）
（服務等）
第11条　教育長は，職務上知ることができた秘密を漏らしてはならない。その職を退いた後も，また，同様とする。
（略）
4　教育長は，常勤とする。
5　教育長は，法律又は条例に特別の定めがある場合を除くほか，その勤務時間及び職務上の注意力の全てをその職責遂行のために用い，当該地方公共団体がなすべき責を有する職務にのみ従事しなければならない。
（略）
第12条　前条第１項から第３項まで，第６項及び第８項の規定は，委員の服務について準用する。
2　委員は，非常勤とする。
（教育長）
第13条　教育長は，教育委員会の会務を総理し，教育委員会を代表する。
2　教育長に事故があるとき，又は教育長が欠けたときは，あらかじめその指名する委員がその職務を行う。
（会議）
第14条　教育委員会の会議は，教育長が招集する。
（略）

第２節　事務局

（事務局）
第17条　教育委員会の権限に属する事務を処理させるため，教育委員会に事務局を置く。
（指導主事その他の職員）
第18条　都道府県に置かれる教育委員会（以下「都道府県委員会」という。）の事務局に，指導主事，事務職員及び技術職員を置くほか，所要の職員を置く。
2　市町村に置かれる教育委員会（以下「市町村委員会」という。）の事務局に，前項の規定に準じて指導主事その他の職員を置く。
3　指導主事は，上司の命を受け，学校（学校教育法（昭和22年法律第26号）第１条に規定する学校及び就学前の子どもに関する教育，保育等の総合的な提供の推進に関する法律（平成18年法律第77号）第２条第７項に規定する幼保連携型認定こども園（以下「幼保連携型認定こども園」という。）をいう。以下同じ。）における教育課程，学習指導その他学校教育に関する専門的事項の指導に関する事務に従事する。

4 指導主事は，教育に関し識見を有し，かつ，学校における教育課程，学習指導その他学校教育に関する専門的事項について教養と経験がある者でなければならない。指導主事は，大学以外の公立学校（地方公共団体が設置する学校をいう。以下同じ。）の教員（教育公務員特例法（昭和24年法律第1号）第2条第2項に規定する教員をいう。以下同じ。）をもつて充てることができる。
（略）

第3章 教育委員会及び地方公共団体の長の職務権限

（教育委員会の職務権限）
第21条 教育委員会は，当該地方公共団体が処理する教育に関する事務で，次に掲げるものを管理し，及び執行する。
一 教育委員会の所管に属する第30条に規定する学校その他の教育機関（以下「学校その他の教育機関」という。）の設置，管理及び廃止に関すること。
二 教育委員会の所管に属する学校その他の教育機関の用に供する財産（以下「教育財産」という。）の管理に関すること。
三 教育委員会及び教育委員会の所管に属する学校その他の教育機関の職員の任免その他の人事に関すること。
四 学齢生徒及び学齢児童の就学並びに生徒，児童及び幼児の入学，転学及び退学に関すること。
五 教育委員会の所管に属する学校の組織編制，教育課程，学習指導，生徒指導及び職業指導に関すること。
六 教科書その他の教材の取扱いに関すること。
七 校舎その他の施設及び教具その他の設備の整備に関すること。
八 校長，教員その他の教育関係職員の研修に関すること。
九 校長，教員その他の教育関係職員並びに生徒，児童及び幼児の保健，安全，厚生及び福利に関すること。
十 教育委員会の所管に属する学校その他の教育機関の環境衛生に関すること。
十一 学校給食に関すること。
十二 青少年教育，女性教育及び公民館の事業その他社会教育に関すること。
十三 スポーツに関すること。
十四 文化財の保護に関すること。
十五 ユネスコ活動に関すること。
十六 教育に関する法人に関すること。
十七 教育に係る調査及び基幹統計その他の統計に関すること。
十八 所掌事務に係る広報及び所掌事務に係る教育行政に関する相談に関すること。
十九 前各号に掲げるもののほか，当該地方公共団体の区域内における教育に関する事務に関すること。
（長の職務権限）
第22条 地方公共団体の長は，大綱の策定に関する事務のほか，次に掲げる教育に関する事務を管理し，及び執行する。
一 大学に関すること。
二 幼保連携型認定こども園に関すること。
三 私立学校に関すること。
四 教育財産を取得し，及び処分すること。
五 教育委員会の所掌に係る事項に関する契約を結ぶこと。
六 前号に掲げるもののほか，教育委員会の所掌に係る事項に関する予算を執行すること。
（職務権限の特例）
第23条 前2条の規定にかかわらず，地方公共団体は，前条各号に掲げるもののほか，条例の定めるところにより，当該地方公共団体の長が，次の各号に掲げる教育に関する事務のいずれか又は全てを管理し，及び執行することとすることができる。
一 図書館，博物館，公民館その他の社会教育に関する教育機関のうち当該条例で定めるもの（以下「特定社会教育機関」という。）の設置，管理及び廃止に関すること（第21条第七号から第九号まで及び第十二号に掲げる事務のうち，特定社会教育機関のみに係るものを含む。）。
二 スポーツに関すること（学校における体育に関することを除く。）。
三 文化に関すること（次号に掲げるものを除く。）。
四 文化財の保護に関すること。
（略）
（教育に関する事務の管理及び執行の状況の点検及び評価等）
第26条 教育委員会は，毎年，その権限に属する事務（前条第1項の規定により教育長に委任された事務その他教育長の権限に属する事務（同条第4項の規定により事務局職員等に委任された事務を含む。）を含む。）の管理及び執行の状況について点検及び評価を行い，その結果に関する報告書を作成し，これを議会に提出するとともに，公表しなければならない。
2 教育委員会は，前項の点検及び評価を行うに当たつては，教育に関し学識経験を有する者の知見の活用を図るものとする。
（私立学校に関する事務に係る都道府県委員会の助言又は援助）
第27条の5 都道府県知事は，第22条第三号に掲げる私立学校に関する事務を管理し，及び執行するに当たり，必要と認めるときは，当該都道府県委員会に対し，学校教育に関する専門的事項について助言又は援助を求めることができる。
（教育委員会の意見聴取）
第29条 地方公共団体の長は，歳入歳出予算のうち教育に関する事務に係る部分その他特に教育に関する事務について定める議会の議決を経るべき事件の議案を作成する場合においては，教育委員会の意見をきかなければならない。

第4章 教育機関

第4節 学校運営協議会
第47条の5 教育委員会は，教育委員会規則で定めるところにより，その所管に属する学校ごとに，当該学校の運営及び当該運営への必要な支援に関して協議する機関として，学校運営協議会を置くように努めなければならない。ただし，2以上の学校の運営に関し相互に密接な連携を図る必要がある場合として文部科学省令で定める場合には，2以上の学校について1の学校運営協議会を置くことができる。
2　学校運営協議会の委員は，次に掲げる者について，教育委員会が任命する。
一　対象学校（当該学校運営協議会が，その運営及び当該運営への必要な支援に関して協議する学校をいう。以下この条において同じ。）の所在する地域の住民
二　対象学校に在籍する生徒，児童又は幼児の保護者
三　社会教育法（昭和24年法律第207号）第9条の7第1項に規定する地域学校協働活動推進員その他の対象学校の運営に資する活動を行う者
四　その他当該教育委員会が必要と認める者
3　対象学校の校長は，前項の委員の任命に関する意見を教育委員会に申し出ることができる。
4　対象学校の校長は，当該対象学校の運営に関して，教育課程の編成その他教育委員会規則で定める事項について基本的な方針を作成し，当該対象学校の学校運営協議会の承認を得なければならない。
5　学校運営協議会は，前項に規定する基本的な方針に基づく対象学校の運営及び当該運営への必要な支援に関し，対象学校の所在する地域の住民，対象学校に在籍する生徒，児童又は幼児の保護者その他の関係者の理解を深めるとともに，対象学校とこれらの者との連携及び協力の推進に資するため，対象学校の運営及び当該運営への必要な支援に関する協議の結果に関する情報を積極的に提供するよう努めるものとする。
6　学校運営協議会は，対象学校の運営に関する事項（次項に規定する事項を除く。）について，教育委員会又は校長に対して，意見を述べることができる。
7　学校運営協議会は，対象学校の職員の採用その他の任用に関して教育委員会規則で定める事項について，当該職員の任命権者に対して意見を述べることができる。この場合において，当該職員が県費負担教職員（第55条第1項又は第61条第1項の規定により市町村委員会がその任用に関する事務を行う職員を除く。）であるときは，市町村委員会を経由するものとする。
（略）

第5章　文部科学大臣及び教育委員会相互間の関係等

（文部科学大臣又は都道府県委員会の指導，助言及び援助）
第48条　地方自治法第245条の4第1項の規定によるほか，文部科学大臣は都道府県又は市町村に対し，都道府県委員会は市町村に対し，都道府県又は市町村の教育に関する事務の適正な処理を図るため，必要な指導，助言又は援助を行うことができる。
2　前項の指導，助言又は援助を例示すると，おおむね次のとおりである。
一　学校その他の教育機関の設置及び管理並びに整備に関し，指導及び助言を与えること。
二　学校の組織編制，教育課程，学習指導，生徒指導，職業指導，教科書その他の教材の取扱いその他学校運営に関し，指導及び助言を与えること。
三　学校における保健及び安全並びに学校給食に関し，指導及び助言を与えること。
四　教育委員会の委員及び校長，教員その他の教育関係職員の研究集会，講習会その他研修に関し，指導及び助言を与え，又はこれらを主催すること。
五　生徒及び児童の就学に関する事務に関し，指導及び助言を与えること。
六　青少年教育，女性教育及び公民館の事業その他社会教育の振興並びに芸術の普及及び向上に関し，指導及び助言を与えること。
七　スポーツの振興に関し，指導及び助言を与えること。
八　指導主事，社会教育主事その他の職員を派遣すること。
九　教育及び教育行政に関する資料，手引書等を作成し，利用に供すること。
十　教育に係る調査及び統計並びに広報及び教育行政に関する相談に関し，指導及び助言を与えること。
十一　教育委員会の組織及び運営に関し，指導及び助言を与えること。
3　文部科学大臣は，都道府県委員会に対し，第1項の規定による市町村に対する指導，助言又は援助に関し，必要な指示をすることができる。
4　地方自治法第245条の4第3項の規定によるほか，都道府県知事又は都道府県委員会は文部科学大臣に対し，市町村長又は市町村委員会は文部科学大臣又は都道府県委員会に対し，教育に関する事務の処理について必要な指導，助言又は援助を求めることができる。
（是正の要求の方式）
第49条　文部科学大臣は，都道府県委員会又は市町村委員会の教育に関する事務の管理及び執行が法令の規定に違反するものがある場合又は当該事務の管理及び執行を怠るものがある場合において，児童，生徒等の教育を受ける機会が妨げられていることその他の教育を受ける権利が侵害されていることが明らかであるとして地方自治法第245条の5第1項若しくは第4項の規定による求め又は同条第2項の指示を行うときは，当該教育委員会が講ずべき措置の内容を示して行うものとする。
（文部科学大臣の指示）
第50条　文部科学大臣は，都道府県委員会又は市町村委員会の教育に関する事務の管理及び執行が法令の規定に違反するものがある場合又は当該事務の管理及び執行を怠るものがある場合において，児童，生徒等の生命又は身体に現に被害が生じ，又はまさに被害が生ずるおそれがあると見込まれ，その被害の拡大又は発生を防止するため，緊急の必要があるときは，当該教育委員会に対し，当該違反を是正し，又は当該怠る事務の管理及び執行を改めるべきことを指示することができる。ただし，他の措置によつては，その是正を図ることが困難である場合に限る。
（調査）
第53条　文部科学大臣又は都道府県委員会は，第48条第1項及び第51条の規定による権限を行うため必要があるときは，地方公共団体の長又は教育委員会が管理し，及び執行する教育に関する事務について，

必要な調査を行うことができる。
2　文部科学大臣は，前項の調査に関し，都道府県委員会に対し，市町村長又は市町村委員会が管理し，及び執行する教育に関する事務について，その特に指定する事項の調査を行うよう指示をすることができる。
（資料及び報告）
第54条　教育行政機関は，的確な調査，統計その他の資料に基いて，その所掌する事務の適切かつ合理的な処理に努めなければならない。
2　文部科学大臣は地方公共団体の長又は教育委員会に対し，都道府県委員会は市町村長又は市町村委員会に対し，それぞれ都道府県又は市町村の区域内の教育に関する事務に関し，必要な調査，統計その他の資料又は報告の提出を求めることができる。

食育基本法（抄）
（平成17年法律第63号）

第１章　総　則

（目的）
第１条　この法律は，近年における国民の食生活をめぐる環境の変化に伴い，国民が生涯にわたって健全な心身を培い，豊かな人間性をはぐくむための食育を推進することが緊要な課題となっていることにかんがみ，食育に関し，基本理念を定め，及び国，地方公共団体等の責務を明らかにするとともに，食育に関する施策の基本となる事項を定めることにより，食育に関する施策を総合的かつ計画的に推進し，もって現在及び将来にわたる健康で文化的な国民の生活と豊かで活力ある社会の実現に寄与することを目的とする。
（国民の心身の健康の増進と豊かな人間形成）
第２条　食育は，食に関する適切な判断力を養い，生涯にわたって健全な食生活を実現することにより，国民の心身の健康の増進と豊かな人間形成に資することを旨として，行われなければならない。
（食に関する感謝の念と理解）
第３条　食育の推進に当たっては，国民の食生活が，自然の恩恵の上に成り立っており，また，食に関わる人々の様々な活動に支えられていることについて，感謝の念や理解が深まるよう配慮されなければならない。
（食育推進運動の展開）
第４条　食育を推進するための活動は，国民，民間団体等の自発的意思を尊重し，地域の特性に配慮し，地域住民その他の社会を構成する多様な主体の参加と協力を得るものとするとともに，その連携を図りつつ，あまねく全国において展開されなければならない。
（子どもの食育における保護者，教育関係者等の役割）
第５条　食育は，父母その他の保護者にあっては，家庭が食育において重要な役割を有していることを認識するとともに，子どもの教育，保育等を行う者にあっては，教育，保育等における食育の重要性を十分自覚し，積極的に子どもの食育の推進に関する活動に取り組むこととなるよう，行われなければならない。
（食に関する体験活動と食育推進活動の実践）
第６条　食育は，広く国民が家庭，学校，保育所，地域その他のあらゆる機会とあらゆる場所を利用して，食料の生産から消費等に至るまでの食に関する様々な体験活動を行うとともに，自ら食育の推進のための活動を実践することにより，食に関する理解を深めることを旨として，行われなければならない。
（伝統的な食文化，環境と調和した生産等への配意及び農山漁村の活性化と食料自給率の向上への貢献）
第７条　食育は，我が国の伝統のある優れた食文化，地域の特性を生かした食生活，環境と調和のとれた食料の生産とその消費等に配意し，我が国の食料の需要及び供給の状況についての国民の理解を深めるとともに，食料の生産者と消費者との交流等を図ることにより，農山漁村の活性化と我が国の食料自給率の向上に資するよう，推進されなければならない。
（食品の安全性の確保等における食育の役割）
第８条　食育は，食品の安全性が確保され安心して消費できることが健全な食生活の基礎であることにかんがみ，食品の安全性をはじめとする食に関する幅広い情報の提供及びこれについての意見交換が，食に関する知識と理解を深め，国民の適切な食生活の実践に資することを旨として，国際的な連携を図りつつ積極的に行われなければならない。

第３章　基本的施策

（学校，保育所等における食育の推進）
第20条　国及び地方公共団体は，学校，保育所等において魅力ある食育の推進に関する活動を効果的に促進することにより子どもの健全な食生活の実現及び健全な心身の成長が図られるよう，学校，保育所等における食育の推進のための指針の作成に関する支援，食育の指導にふさわしい教職員の設置及び指導的立場にある者の食育の推進において果たすべき役割についての意識の啓発その他の食育に関する指導体制の整備，学校，保育所等又は地域の特色を生かした学校給食等の実施，教育の一環として行われる農場等における実習，食品の調理，食品廃棄物の再生利用等様々な体験活動を通じた子どもの食に関する理解の促進，過度の痩そう身又は肥満の心身の健康に及ぼす影響等についての知識の啓発その他必要な施策を講ずるものとする。

学校保健安全法（抄）
（昭和33年法律第56号）

第１章　総　則

（目的）
第１条　この法律は，学校における児童生徒等及び職員の健康の保持増進を図るため，学校における保健管理に関し必要な事項を定めるとともに，学校における教育活動が安全な環境において実施され，児童生徒等の安全の確保が図られるよう，学校における安全管理に関し必要な事項を定め，もつて学校教育の円滑な実施とその成果の確保に資することを目的とする。

第２章　学校保健

第１節　学校の管理運営等

（学校保健に関する学校の設置者の責務）

第４条　学校の設置者は，その設置する学校の児童生徒等及び職員の心身の健康の保持増進を図るため，当該学校の施設及び設備並びに管理運営体制の整備充実その他の必要な措置を講ずるよう努めるものとする。

（学校保健計画の策定等）

第５条　学校においては，児童生徒等及び職員の心身の健康の保持増進を図るため，児童生徒等及び職員の健康診断，環境衛生検査，児童生徒等に対する指導その他保健に関する事項について計画を策定し，これを実施しなければならない。

（保健室）

第７条　学校には，健康診断，健康相談，保健指導，救急処置その他の保健に関する措置を行うため，保健室を設けるものとする。

第２節　健康相談等

（健康相談）

第８条　学校においては，児童生徒等の心身の健康に関し，健康相談を行うものとする。

（保健指導）

第９条　養護教諭その他の職員は，相互に連携して，健康相談又は児童生徒等の健康状態の日常的な観察により，児童生徒等の心身の状況を把握し，健康上の問題があると認めるときは，遅滞なく，当該児童生徒等に対して必要な指導を行うとともに，必要に応じ，その保護者（学校教育法第16条に規定する保護者をいう。第24条及び第30条において同じ。）に対して必要な助言を行うものとする。

第３節　健康診断

（児童生徒等の健康診断）

第13条　学校においては，毎学年定期に，児童生徒等（通信による教育を受ける学生を除く。）の健康診断を行わなければならない。

２　学校においては，必要があるときは，臨時に，児童生徒等の健康診断を行うものとする。

第14条　学校においては，前条の健康診断の結果に基づき，疾病の予防処置を行い，又は治療を指示し，並びに運動及び作業を軽減する等適切な措置をとらなければならない。

（職員の健康診断）

第15条　学校の設置者は，毎学年定期に，学校の職員の健康診断を行わなければならない。

２　学校の設置者は，必要があるときは，臨時に，学校の職員の健康診断を行うものとする。

第16条　学校の設置者は，前条の健康診断の結果に基づき，治療を指示し，及び勤務を軽減する等適切な措置をとらなければならない。

第４節　感染症の予防

（出席停止）

第19条　校長は，感染症にかかつており，かかつている疑いがあり，又はかかるおそれのある児童生徒等があるときは，政令で定めるところにより，出席を停止させることができる。

（臨時休業）

第20条　学校の設置者は，感染症の予防上必要があるときは，臨時に，学校の全部又は一部の休業を行うことができる。

第３章　学校安全

（学校安全に関する学校の設置者の責務）

第26条　学校の設置者は，児童生徒等の安全の確保を図るため，その設置する学校において，事故，加害行為，災害等（以下この条及び第29条第３項において「事故等」という。）により児童生徒等に生ずる危険を防止し，及び事故等により児童生徒等に危険又は危害が現に生じた場合（同条第１項及び第２項において「危険等発生時」という。）において適切に対処することができるよう，当該学校の施設及び設備並びに管理運営体制の整備充実その他の必要な措置を講ずるよう努めるものとする。

（学校安全計画の策定等）

第27条　学校においては，児童生徒等の安全の確保を図るため，当該学校の施設及び設備の安全点検，児童生徒等に対する通学を含めた学校生活その他の日常生活における安全に関する指導，職員の研修その他学校における安全に関する事項について計画を策定し，これを実施しなければならない。

（学校環境の安全の確保）

第28条　校長は，当該学校の施設又は設備について，児童生徒等の安全の確保を図る上で支障となる事項があると認めた場合には，遅滞なく，その改善を図るために必要な措置を講じ，又は当該措置を講ずることができないときは，当該学校の設置者に対し，その旨を申し出るものとする。

（危険等発生時対処要領の作成等）

第29条　学校においては，児童生徒等の安全の確保を図るため，当該学校の実情に応じて，危険等発生時において当該学校の職員がとるべき措置の具体的内容及び手順を定めた対処要領（次項において「危険等発生時対処要領」という。）を作成するものとする。

２　校長は，危険等発生時対処要領の職員に対する周知，訓練の実施その他の危険等発生時において職員が適切に対処するために必要な措置を講ずるものとする。

３　学校においては，事故等により児童生徒等に危害が生じた場合において，当該児童生徒等及び当該事故等により心理的外傷その他の心身の健康に対する影響を受けた児童生徒等その他の関係者の心身の健康を回復させるため，これらの者に対して必要な支援を行うものとする。この場合においては，第10条の規定を準用する。

（地域の関係機関等との連携）

第30条　学校においては，児童生徒等の安全の確保を図るため，児童生徒等の保護者との連携を図るとともに，当該学校が所在する地域の実情に応じて，当該地域を管轄する警察署その他の関係機関，地域の安全を確保するための活動を行う団体その他の関係団体，当該地域の住民その他の関係者との連携を図るよう努めるものとする。

義務教育諸学校の教科用図書の無償措置に関する法律（抄）
（昭和38年法律第182号）

第１章　総　則

（この法律の目的）
第１条　この法律は，教科用図書の無償給付その他義務教育諸学校の教科用図書を無償とする措置について必要な事項を定めるとともに，当該措置の円滑な実施に資するため，義務教育諸学校の教科用図書の採択及び発行の制度を整備し，もつて義務教育の充実を図ることを目的とする。

第２章　無償給付及び給与

（教科用図書の無償給付）
第３条　国は，毎年度，義務教育諸学校の児童及び生徒が各学年の課程において使用する教科用図書で第13条，第14条及び第16条の規定により採択されたものを購入し，義務教育諸学校の設置者に無償で給付するものとする。
（教科用図書の給与）
第５条　義務教育諸学校の設置者は，第３条の規定により国から無償で給付された教科用図書を，それぞれ当該学校の校長を通じて児童又は生徒に給与するものとする。
（略）

第３章　採　択

（都道府県の教育委員会の任務）
第10条　都道府県の教育委員会は，当該都道府県内の義務教育諸学校において使用する教科用図書の採択の適正な実施を図るため，義務教育諸学校において使用する教科用図書の研究に関し，計画し，及び実施するとともに，市（特別区を含む。以下同じ。）町村の教育委員会及び義務教育諸学校（公立の義務教育諸学校を除く。）の校長の行う採択に関する事務について，適切な指導，助言又は援助を行わなければならない。
（教科用図書選定審議会）
第11条　都道府県の教育委員会は，前条の規定により指導，助言又は援助を行なおうとするときは，あらかじめ教科用図書選定審議会（以下「選定審議会」という。）の意見をきかなければならない。
（略）
（採択地区）
第12条　都道府県の教育委員会は，当該都道府県の区域について，市町村の区域又はこれらの区域を併せた地域に，教科用図書採択地区（以下この章において「採択地区」という。）を設定しなければならない。
（略）
（教科用図書の採択）
第13条　都道府県内の義務教育諸学校（都道府県立の義務教育諸学校を除く。）において使用する教科用図書の採択は，第10条の規定によつて当該都道府県の教育委員会が行なう指導，助言又は援助により，種目（教科用図書の教科ごとに分類された単位をいう。以下同じ。）ごとに一種の教科用図書について行なうものとする。
（略）
４　第１項の場合において，採択地区が二以上の市町村の区域を併せた地域であるときは，当該採択地区内の市町村の教育委員会は，協議により規約を定め，当該採択地区内の市町村立の小学校，中学校及び義務教育学校において使用する教科用図書の採択について協議を行うための協議会（次項及び第17条において「採択地区協議会」という。）を設けなければならない。

高等学校等就学支援金の支給に関する法律（抄）
（平成22年法律第18号）

第１章　総　則

（目的）
第１条　この法律は，高等学校等の生徒等がその授業料に充てるために高等学校等就学支援金の支給を受けることができることとすることにより，高等学校等における教育に係る経済的負担の軽減を図り，もって教育の機会均等に寄与することを目的とする。
（定義）
第２条　この法律において「高等学校等」とは，次に掲げるものをいう。
一　高等学校（専攻科及び別科を除く。以下同じ。）
二　中等教育学校の後期課程（専攻科及び別科を除く。次条第３項及び第５条第３項において同じ。）
三　特別支援学校の高等部
四　高等専門学校（第１学年から第３学年までに限る。）
五　専修学校及び各種学校（これらのうち高等学校の課程に類する課程を置くものとして文部科学省令で定めるものに限り，学校教育法（昭和22年法律第26号）第１条に規定する学校以外の教育施設で学校教育に類する教育を行うもののうち当該教育を行うにつき同法以外の法律に特別の規定があるものであって，高等学校の課程に類する課程を置くものとして文部科学省令で定めるもの（第４条及び第６条第１項において「特定教育施設」という。）を含む。）

第２章　高等学校等就学支援金の支給

（受給資格）
第３条　高等学校等就学支援金（以下「就学支援金」という。）は，高等学校等に在学する生徒又は学生で日本国内に住所を有する者に対し，当該高等学校等（その者が同時に二以上の高等学校等の課程に在学するときは，これらのうちいずれか一の高等学校等の課程）における就学について支給する。
２　就学支援金は，前項に規定する者が次の各号のいずれかに該当するときは，支給しない。
一　高等学校等（修業年限が３年未満のものを除く。）を卒業し又は修了した者
二　前号に掲げる者のほか，高等学校等に在学した期間が通算して36月を超える者
三　前二号に掲げる者のほか，前項に規定する者の保護者（学校教育法第16条に規定する保護者をいう。）その他の同項に規定する者の就学に要する経費を負担すべき者として政令で定める者（以下

「保護者等」という。）の収入の状況に照らして，就学支援金の支給により当該保護者等の経済的負担を軽減する必要があるとは認められない者として政令で定める者
（略）
（就学支援金の額）
第５条　就学支援金は，前条の認定を受けた者（以下「受給権者」という。）がその初日において当該認定に係る高等学校等（以下「支給対象高等学校等」という。）に在学する月について，月を単位として支給されるものとし，その額は，１月につき，支給対象高等学校等の授業料の月額（授業料の額が年額その他月額以外の方法により定められている場合にあっては，授業料の月額に相当するものとして文部科学省令で定めるところにより算定した額をいい，受給権者が授業料の減免を受けた場合にあっては，文部科学省令で定めるところにより当該授業料の月額から当該減免に係る額を控除した額をいう。）に相当する額（その額が支給対象高等学校等の設置者，種類及び課程の区分に応じて政令で定める額（以下この項において「支給限度額」という。）を超える場合にあっては，支給限度額）とする。
２　支給対象高等学校等が政令で定める高等学校等である受給権者であって，その保護者等の収入の状況に照らして特に当該保護者等の経済的負担を軽減する必要があるものとして政令で定めるものに対して支給される就学支援金に係る前項の規定の適用については，同項中「定める額」とあるのは，「定める額に政令で定める額を加えた額」とする。
３　第１項の支給限度額は，地方公共団体の設置する高等学校，中等教育学校の後期課程及び特別支援学校の高等部の授業料の月額その他の事情を勘案して定めるものとする。
（就学支援金の支給）
第６条　都道府県知事（支給対象高等学校等が地方公共団体の設置するものである場合（支給対象高等学校等が特定教育施設である場合を除く。）にあっては，都道府県教育委員会。以下同じ。）は，受給権者に対し，就学支援金を支給する。
（略）
（代理受領等）
第７条　支給対象高等学校等の設置者は，受給権者に代わって就学支援金を受領し，その有する当該受給権者の授業料に係る債権の弁済に充てるものとする。
（交付金）
第15条　国は，就学支援金の支給に要する費用の全額に相当する金額を都道府県に交付する。
２　国は，毎年度，予算の範囲内で，就学支援金に関する事務の執行に要する費用に相当する金額を都道府県に交付する。

いじめ防止対策推進法（抄）
（平成25年法律第71号）

第１章　総　則

（目的）
第１条　この法律は，いじめが，いじめを受けた児童等の教育を受ける権利を著しく侵害し，その心身の健全な成長及び人格の形成に重大な影響を与えるのみならず，その生命又は身体に重大な危険を生じさせるおそれがあるものであることに鑑み，児童等の尊厳を保持するため，いじめの防止等（いじめの防止，いじめの早期発見及びいじめへの対処をいう。以下同じ。）のための対策に関し，基本理念を定め，国及び地方公共団体等の責務を明らかにし，並びにいじめの防止等のための対策に関する基本的な方針の策定について定めるとともに，いじめの防止等のための対策の基本となる事項を定めることにより，いじめの防止等のための対策を総合的かつ効果的に推進することを目的とする。
（定義）
第２条　この法律において「いじめ」とは，児童等に対して，当該児童等が在籍する学校に在籍している等当該児童等と一定の人的関係にある他の児童等が行う心理的又は物理的な影響を与える行為（インターネットを通じて行われるものを含む。）であって，当該行為の対象となった児童等が心身の苦痛を感じているものをいう。
（略）
（基本理念）
第３条　いじめの防止等のための対策は，いじめが全ての児童等に関係する問題であることに鑑み，児童等が安心して学習その他の活動に取り組むことができるよう，学校の内外を問わずいじめが行われなくなるようにすることを旨として行われなければならない。
２　いじめの防止等のための対策は，全ての児童等がいじめを行わず，及び他の児童等に対して行われるいじめを認識しながらこれを放置することがないようにするため，いじめが児童等の心身に及ぼす影響その他のいじめの問題に関する児童等の理解を深めることを旨として行われなければならない。
３　いじめの防止等のための対策は，いじめを受けた児童等の生命及び心身を保護することが特に重要であることを認識しつつ，国，地方公共団体，学校，地域住民，家庭その他の関係者の連携の下，いじめの問題を克服することを目指して行われなければならない。
（いじめの禁止）
第４条　児童等は，いじめを行ってはならない。
（国の責務）
第５条　国は，第３条の基本理念（以下「基本理念」という。）にのっとり，いじめの防止等のための対策を総合的に策定し，及び実施する責務を有する。
（地方公共団体の責務）
第６条　地方公共団体は，基本理念にのっとり，いじめの防止等のための対策について，国と協力しつつ，当該地域の状況に応じた施策を策定し，及び実施する責務を有する。
（学校の設置者の責務）
第７条　学校の設置者は，基本理念にのっとり，その設置する学校におけるいじめの防止等のために必要な措置を講ずる責務を有する。
（学校及び学校の教職員の責務）
第８条　学校及び学校の教職員は，基本理念にのっとり，当該学校に在籍する児童等の保護者，地域住

民，児童相談所その他の関係者との連携を図りつつ，学校全体でいじめの防止及び早期発見に取り組むとともに，当該学校に在籍する児童等がいじめを受けていると思われるときは，適切かつ迅速にこれに対処する責務を有する。

（保護者の責務等）

第9条　保護者は，子の教育について第一義的責任を有するものであって，その保護する児童等がいじめを行うことのないよう，当該児童等に対し，規範意識を養うための指導その他の必要な指導を行うよう努めるものとする。

2　保護者は，その保護する児童等がいじめを受けた場合には，適切に当該児童等をいじめから保護するものとする。

3　保護者は，国，地方公共団体，学校の設置者及びその設置する学校が講ずるいじめの防止等のための措置に協力するよう努めるものとする。

4　第1項の規定は，家庭教育の自主性が尊重されるべきことに変更を加えるものと解してはならず，また，前3項の規定は，いじめの防止等に関する学校の設置者及びその設置する学校の責任を軽減するものと解してはならない。

第2章　いじめ防止基本方針等

（いじめ防止基本方針）

第11条　文部科学大臣は，関係行政機関の長と連携協力して，いじめの防止等のための対策を総合的かつ効果的に推進するための基本的な方針（以下「いじめ防止基本方針」という。）を定めるものとする。

2　いじめ防止基本方針においては，次に掲げる事項を定めるものとする。

一　いじめの防止等のための対策の基本的な方向に関する事項

二　いじめの防止等のための対策の内容に関する事項

三　その他いじめの防止等のための対策に関する重要事項

（地方いじめ防止基本方針）

第12条　地方公共団体は，いじめ防止基本方針を参酌し，その地域の実情に応じ，当該地方公共団体におけるいじめの防止等のための対策を総合的かつ効果的に推進するための基本的な方針（以下「地方いじめ防止基本方針」という。）を定めるよう努めるものとする。

（学校いじめ防止基本方針）

第13条　学校は，いじめ防止基本方針又は地方いじめ防止基本方針を参酌し，その学校の実情に応じ，当該学校におけるいじめの防止等のための対策に関する基本的な方針を定めるものとする。

（いじめ問題対策連絡協議会）

第14条　地方公共団体は，いじめの防止等に関係する機関及び団体の連携を図るため，条例の定めるところにより，学校，教育委員会，児童相談所，法務局又は地方法務局，都道府県警察その他の関係者により構成されるいじめ問題対策連絡協議会を置くことができる。

（略）

第3章　基本的施策

（学校におけるいじめの防止）

第15条　学校の設置者及びその設置する学校は，児童等の豊かな情操と道徳心を培い，心の通う対人交流の能力の素地を養うことがいじめの防止に資することを踏まえ，全ての教育活動を通じた道徳教育及び体験活動等の充実を図らなければならない。

2　学校の設置者及びその設置する学校は，当該学校におけるいじめを防止するため，当該学校に在籍する児童等の保護者，地域住民その他の関係者との連携を図りつつ，いじめの防止に資する活動であって当該学校に在籍する児童等が自主的に行うものに対する支援，当該学校に在籍する児童等及びその保護者並びに当該学校の教職員に対するいじめを防止することの重要性に関する理解を深めるための啓発その他必要な措置を講ずるものとする。

（いじめの早期発見のための措置）

第16条　学校の設置者及びその設置する学校は，当該学校におけるいじめを早期に発見するため，当該学校に在籍する児童等に対する定期的な調査その他の必要な措置を講ずるものとする。

2　国及び地方公共団体は，いじめに関する通報及び相談を受け付けるための体制の整備に必要な施策を講ずるものとする。

3　学校の設置者及びその設置する学校は，当該学校に在籍する児童等及びその保護者並びに当該学校の教職員がいじめに係る相談を行うことができる体制（次項において「相談体制」という。）を整備するものとする。

4　学校の設置者及びその設置する学校は，相談体制を整備するに当たっては，家庭，地域社会等との連携の下，いじめを受けた児童等の教育を受ける権利その他の権利利益が擁護されるよう配慮するものとする。

（関係機関等との連携等）

第17条　国及び地方公共団体は，いじめを受けた児童等又はその保護者に対する支援，いじめを行った児童等に対する指導又はその保護者に対する助言その他のいじめの防止等のための対策が関係者の連携の下に適切に行われるよう，関係省庁相互間その他関係機関，学校，家庭，地域社会及び民間団体の間の連携の強化，民間団体の支援その他必要な体制の整備に努めるものとする。

（いじめの防止等のための対策に従事する人材の確保及び資質の向上）

第18条　国及び地方公共団体は，いじめを受けた児童等又はその保護者に対する支援，いじめを行った児童等に対する指導又はその保護者に対する助言その他のいじめの防止等のための対策が専門的知識に基づき適切に行われるよう，教員の養成及び研修の充実を通じた教員の資質の向上，生徒指導に係る体制等の充実のための教諭，養護教諭その他の教員の配置，心理，福祉等に関する専門的知識を有する者であっていじめの防止を含む教育相談に応じるものの確保，いじめへの対処に関し助言を行うために学校の求めに応じて派遣される者の確保等必要な措置を講ずるものとする。

2　学校の設置者及びその設置する学校は，当該学校の教職員に対し，いじめの防止等のための対策に関する研修の実施その他のいじめの防止等のための対策に関する資質の向上に必要な措置を計画的に行わなければならない。

（インターネットを通じて行われるいじめに対する対策の推進）

第19条　学校の設置者及びその設置する学校は，当該学校に在籍する児童等及びその保護者が，発信された情報の高度の流通性，発信者の匿名性その他のインターネットを通じて送信される情報の特性を踏まえて，インターネットを通じて行われるいじめを防止し，及び効果的に対処することができるよう，これらの者に対し，必要な啓発活動を行うものとする。

（略）

3　インターネットを通じていじめが行われた場合において，当該いじめを受けた児童等又はその保護者は，当該いじめに係る情報の削除を求め，又は発信者情報（特定電気通信役務提供者の損害賠償責任の制限及び発信者情報の開示に関する法律（平成13年法律第137号）第４条第１項に規定する発信者情報をいう。）の開示を請求しようとするときは，必要に応じ，法務局又は地方法務局の協力を求めることができる。

（いじめの防止等のための対策の調査研究の推進等）

第20条　国及び地方公共団体は，いじめの防止及び早期発見のための方策等，いじめを受けた児童等又はその保護者に対する支援及びいじめを行った児童等に対する指導又はその保護者に対する助言の在り方，インターネットを通じて行われるいじめへの対応の在り方その他のいじめの防止等のために必要な事項やいじめの防止等のための対策の実施の状況についての調査研究及び検証を行うとともに，その成果を普及するものとする。

（啓発活動）

第21条　国及び地方公共団体は，いじめが児童等の心身に及ぼす影響，いじめを防止することの重要性，いじめに係る相談制度又は救済制度等について必要な広報その他の啓発活動を行うものとする。

第４章　いじめの防止等に関する措置

（学校におけるいじめの防止等の対策のための組織）

第22条　学校は，当該学校におけるいじめの防止等に関する措置を実効的に行うため，当該学校の複数の教職員，心理，福祉等に関する専門的な知識を有する者その他の関係者により構成されるいじめの防止等の対策のための組織を置くものとする。

（いじめに対する措置）

第23条　学校の教職員，地方公共団体の職員その他の児童等からの相談に応じる者及び児童等の保護者は，児童等からいじめに係る相談を受けた場合において，いじめの事実があると思われるときは，いじめを受けたと思われる児童等が在籍する学校への通報その他の適切な措置をとるものとする。

2　学校は，前項の規定による通報を受けたときその他当該学校に在籍する児童等がいじめを受けていると思われるときは，速やかに，当該児童等に係るいじめの事実の有無の確認を行うための措置を講ずるとともに，その結果を当該学校の設置者に報告するものとする。

3　学校は，前項の規定による事実の確認によりいじめがあったことが確認された場合には，いじめをやめさせ，及びその再発を防止するため，当該学校の複数の教職員によって，心理，福祉等に関する専門的な知識を有する者の協力を得つつ，いじめを受けた児童等又はその保護者に対する支援及びいじめを行った児童等に対する指導又はその保護者に対する助言を継続的に行うものとする。

4　学校は，前項の場合において必要があると認めるときは，いじめを行った児童等についていじめを受けた児童等が使用する教室以外の場所において学習を行わせる等いじめを受けた児童等その他の児童等が安心して教育を受けられるようにするために必要な措置を講ずるものとする。

5　学校は，当該学校の教職員が第三項の規定による支援又は指導若しくは助言を行うに当たっては，いじめを受けた児童等の保護者といじめを行った児童等の保護者との間で争いが起きることのないよう，いじめの事案に係る情報をこれらの保護者と共有するための措置その他の必要な措置を講ずるものとする。

6　学校は，いじめが犯罪行為として取り扱われるべきものであると認めるときは所轄警察署と連携してこれに対処するものとし，当該学校に在籍する児童等の生命，身体又は財産に重大な被害が生じるおそれがあるときは直ちに所轄警察署に通報し，適切に，援助を求めなければならない。

（学校の設置者による措置）

第24条　学校の設置者は，前条第二項の規定による報告を受けたときは，必要に応じ，その設置する学校に対し必要な支援を行い，若しくは必要な措置を講ずることを指示し，又は当該報告に係る事案について自ら必要な調査を行うものとする。

（校長及び教員による懲戒）

第25条　校長及び教員は，当該学校に在籍する児童等がいじめを行っている場合であって教育上必要があると認めるときは，学校教育法第11条の規定に基づき，適切に，当該児童等に対して懲戒を加えるものとする。

（出席停止制度の適切な運用等）

第26条　市町村の教育委員会は，いじめを行った児童等の保護者に対して学校教育法第35条第１項（同法第49条において準用する場合を含む。）の規定に基づき当該児童等の出席停止を命ずる等，いじめを受けた児童等その他の児童等が安心して教育を受けられるようにするために必要な措置を速やかに講ずるものとする。

第５章　重大事態への対処

（学校の設置者又はその設置する学校による対処）

第28条　学校の設置者又はその設置する学校は，次に掲げる場合には，その事態（以下「重大事態」という。）に対処し，及び当該重大事態と同種の事態の発生の防止に資するため，速やかに，当該学校の設置者又はその設置する学校の下に組織を設け，質問票の使用その他の適切な方法により当該重大事態に係る事実関係を明確にするための調査を行うものとする。

一　いじめにより当該学校に在籍する児童等の生命，心身又は財産に重大な被害が生じた疑いがあると認めるとき。
二　いじめにより当該学校に在籍する児童等が相当の期間学校を欠席することを余儀なくされている疑いがあると認めるとき。
2　学校の設置者又はその設置する学校は，前項の規定による調査を行ったときは，当該調査に係るいじめを受けた児童等及びその保護者に対し，当該調査に係る重大事態の事実関係等その他の必要な情報を適切に提供するものとする。
3　第1項の規定により学校が調査を行う場合においては，当該学校の設置者は，同項の規定による調査及び前項の規定による情報の提供について必要な指導及び支援を行うものとする。

義務教育の段階における普通教育に相当する教育の機会の確保等に関する法律（抄）
（平成28年法律第105号）

第1章　総　則

（目的）
第1条　この法律は，教育基本法（平成18年法律第120号）及び児童の権利に関する条約等の教育に関する条約の趣旨にのっとり，教育機会の確保等に関する施策に関し，基本理念を定め，並びに国及び地方公共団体の責務を明らかにするとともに，基本指針の策定その他の必要な事項を定めることにより，教育機会の確保等に関する施策を総合的に推進することを目的とする。
（基本理念）
第3条　教育機会の確保等に関する施策は，次に掲げる事項を基本理念として行われなければならない。
一　全ての児童生徒が豊かな学校生活を送り，安心して教育を受けられるよう，学校における環境の確保が図られるようにすること。
二　不登校児童生徒が行う多様な学習活動の実情を踏まえ，個々の不登校児童生徒の状況に応じた必要な支援が行われるようにすること。
三　不登校児童生徒が安心して教育を十分に受けられるよう，学校における環境の整備が図られるようにすること。
四　義務教育の段階における普通教育に相当する教育を十分に受けていない者の意思を十分に尊重しつつ，その年齢又は国籍その他の置かれている事情にかかわりなく，その能力に応じた教育を受ける機会が確保されるようにするとともに，その者が，その教育を通じて，社会において自立的に生きる基礎を培い，豊かな人生を送ることができるよう，その教育水準の維持向上が図られるようにすること。
五　国，地方公共団体，教育機会の確保等に関する活動を行う民間の団体その他の関係者の相互の密接な連携の下に行われるようにすること。

第3章　不登校児童生徒等に対する教育機会の確保等

（学校における取組への支援）
第8条　国及び地方公共団体は，全ての児童生徒が豊かな学校生活を送り，安心して教育を受けられるよう，児童生徒と学校の教職員との信頼関係及び児童生徒相互の良好な関係の構築を図るための取組，児童生徒の置かれている環境その他の事情及びその意思を把握するための取組，学校生活上の困難を有する個々の児童生徒の状況に応じた支援その他の学校における取組を支援するために必要な措置を講ずるよう努めるものとする。
（支援の状況等に係る情報の共有の促進等）
第9条　国及び地方公共団体は，不登校児童生徒に対する適切な支援が組織的かつ継続的に行われることとなるよう，不登校児童生徒の状況及び不登校児童生徒に対する支援の状況に係る情報を学校の教職員，心理，福祉等に関する専門的知識を有する者その他の関係者間で共有することを促進するために必要な措置その他の措置を講ずるものとする。
（特別の教育課程に基づく教育を行う学校の整備等）
第10条　国及び地方公共団体は，不登校児童生徒に対しその実態に配慮して特別に編成された教育課程に基づく教育を行う学校の整備及び当該教育を行う学校における教育の充実のために必要な措置を講ずるよう努めるものとする。
（学習支援を行う教育施設の整備等）
第11条　国及び地方公共団体は，不登校児童生徒の学習活動に対する支援を行う公立の教育施設の整備及び当該支援を行う公立の教育施設における教育の充実のために必要な措置を講ずるよう努めるものとする。
（学校以外の場における学習活動の状況等の継続的な把握）
第12条　国及び地方公共団体は，不登校児童生徒が学校以外の場において行う学習活動の状況，不登校児童生徒の心身の状況その他の不登校児童生徒の状況を継続的に把握するために必要な措置を講ずるものとする。
（学校以外の場における学習活動等を行う不登校児童生徒に対する支援）
第13条　国及び地方公共団体は，不登校児童生徒が学校以外の場において行う多様で適切な学習活動の重要性に鑑み，個々の不登校児童生徒の休養の必要性を踏まえ，当該不登校児童生徒の状況に応じた学習活動が行われることとなるよう，当該不登校児童生徒及びその保護者（学校教育法第16条に規定する保護者をいう。）に対する必要な情報の提供，助言その他の支援を行うために必要な措置を講ずるものとする。

第4章　夜間その他特別な時間において授業を行う学校における就学の機会の提供等

（就学の機会の提供等）
第14条　地方公共団体は，学齢期を経過した者（その者の満6歳に達した日の翌日以後における最初の学年の初めから満15歳に達した日の属する学年の終わりまでの期間を経過した者をいう。次条第2項第三号において同じ。）であって学校における就学の機会が提供されなかったもののうちにその機会の提供を希望する者が多く存在することを踏まえ，夜間その他特別な時間において授業を行う学校における就学の機会の提供その他の必要な措置を講ずるものとする。

中央教育審議会「令和の日本型学校教育」の構築を目指して～全ての子供たちの可能性を引き出す，個別最適な学びと，協働的な学びの実現～」（答申）（抄）
（令和３年１月26日）

第Ⅰ部　総論

３．2020年代を通じて実現すべき「令和の日本型学校教育」の姿

○第２期，第３期の教育振興基本計画で掲げられた「自立」，「協働」，「創造」の３つの方向性を実現させるための生涯学習社会の構築を目指すという理念を踏まえ，学校教育においては，２．（３）で挙げた子供たちの多様化，教師の長時間勤務による疲弊，情報化の加速度的な進展，少子高齢化・人口減少，感染症等の直面する課題を乗り越え，１．で述べたように，Society5.0時代を見据えた取組を進める必要がある。これらの取組を通じ，一人一人の児童生徒が，自分のよさや可能性を認識するとともに，あらゆる他者を価値のある存在として尊重し，多様な人々と協働しながら様々な社会的変化を乗り越え，豊かな人生を切り拓き，持続可能な社会の創り手となることができるよう，その資質・能力を育成することが求められている。
○このためには，２．（１）で述べてきた明治から続く我が国の学校教育の蓄積である「日本型学校教育」の良さを受け継ぎながら更に発展させ，学校における働き方改革とGIGAスクール構想を強力に推進しながら，新学習指導要領を着実に実施することが求められており，必要な改革を躊躇なく進めるべきである。
○その際，従来の社会構造の中で行われてきた「正解主義」や「同調圧力」への偏りから脱却し，本来の日本型学校教育の持つ，授業において子供たちの思考を深める「発問」を重視してきたことや，子供一人一人の多様性と向き合いながら一つのチーム（目標を共有し活動を共に行う集団）としての学びに高めていく，という強みを最大限に生かしていくことが重要である。
○誰一人取り残すことのない，持続可能で多様性と包摂性のある社会の実現に向け，学習指導要領前文において「持続可能な社会の創り手」を求める我が国を含めた世界全体で，SDGs（持続可能な開発目標）に取り組んでいる中で，ツールとしてのICTを基盤としつつ，日本型学校教育を発展させ，2020年代を通じて実現を目指す学校教育を「令和の日本型学校教育」と名付け，まずその姿を以下のとおり描くことで，目指すべき方向性を社会と共有することとしたい。

（１）子供の学び

○我が国ではこれまでも，学習指導要領において，子供の興味・関心を生かした自主的，主体的な学習が促されるよう工夫することを求めるなど，「個に応じた指導」が重視されてきた。
○平成28年答申においては，子供たちの現状を踏まえれば，子供一人一人の興味や関心，発達や学習の課題等を踏まえ，それぞれの個性に応じた学びを引き出し，一人一人の資質・能力を高めていくことが重要であり，各学校が行う進路指導や生徒指導，学習指導等についても，子供一人一人の発達を支え，資質・能力を育成するという観点からその意義を捉え直し，充実を図っていくことが必要であるとされている。また，特に新学習指導要領では，「個に応じた指導」を一層重視する必要があるとされている。
○同答申を踏まえて改訂された学習指導要領の総則「第４ 児童（生徒）の発達の支援」の中では，児童生徒が，基礎的・基本的な知識及び技能の習得も含め，学習内容を確実に身に付けることができるよう，児童生徒や学校の実態に応じ，個別学習やグループ別学習，繰り返し学習，学習内容の習熟の程度に応じた学習，児童生徒の興味・関心等に応じた課題学習，補充的な学習や発展的な学習などの学習活動を取り入れることや，教師間の協力による指導体制を確保することなど，指導方法や指導体制の工夫改善により，「個に応じた指導」の充実を図ることについて示された。また，その際，各学校において，コンピュータや情報通信ネットワークなどの情報手段を活用するために必要な環境を整え，これらを適切に活用した学習活動の充実を図ることについても示された。
○現在，GIGAスクール構想により学校のICT環境が急速に整備されており，今後はこの新たなICT環境を活用するとともに，少人数によるきめ細かな指導体制の整備を進め，「個に応じた指導」を充実していくことが重要である。
○その際，平成28年答申において示されているとおり，基礎的・基本的な知識・技能の習得が重要であることは言うまでもないが，思考力・判断力・表現力等や学びに向かう力等こそ，家庭の経済事情など，子供を取り巻く環境を背景とした差が生まれやすい能力であるとの指摘もあることに留意が必要である。「主体的・対話的で深い学び」を実現し，学びの動機付けや幅広い資質・能力の育成に向けた効果的な取組を展開していくことによって，学校教育が個々の家庭の経済事情等に左右されることなく，子供たちに必要な力を育んでいくことが求められる。
　同答申を踏まえて改訂された学習指導要領の総則「第３　教育課程の実施と学習評価」の中で，「主体的・対話的で深い学び」の実現に向けた授業改善について示された。
○新型コロナウイルス感染症の感染拡大による臨時休業の長期化により，多様な子供一人一人が自立した学習者として学び続けていけるようになっているか，という点が改めて焦点化されたところであり，これからの学校教育においては，子供がICTも活用しながら自ら学習を調整しながら学んでいくことができるよう，「個に応じた指導」を充実することが必要である。この「個に応じた指導」の在り方を，より具体的に示すと以下のとおりである。
○全ての子供に基礎的・基本的な知識・技能を確実に習得させ，思考力・判断力・表現力等や，自ら学習を調整しながら粘り強く学習に取り組む態度等を育成するためには，教師が支援の必要な子供により重点的な指導を行うことなどで効果的な指導を実現することや，子供一人一人の特性や学習進度，学習到達度等に応じ，指導方法・教材や学習時間等の柔

軟な提供・設定を行うことなどの「指導の個別化」が必要である。
○基礎的・基本的な知識・技能等や，言語能力，情報活用能力，問題発見・解決能力等の学習の基盤となる資質・能力等を土台として，幼児期からの様々な場を通じての体験活動から得た子供の興味・関心・キャリア形成の方向性等に応じ，探究において課題の設定，情報の収集，整理・分析，まとめ・表現を行う等，教師が子供一人一人に応じた学習活動や学習課題に取り組む機会を提供することで，子供自身が学習が最適となるよう調整する「学習の個性化」も必要である。
○以上の「指導の個別化」と「学習の個性化」を教師視点から整理した概念が「個に応じた指導」であり，この「個に応じた指導」を学習者視点から整理した概念が「個別最適な学び」である。
○これからの学校においては，子供が「個別最適な学び」を進められるよう，教師が専門職としての知見を活用し，子供の実態に応じて，学習内容の確実な定着を図る観点や，その理解を深め，広げる学習を充実させる観点から，カリキュラム・マネジメントの充実・強化を図るとともに，これまで以上に子供の成長やつまずき，悩みなどの理解に努め，個々の興味・関心・意欲等を踏まえてきめ細かく指導・支援することや，子供が自らの学習の状況を把握し，主体的に学習を調整することができるよう促していくことが求められる。
○その際，ICT の活用により，学習履歴（スタディ・ログ）や生徒指導上のデータ，健康診断情報等を蓄積・分析・利活用することや，教師の負担を軽減することが重要である。また，データの取扱いに関し，配慮すべき事項等を含めて専門的な検討を進めていくことも必要である。
○子供が ICT を日常的に活用することにより，自ら見通しを立てたり，学習の状況を把握し，新たな学習方法を見いだしたり，自ら学び直しや発展的な学習を行いやすくなったりする等の効果が生まれることが期待される。
国においては，このような学習者や ICT 活用の視点を盛り込んだ「個別最適な学び」に関する指導事例を収集し，周知することが必要である。
○さらに，「個別最適な学び」が「孤立した学び」に陥らないよう，これまでも「日本型学校教育」において重視されてきた，探究的な学習や体験活動などを通じ，子供同士で，あるいは地域の方々をはじめ多様な他者と協働しながら，あらゆる他者を価値のある存在として尊重し，様々な社会的な変化を乗り越え，持続可能な社会の創り手となることができるよう，必要な資質・能力を育成する「協働的な学び」を充実することも重要である。
○「協働的な学び」においては，集団の中で個が埋没してしまうことがないよう，「主体的・対話的で深い学び」の実現に向けた授業改善につなげ，子供一人一人のよい点や可能性を生かすことで，異なる考え方が組み合わさり，よりよい学びを生み出していくようにすることが大切である。「協働的な学び」において，同じ空間で時間を共にすることで，お互いの感性や考え方等に触れ刺激し合うことの重要性について改めて認識する必要がある。人間同士のリアルな関係づくりは社会を形成していく上で不可欠であり，知・徳・体を一体的に育むためには，教師と子供の関わり合いや子供同士の関わり合い，自分の感覚や行為を通して理解する実習・実験，地域社会での体験活動，専門家との交流など，様々な場面でリアルな体験を通じて学ぶことの重要性が，AI 技術が高度に発達する Society5.0 時代にこそ一層高まるものである。
○また，「協働的な学び」は，同一学年・学級はもとより，異学年間の学びや他の学校の子供との学び合いなども含むものである。知・徳・体を一体で育む「日本型学校教育」のよさを生かし，学校行事や児童会（生徒会）活動等を含め学校における様々な活動の中で異学年間の交流の機会を充実することで，子供が自らのこれまでの成長を振り返り，将来への展望を培うとともに，自己肯定感を育むなどの取組も大切である。
○さらに，ICT の活用により，子供一人一人が自分のペースを大事にしながら共同で作成・編集等を行う活動や，多様な意見を共有しつつ合意形成を図る活動など，「協働的な学び」もまた発展させることができる。ICT を利用して空間的・時間的制約を緩和することによって，遠隔地の専門家とつないだ授業や他の学校・地域や海外との交流など，今までできなかった学習活動も可能となることから，その新たな可能性を「主体的・対話的で深い学び」の実現に向けた授業改善に生かしていくことが求められる。
○学校における授業づくりに当たっては，「個別最適な学び」と「協働的な学び」の要素が組み合わさって実現されていくことが多いと考えられる。各学校においては，教科等の特質に応じ，地域・学校や児童生徒の実情を踏まえながら，授業の中で「個別最適な学び」の成果を「協働的な学び」に生かし，更にその成果を「個別最適な学び」に還元するなど，「個別最適な学び」と「協働的な学び」を一体的に充実し，「主体的・対話的で深い学び」の実現に向けた授業改善につなげていくことが必要である。その際，家庭や地域の協力も得ながら人的・物的な体制を整え，教育活動を展開していくことも重要である。
国においては，このような「個別最適な学び」と「協働的な学び」の一体的な充実の重要性について，関係者の理解を広げていくことが大切である。
○したがって，目指すべき「令和の日本型学校教育」の姿を「全ての子供たちの可能性を引き出す，個別最適な学びと，協働的な学びの実現」とする。

索　引

タ 行

ナ 行

ハ 行

マ　行

ヤ・ラ行

執筆者紹介（執筆順，執筆担当）

高妻紳二郎（こうづま・しんじろう，編著者，福岡大学人文学部）　第１章
佐藤　仁（さとう・ひとし，福岡大学人文学部）　第２章，資料
住岡敏弘（すみおか・としひろ，大分大学教育学部）　第３章
小田　茜（おだ・あかね，久留米大学文学部）　第４章
押田貴久（おしだ・たかひさ，兵庫教育大学大学院学校教育研究科）　第５章
原北祥悟（はらきた・しょうご，崇城大学総合教育センター）　第６章
佐喜本愛（さきもと・あい，九州大学基幹教育院）　第７章
高橋　望（たかはし・のぞむ，学習院大学国際文化交流学部）　第８章
藤村祐子（ふじむら・ゆうこ，滋賀大学教育学系）　第９章
小早川倫美（こばやかわ・ともみ，島根大学教育学部）　第10章
照屋翔大（てるや・しょうた，沖縄国際大学経済学部）　第11章
松原岳行（まつばら・たけゆき，九州産業大学国際文化学部）　第12章
吉田香奈（よしだ・かな，広島大学教育本部）　第13章
宮村裕子（みやむら・ゆうこ，畿央大学教育学部）　第14章
寺崎里水（てらさき・さとみ，法政大学キャリアデザイン学部）　第15章

新・教育制度論［第２版］
――教育制度を考える15の論点――

2014年４月25日　初　版第１刷発行　〈検印省略〉
2023年３月25日　第２版第１刷発行
2024年８月１日　第２版第２刷発行

定価はカバーに
表示しています

編著者　髙　妻　紳二郎
発行者　杉　田　啓　三
印刷者　江　戸　孝　典

発行所　株式会社　ミネルヴァ書房
607-8494　京都市山科区日ノ岡堤谷町１
電話代表（075）581-5191
振替口座　01020－0－8076

共同印刷工業・吉田三誠堂製本

ISBN978-4-623-09541-4
Printed in Japan